# 幼儿园快乐与发展课程

## 教师教学用书

### 托班 上册

YOUER YUAN KUAILE YU FAZHAN KECHENG

幼儿园快乐与发展课程编写组 编

北京师范大学出版集团
BEIJING NORMAL UNIVERSITY PUBLISHING GROUP
北京师范大学出版社

**图书在版编目（CIP）数据**

幼儿园快乐与发展课程教师教学用书. 托班. 上册/幼儿园快乐与发展课程编写组编. —北京：北京师范大学出版社，2008.6（2019.9 重印）
ISBN 978-7-303-09300-7

Ⅰ. 幼… Ⅱ. 幼… Ⅲ. 学前教育－教学参考资料
Ⅳ. G613

中国版本图书馆 CIP 数据核字（2008）第 078134 号

营销中心电话 010-57654738 57654736
少儿教育分社 010-56793731

出版发行：北京师范大学出版社 www.bnupg.com
北京市西城区新街口外大街 12－3 号
邮政编码：100088
印　　刷：北京溢漾印刷有限公司
经　　销：全国新华书店
开　　本：787 mm × 1092 mm 1/16
印　　张：19.5
字　　数：380 千字
版　　次：2008 年 8 月第 1 版
印　　次：2019 年 9 月第 8 次印刷
定　　价：30.00 元

责任编辑：罗佩珍　张丽娟　　装帧设计：孙　琳
责任校对：张春燕　　责任印制：乔　宇

# 编 委 会

托班组供稿人员：

白淑英 鲍慧英 曹　琳 柴风丽 陈　珺 陈　延 陈　怡 程　戈 池丽娅 楮京宏
崔红健 崔瑾洁 崔　艳 邓　瑞 丁建齐 丁　宁 董奇志 杜飞飞 樊淑敏 冯德美
冯　薇 付　琪 付　茜 高　珊 高　旭 葛莉君 巩小英 郭洪月 郭沁萍 郭　爽
郭　涛 郭晓燕 韩莉莉 韩秀荣 韩　莹 郝艳红 何桂香 贺海英 侯丹丹 侯　蕊
胡桂萍 胡　颖 黄海云 黄荣普 黄　欣 纪冬梅 季　娜 贾士莹 姜素琴 蒋彦艳
李建丽 李　洁 李金苗 李静媛 李　娟 李　磊 李　冉 李　蓉 李卫红 李　霞
李　旭 李　颖 李玉洁 李　园 梁　艳 刘长颖 刘　超 刘春梅 刘海燕 刘　虹
刘继红 刘　嘉 刘金娥 刘晶晶 刘靖薇 刘敬伟 刘丽萍 刘　倩 刘淑玲 刘　维
刘晓艳 刘晓颖 刘　旭 刘燕婷 刘要武 刘玉华 刘玉敏 刘玉秀 马春杰 马京红
马　静 马丽童 马雪娜 马　莺 毛　迈 牛桂兰 牛艳卿 潘红艳 潘　艳 齐　彤
秦　滕 任丽静 任　蕊 任诗章 任晓燕 邵　杰 邵守卿 石　珊 史竹筠 宋　蕊
宋雅萍 宋　燕 孙京伟 孙　璐 孙　秋 孙微微 孙　薇 孙　雪 田　蕊 佟晓霞
佟秀芳 万　华 王彩会 王长江 王春香 王　辉 王继新 王　佳 王京春 王　娟
王　莉 王满红 王　萍 王　琦 王　然 王世红 王　伟 王秀明 王　玥 卫　蕾
魏崇敬 魏　芳 魏　薇 魏文艳 魏小娟 乌玉红 吴景芝 吴　蕊 吴晓洁 吴雅丽
武鸿雁 夏　莉 徐海云 许　超 薛莉莉 闫　艳 严红霞 杨东红 杨红霞 杨　惠
杨　慧 杨丽萍 杨书丽 杨维佳 杨　艳 杨　颖 姚立新 易秀英 殷　乐 于　瑾
于　静 余　青 苑立洁 岳　红 翟　艳 张本美 张国萍 张惠明 张佳峰 张秋颖
张瑞兰 张　雪 张娅静 张　妍 张　艳 张燕京 张英华 张　莹 张　玉 张　悦
赵春雪 赵凤英 赵慧君 赵建玲 赵　京 赵　敬 赵　鹏 赵婷婷 赵艳茹 赵燕茹
赵继存 周丽娜 周　泉 周　曦 周永萍 周浙燕 朱梅君 朱　蕊 祖文霞

托班组供稿单位：

北京市第一幼儿园

北京市第二幼儿园

北京市第五幼儿园

北京市第七幼儿园
财政部幼儿园
北京市崇文区安乐幼儿园
北京市崇文区第三幼儿园
北京市崇文区光明幼儿园
北京市崇文区回民幼儿园
北京市崇文区托儿所
北京市崇文区永东幼儿园
北京市崇文区教育研修学院学前研修部
北京市大兴区第三幼儿园
北京市大兴区教师进修学校
北京市大兴区西红门镇中心幼儿园
北京市东城区分司厅幼儿园
北京市东城区东华门幼儿园
北京市东城区东棉花胡同幼儿园
北京市东城区卫生局第一幼儿园
中国人民解放军空军后勤部蓝天幼儿园
中国人民解放军总政治部幼儿园
北京市丰台区302医院幼儿园
北京市丰台区长辛店第一幼儿园
北京市丰台区八一电影制片厂幼儿园
北京市丰台区大红门东楼幼儿园
北京市丰台区第六幼儿园
北京市丰台区青塔二幼
北京市丰台区嘉园第一幼儿园
北京市丰台区蒲黄榆第一幼儿园
北京市丰台区群英幼儿园

北京市丰台区西罗园幼儿园
北京市丰台区西罗园一幼
北京市丰台区政府机关幼儿园
北京市丰台区第三幼儿园
北京市丰台区育英幼儿园
北京市丰台区西红门双语幼儿园
总参军训和兵种部机关第一幼儿园
总参军训和兵种部机关第三幼儿园
北京市西城区总政幼儿园
北京市宣武区实验幼儿园
北京市宣武区长椿街幼儿园
北京市宣武区虎坊路幼儿园
北京市宣武区马连道幼儿园
北京市宣武区槐柏幼儿园
北京市宣武区三义里第一幼儿园
北京市宣武区三义里第二幼儿园
北京市宣武区三教寺幼儿园
北京市宣武区市府大楼幼儿园
总后五一幼儿园
总后直属供应保障局幼儿园

# 目录

# 第一部分　总　论

## 一、快乐与发展课程的特点

幼儿园快乐与发展课程力图表达和践行《幼儿园教育指导纲要（试行）》（以下简称《纲要》）和《3～6岁儿童学习与发展指南》（以下简称《指南》）及《北京市贯彻〈幼儿园教育指导纲要（试行）〉实施细则》（以下简称《细则》）所倡导的幼儿教育理念，在实践中，紧紧抓住尊重、适合、快乐、发展四个关键点，建构起符合幼儿年龄特点及发展规律的课程体系，引导教师改进教育过程，提高教育质量。

“尊重”是要求教师做到《纲要》提出的“尊重幼儿的人格和权利，尊重幼儿身心发展的规律和学习特点”“尊重幼儿在发展水平、能力、经验、学习方式等方面的个体差异”。要实现这样的“尊重”，需要教师努力克服过去已经习以为常的、从成人角度出发的思维习惯，去了解、理解、接纳幼儿的一系列特点，不把幼儿的特点当缺点。

“适合”是指教师在制订教育目标、确定教育内容、创设教育环境、实施教育过程等环节都充分考虑幼儿的年龄特点、学习特点、发展水平和情感需要，克服小学化的、以教师为中心的课程模式，真正做到以游戏为基本活动，实践最适合幼儿特点的课程和教学表达方式。“尊重”和“适合”是相伴相生、同时存在的，“尊重”是理念层面的指导思想，“适合”是实践层面的具体行为。“适合”是实现“尊重”的路径。

这里的“快乐”有两个层面的含义：一方面是指表面层次的快乐，即幼儿在园时心情高兴和愉快；另一方面深层次的含义是指幼儿在各项活动中获得成功时体验到的发自内心的成功感、胜任感和自信心。这两个层面的快乐相辅相成，构成幼儿在幼儿园的快乐生活。但是快乐不仅仅是幼儿阶段教育的全部意义，而且还应是让幼儿在感到快乐的同时，各方面获得充分的、最佳的发展。

这里强调的“发展”也有两个层面的含义：幼儿要在当前获得充分的发展，每天有所进步，同时这种当前的进步又应有利于幼儿将来的发展，有利于他们入学以后的学习，有利于他们终身的、可持续的发展。“快乐”和“发展”相互促进。因为只有幼儿是快乐的，他们才有可能主动活动、积极好学，获得良好的发展。反过来，幼儿在成功、进步时必然是高兴的，觉得自己很棒、很有价值，这种发展又使幼儿发自内心地感到快乐。

我们不仅关注幼儿现在的快乐，而且也关注幼儿将来的快乐。让幼儿在快乐中学习、在快乐中发展是我们对幼儿、对幼儿教育的期望。

与此同时，我们也希望课程的实施者——教师是快乐与发展的：以快乐的心情、胜任的感觉去工作，在工作中使自身获得充分的进步与发展。

## 二、快乐与发展课程的基本思想

幼儿园快乐与发展课程是在国家和北京市的学前教育政策，多种心理学、教育学理论，特级教师、一线教师的实践以及“九五”“十五”课题研究成果的基础上形成的。它提出了如下一些思想和操作性做法。

### （一）几个重要概念

*1. 课程观*

幼儿园的课程是在幼儿园有准备的环境中发生的，能够帮助幼儿获得有益的学习经验，并促进其身心全面和谐发展的各个环节、各种活动的总和。这样的课程要求我们充分认识一日生活对幼儿的发展价值，重视生活活动、活动区活动、集体教学活动、户外活动等的教育作用，利用幼儿在园的一切活动促进他们快乐地发展。

*2. 儿童观*

幼儿是与成人人格平等的独立个体。他们是学习与发展的主人。幼儿有着与成人不同的生理、心理特点，有自己独特的思维和学习方式，同时他们之间又有明显的个体差异。他们享有生存权、被保护权、发展权、参与权四项基本权利。教师必须尊重幼儿的年龄特点和思维、学习方式，以适合他们的方法与他们互动。

*3. 教师观*

教师与幼儿人格平等。在游戏和各种活动中，教师是幼儿学习和发展的支持者、鼓励者、合作者、引导者。他们同时也是维护、实现幼儿四项基本权利的人。教师应尊重幼儿的能力和个性，关注并应答他们的发展需要。教师是教育工作的主人。

保育员也是教育工作者，尤其在生活环节中，他们是对幼儿有特别教育意义的人。

*4. 学习观*

学习是指幼儿因经验引起的心理倾向、能力、行为的比较持久的变化。幼儿是学习的主体。他们的学习是渗透于生活和游戏中的自然化、多样化、愉快而有意义的过程。幼儿的学习通过他们与环境的相互作用来实现。

“学”和“习”是相互关联又有区别的活动。“学”是指学新的知识、技能、方法等，“习”是指练习、实践、巩固“学”到的东西，同时在“习”的过程中可能又有新的发现、体验、感悟等，又有“学”的成分。所以，如果只有“学”没有“习”，学习的效果一定不好，因此需要做到“学而时习之”。

*5. 活动*

活动是幼儿与环境相互作用，并主动建构自己的认知结构、获得发展的过程，同时也是幼儿获得发展的基本途径。幼儿的活动既有外显活动和内隐活动两个层面，又有生活活动、游戏活动、学习活动等多种形式。有时多种活动处于混合状态。

*6. 发展*

幼儿的发展应为情感、态度、能力、知识的多维度发展。发展是主动的过程。幼儿的发展有其自身的规律与特点，并有明显的个体差异。本课程关注幼儿的可持续发展。

*7. 教育环境*

“幼儿园的教育环境”为广义的概念。它是引发、维持幼儿学习的重要外部条件，包括多个维度的含义。

（1）幼儿能够感觉到的教师（包括保育员）对待他们各种行为的态度，这种态度形成了班级中的氛围。我们要求每个班级都应形成理解、接纳、关爱的氛围。

（2）幼儿园室内外各种活动区（角）、相关材料、活动室墙饰、生活设施、空间安排等。

（3）班级中的常规要求、作息时间。

（4）发生在幼儿周围的教师、其他幼儿的行为与活动。

幼儿园的环境应体现教育目标，并对幼儿的发展具有应答性。

幼儿园的环境创设是教师和幼儿共同参与的活动，是幼儿获得发展的重要途径之一。

*8. 教育资源*

幼儿园中室内外的物质环境、全园工作人员、幼儿家长、幼儿同伴、周边社区的物质及人文环境等都是可利用的教育资源。

## （二）快乐与发展课程遵循的原则

*1. 整体性*

课程和幼儿的生活是不可分割的整体。生活中的各种活动、各个侧面都是课程的有机组成部分，如生活活动、游戏活动、室内外环境、教师等都是课程不可分割的一部分。

各个领域之间相互渗透，形成整体。无论教育目标是按体、智、德、美“四育”写，还是按健康、社会、语言、科学、艺术“五大领域”写，其教育过程与幼儿的发展都应是整体化、整合式的。

教育目标与教育环境相互对应，不可分割。班级中的物质环境应物化、体现教育目标，并引导幼儿完成教育目标。

班级中的教师应形成教育的整体。本课程主张通过一定的方式，增加教师同时在班上的时间，以有利于形成教育的整体性。避免上、下午班的教师之间互不沟通，造成教育过程的割裂与低效。

一段时间是整体。本课程主张在某一段时间内，教师把它作为一个整体来考虑，和幼儿一起整体地设计各方面的活动。时间的长短有弹性，短则 2 ~ 3 天，长则 1 个月或更长。可以用主题贯穿始终。

幼儿园、家庭、社区形成教育的合力。把幼儿园、家庭、社区当做大教育中的不同教育要素与资源，充分发挥它们各自的优势与作用，为幼儿教育服务。

*2. 主动性*

幼儿园教育既要适应幼儿主动性强的特点，又要在各种活动中持续地培养幼儿的主动性。

主动性是现代人的基本素质之一。尤其在面对知识经济的年代，人的主体意识、主人翁意识、主动性更是我们应加大力度培养的。在本课程方案中，我们把幼儿园的教育活动定位为：幼儿主动学习的过程。基于此，从教育内容的确定，到教育环境的创设，再到教育过程的实施，都有幼儿发挥主体意识、主动活动的过程。

为保证幼儿主体性的发挥，必须增加幼儿选择的空间。从活动主题、活动内容、材料、伙伴、时间、场地等方面都应给幼儿充分的选择机会。

在生活活动及其他一切活动中，凡是幼儿能做的事都要解放幼儿的手和脑，让他们有机会去想、去做。

*3. 活动性*

“活动是连接主体与客体的桥梁。”对幼儿来说，活动本身既符合幼儿好动的特点，又为他们提供了发展的途径。可以说，幼儿是在各种活动中发展起来的。本课程强调活动形式的多样性、活动过程的灵活性与发展性。

*4. 发展性*

“教育和教学是发展儿童的普遍方式。”教育的价值是引导、促进幼儿的发展，否则教育活动便没有了任何意义。这里的发展不仅指知识的丰富、能力的提高，更强调态度、兴趣、求知欲、审美观等多方面的进步与改善以及良好行为习惯的养成。

幼儿园的教育不仅要有利于幼儿当前的发展，也要有利于他们入小学以后的学习，更要有利于他们长远的、终身的发展。

发展性通过教育目标、教育内容对幼儿构成适度挑战，即落在他的“最近发展区”之内来实现。

## （三）快乐与发展课程的课程机制

机制是指系统内部各个部分的性质、关系或联系。课程机制是指各课程要素的性质、相互之间的关系或联系，即教育目标、教育内容、教育环境、教育途径、教育组织形式等的性质、关系或联系等。

*1. 确定教育目标*

教师在确定教育目标时要遵循四个步骤：①观察本班幼儿的表现。②概括出本班幼儿的发展水平。③对照《指南》和《细则》，找出幼儿发展与《指南》和《细则》之间的差距；④针对其发展差距确定本班的教育目标。如“能熟练地用勺子吃饭”“使用小勺独立进餐”是《指南》和《细则》对小班幼儿提出的要求，如果某小班教师根据在进餐环节对幼儿的观察，发现本班绝大多数幼儿都不会“用勺子吃饭”，那么，这一目标就必须写进自己的计划中去。而在另一个小班，如果情况正好相反，绝大多数幼儿都会“用勺子吃饭”，这一目标自然就不必写进计划中去，因为幼儿在自然状态下已经达到这个目标了。

教师在一段时间内制订的教育目标应涉及各个领域，不可偏废。

### 2. 确定教育内容

教育目标明确后，教育内容的产生有两种方式。

第一种：教师根据教育目标，结合本班幼儿的兴趣、发展需要及生活经验生成教育内容。生成的内容可以是主题活动式的，也可以是其他形式的。其中主题活动应在幼儿有感知、有体验的基础上生成与扩展。主题活动的内容应是综合性的。各主题之间的转换应尽量自然、相互衔接。

第二种：教师依据教育目标，结合本班幼儿的兴趣、发展需要及生活经验提供教育活动。这种教育活动属于预成性质的。

教育目标与教育内容之间的关系是双向的，既可以是先有教育目标，根据教育目标确定教育内容，使教育目标需求化；也可以是先有幼儿的活动，教师在参加幼儿的活动时，通过提问引导幼儿思考，以此来赋予该活动教育目标。如一次户外活动时，几个大班幼儿围着一棵大树在议论着什么，教师走过去一看，发现他们正在观察一只受了伤的壁虎，这只壁虎正在慢慢地往树的顶部爬。教师和幼儿一起看着壁虎，并向他们提问："你们看看壁虎身体是什么颜色的？它为什么长这种颜色？""仔细看看壁虎爪子的趾尖上长着什么呢？它为什么要长小吸盘？"这些问题渗透了动物身体的保护色、动物的外形与它的运动方式之间的内在联系等大班教育目标。我们经常看到的教师根据幼儿的活动和兴趣生成主题，然后在主题活动进行的过程中实施教育目标也属于这种情况。

目标和内容之间的关系还有一点需要注意，与内容比较起来，我们更应该把牢目标，即"紧目标，松内容"，也就是说，教师一定要紧紧把握教学目标，有明确的目标意识，但是内容一定是可调整的、弹性的，只要是能够实现目标的内容都应采用。如在中班，"按照一个维度对常见物品进行分类"是教学目标，那么分类的具体对象是什么呢？既可以是动物，也可以是水果，或者是服装，甚至可以是鞋子。如果本班幼儿现在正对汽车感兴趣，那么，我们用汽车引导幼儿学习分类不是很好吗？

### 3. 创设教育环境

我们对幼儿园环境的要求是：第一，它必须体现教育目标，使幼儿在与它互动的过程中就能逐步实现教育目标。如为了引导小班幼儿正确区分大、中、小，教师在班里布置了一个墙饰，其上有大、中、小三个人形，同时教师在美工区投放了为这些人形画的大小不一的衣服、裤子、帽子、手套、围巾等的轮廓纸，教师在引导幼儿为它们做衣服、穿衣服的过程中，幼儿自然要目测、要比较，要学习区分大、中、小。大班有引导幼儿"能以正确的笔顺书写自己的名字"的目标，教师把全班每一名幼儿的名字打印在纸片上，其字体是中空的，教师在每个字上标出每一笔的方向和顺序，把它们过塑后投放在活动区，幼儿就可以在卡片上学习自己名字的行笔方向和笔顺了。

第二，它应随着幼儿的发展和教育目标的变化而及时调整。我们前边已经说过"环境要体现教育目标"，而教育目标一定是随着幼儿的发展而不断变化的，因此，环境也一定是动态的。如活动区的材料，如果在中班初期教师为了让幼儿练习使用筷子的技能而投放筷子和小海绵块的话，那么过一段时间，当幼儿夹小海绵块已经很熟练的时候，教师就应把它换成蚕豆，到了学期末则可能要换成黄豆了。同样，如果幼儿已经学会了教师在墙饰上按步骤展示出来的几种折纸方式，教师就一定要把它撤掉，换上新的内容。

第三，幼儿参与环境的创设。我们这里所指的“幼儿参与环境创设”是指幼儿是环境的真正主人。在布置墙饰方面他们有权发表意见，参与规划墙饰，而不是只由教师构思墙饰的内容和布局，幼儿出劳力给教师当“小工”，或只是简单地把幼儿的作品陈列在墙上。在活动区材料的准备方面，幼儿也是主人，他们很清楚自己需要什么，这个东西是什么样的，他们可以为活动区活动的深入开展准备各种需要的东西。当然，教师也可以通过提出问题的形式提醒幼儿，丰富他们的需要，在这个为自己的活动准备材料的过程中使幼儿获得自然而充分的发展。

第四，环境、材料要和适宜的活动相结合。环境、材料只是东西，幼儿如果不用这些东西，它们也不可能自然而然地起到促进幼儿发展的作用。因此，需要教师以适宜的活动引导幼儿真的把这些东西用起来。如某大班操作区中有各种珠子和尼龙线绳，这里却很少有人问津，只是偶尔有个别幼儿到这里穿一穿“项链”，“项链”穿得无序，也不好看。后来，教师和几个幼儿商量后决定在班里开展“项链秀”活动，同时在放珠子的柜子旁边布置了一组墙饰，墙饰上画有几种穿“项链”的方法，有规律排序法、对称法等。这时，一部分女孩子穿“项链”的积极性被调动起来，在接下来的日子里，她们不仅按照教师提示的方法穿“项链”，而且发明出很多其他方法，穿出了漂亮的“项链”。最后，她们不仅进行了“项链秀”，还进行了“手链秀”“服装秀”等活动。

*4. 选择教育途径*

目标化的环境以及幼儿在这个环境中所进行的自主活动和教师组织的各种活动是完成教育目标的途径。这里所说的幼儿“自主活动”就是《纲要》所说的“教师间接指导的活动”，即表面看起来教师与幼儿之间没有互动，但是因为其环境是体现了教育目标的，是渗透了教师的教育意图的，所以，教师与幼儿之间的互动实际是有的，只不过通过材料拐了一个弯，教师与幼儿之间是间接的互动。

教师与幼儿之间直接或间接互动的活动有生活活动、游戏活动、活动区活动、与墙饰互动的活动、唱歌活动、故事活动、户外活动、其他活动等。

综合主题探索活动是整合幼儿园各领域教育的重要形式，它与在新的教育理念指导下的分领域活动同时存在。这里特别需要说明的是快乐与发展课程所提倡的主题活动一定是主题探索活动，即它区别于一般意义的主题活动，不是把与主题相关的活动拉到一起教就可以了。如“可爱的兔子”主题，很多班级在进行这个主题时，教师会组织幼儿上一节认识兔子的课，给幼儿讲解兔子的外形特征、生活习性等；教幼儿朗诵一首关于兔子的儿歌；讲一个以兔子为主角的童话故事；画一张兔子的图画；用几种材料装饰教师画好的兔子轮廓等。这些活动虽然没有错误，但是它不够开放，传达给幼儿的知识都是已知的，而且其信息源是教师，给幼儿的印象为“教师是知识的拥有者”。而主题探索活动则不同，在认识兔子的过程中，关于“兔子爱吃什么东西”这一问题，教师让幼儿进行猜测然后归纳总结，最后归纳出兔子爱吃蔬菜、水果、粮食、糖果、肉五大类食品，其中对爱吃肉和爱吃粮食幼儿的争议最大。怎么解决这些争议呢？第二天，认为兔子爱吃肉的幼儿从伙房拿来了几小块肉喂给兔子，结果兔子真的吃了，这个结果让幼儿“哇”地大吃一惊，“原来兔子是爱吃肉的！”幼儿普遍得出了这个结论。这时教师提醒幼儿：“我们还要仔细观察兔子，看它会不会拉稀，如果它的大便是正常的，兔子吃肉才是没有问题的。”结果兔子的大便很正常。又过了几天，幼儿又喂兔子一些馒头，兔子又吃了，而且它的大便也是正常的，幼儿由此得出结论，兔子其实是杂食动物，并不像儿歌所说的那样。在这样的主题活动中有幼儿的探索过程，而且信息源可以是幼儿自己。这就为幼儿在以后的学习及生活中形成敢于探索、敢于创新、追求真理、不迷信权威的心理品质奠定了基础。

同时，快乐与发展课程还提倡主题探索活动来源于幼儿自身的生活，解决自己在生活、游戏中遇到的问题，实现自己的愿望。如某幼儿园大班的孩子在院子里踢足球，觉得没有球门就不像踢球，传达室的爷爷给他们用木条制作一个球门以后，他们自己又用塑料包装绳，用叉开打结的办法编了球门的网；为解决足球总往场外滚的问题，他们把牛奶箱的硬纸板剪成宽条，再用绳子把它们连起来，做成了场边的围栏；在踢足球的过程中经常有幼儿崴脚，为了避免崴脚他们设计并实施了踢球前的一系列准备活动。为了解决清扫兔笼过程中水经常把自己袖子打湿的问题，他们为自己缝制了套袖；为解决冬天坐在硬板椅子上有点凉的问题，他们为自己缝制了小坐垫；为了让小班的弟弟妹妹有更多的沙包玩，他们给小班缝制了一些沙包，还给小班娃娃家里的娃娃衣服钉纽扣；为了准备去敬老院给爷爷奶奶表演童话剧，他们自己制作提线木偶，自己给童话剧画背景图，制作简单的道具，排练，先在班里表演征求修改意见，修改后再去敬老院表演。在另一所幼儿园，幼儿在观看完皮影戏后，向教师提出“我们也要演皮影戏”的要求，经过教师同意，他们通过自愿报名的方式分别参加了打灯组、制作幕布组、制作角色组、讲故事组、操作表演组、音响组、画海报门票组、摆椅子组、招待客人组等 11 个小组，全班为了实现这个发自他们内心的愿望而忙碌。经过一段时间的努力，他们终于分别进行了面向本园小朋友、社区居民和幼儿家长的三场演出。这些实例都说明，主题探索活动的来源可以是幼儿自身的需要，并且是他们内部动机的表达。

分领域活动在快乐与发展课程中仍然占有重要位置。但是它提倡改变过去那种“与幼儿的生活基本无关”、主要“以各种作品为载体”、以教师的愿望为出发点的做法，变为与幼儿的生活、游戏密切相关，与幼儿的需要、愿望和教师的愿望相结合，以教各种作品为辅助手段的基本内容结构。如某幼儿园大班教师在引导幼儿学习成组数数这一内容时，改变了过去让幼儿单调、乏味地数大量物体的做法，而是让幼儿到院子里比赛捡落叶，看谁在五分钟之内捡得最多，回到班里后，把捡的落叶变成了“拔根儿”，比一比哪一组的“拔根儿”最多，数一数全班共有多少“拔根儿”。在这个过程中因为数目很大，为了提高数数的效率，幼儿自然就会用到成组数数的方法，这时教师再和幼儿一起归纳，成组数数有哪几种方法，怎样成组数数是最快的。在另一个大班，教师组织的一节语言活动是和幼儿一起讨论“制作班报”的问题，其中涉及“你都见过什么报纸”“报纸有什么用”“你们想制作什么样的班报”“打算分几个栏目？每个栏目有什么内容”“怎么制作班报才能既方便家长看，又能让小朋友看懂呢”等。

*5. 选择组织形式*

幼儿活动有个别活动、小组活动、全班集体活动等多种组织形式。各种组织形式之间可以灵活转换。

个别幼儿独自的学习活动经常是很有价值的活动。在活动中，幼儿独自、专注地与材料互动，按照自己的节奏和方式进行有效的学习，教师不要任意打断。

小组活动中幼儿不仅与材料互动，而且他们之间有很多的交流和学习的机会。小组一般应在幼儿共同的兴趣或能力基础上自然形成，尽量避免以“桌”或“半个班”为学习小组。

全班集体教学活动要根据教育目标、幼儿的兴趣和发展需要而确定。其中：

（1）活动时间可变：上午或下午，起止时间可变，不是每天必有。

（2）活动地点可变：教师根据需要选择室内或室外。

（3）活动人数可变：依据幼儿意愿部分或全体参加。

（4）活动过程游戏化、趣味化。

大班可依据需要适当增加次数，但不硬性规定，可以鼓励、吸引全体幼儿参加。

因为有相当一部分集体教学活动需要幼儿有相关的感知经验作为基础，因此，教师应有目的地通过生活环节、活动区活动、活动区材料等丰富幼儿的感知经验，以使教学活动更加有效。

*6. 营造活动气氛*

活动时总体的班级气氛应是幼儿自主、专注、自然，允许幼儿因活动需要走动，取拿物品，进行交谈、讨论等。教师组织的活动在保证幼儿有充分的学习积极性的前提下，使幼儿跟随教师的组织和引导。

*7. 做好时间安排*

每天的大部分时间用于幼儿的自主性活动。除此之外，每天有讲（读）故事、唱歌活动、集体游戏、户外活动、互相交流、回忆讨论、收拾整理的时间。

*8. 开展教育工作评价*

教育工作评价是教师对自己或他人的教育工作进行反馈，并以此改进教育工作的重要环节。它应与教师日常工作相结合。

评价要点：

（1）教育目标是否切合本班幼儿的实际发展水平及发展需要。教育目标是否渗透于幼儿一日生活的各项活动中。

（2）教师能否在班级中营造关爱、平等、和谐的氛围，是否尊重、接纳每一个幼儿。

（3）教育内容、教育形式是否符合幼儿的身心发展特点与活动兴趣。

（4）教师是否注重个体差异，鼓励与引导幼儿获得主动的发展。

（5）教育环境、材料能否物化教育目标，鼓励与引导幼儿积极探索、发展。幼儿能否自由、有效地操作和使用各种材料，与环境相互作用。

（6）幼儿在各种活动中是否专注、积极，并能在原有水平上获得真正的发展。

## （四）各年龄班的主要活动方式

儿童心理研究和儿童的实际情况告诉我们：无论是教育还是保育，不同年龄阶段的儿童需要我们以不同的方式对待。基于这个理念，了解幼儿的发展特点及其需要是本课程的核心。因此，我们提出：第一，关注和理解他们在不同年龄状态下的情感需要；第二，尊重他们的实际年龄表现，给他们自主的空间；第三，提供适宜他们实际年龄需要的活动方式；第四，让他们做符合本年龄发展水平的通过自己努力能够做的事情。所以，为了满足幼儿的年龄特征和实际身心发展水平，我们提出了不同年龄班的主要活动方式。

**托班——生活化的自然渗透。**2～3 岁的托班幼儿的心理处在特殊的发展阶段，迈出从家庭走向幼儿园的第一步，对他们具有很大的挑战。托班幼儿的自我意识开始建立，能够把自己与外界、他人区分开来，开始表现出独立的倾向，并出现反抗性行为；喜欢与同龄伙伴及熟悉的成人交往，对亲近的人有强烈的情感依恋；懂得给予和接受关爱，会判断出他人对自己的期望；对新奇事物感兴趣，喜欢重复与模仿，心理活动带有明显的直觉行动性。

“生活化的自然渗透”是托班幼儿的主要活动方式。我们应该在尊重托班幼儿年龄特点的基础上，通过日常生活、游戏、锻炼等具体活动，对幼儿进行适宜的引导、帮助和支持，使他们逐渐适应幼儿园的生活，养成良好的习惯，为今后的发展奠定基础。

**小班——游戏化的一日生活。**小班阶段的幼儿大都处于从家庭转向社会的一个特殊时期，都明显地需要情感呵护，需要对成人的依恋；小班幼儿还特别喜欢模仿，拟人化心理特征明显等。所以，小班幼儿需要教师经常与他们一起游戏，并以拟人化的活动形式理解和参与活动，满足他们爱模仿的心理需求。

同时，在结合根据实际活动需要组织的教育形式（如集体活动中的讲故事）的前提下，以符合小班阶段幼儿身心发展需求的“游戏化的一日生活”开展保教工作和实现教育目标，更适合他们。

**中班——目标化的活动区活动。**中班阶段的幼儿活泼好动，对规则感兴趣，活动主动性和积极性增强，表现出爱玩、会玩等特征。而活动区的设置既能满足他们活泼好动、积极主动的特征，又能帮助他们在区域活动中体验规则，满足个性化的发展与自主性游戏，满足他们爱玩、会玩的心理需求。因此，活动区不再是一个辅助的教育手段，而是成为实现中班幼儿教育发展目标的重要途径。

同时，在结合根据实际活动需要组织的教育形式（集体活动）的前提下，以符合中班阶段幼儿身心发展需求的“目标化的活动区活动”来开展保教工作和实现教育目标，更适合他们。

**大班——活动化的共同学习。**大班阶段的幼儿自控能力增强，合作能力增强，认知积极性和能力增强，抽象逻辑思维能力也开始发展；同时，即将步入小学生活也需要他们开始适应集体教育形式。因此，与他人共同学习是他们能够完成，也是他们需要的。又由于他们还处于幼儿期，游戏仍然是他们的主要活动形式，所以这时的集体活动或共同学习，还应该是游戏化的、活动化的。

同时，在结合根据实际活动需要组织的教育形式（区域活动、个别活动）的前提下，以符合大班阶段幼儿身心发展需求的“活动化的共同学习”来开展保教工作和实现教育目标，更适合他们。

### （五）快乐与发展课程需要的园内支持系统

*1. 调整教师备课制度，形成教育的整体*

摒弃过去上午班和下午班教师分别负责三门课、各自备课的做法，强调班级中的几位教师备课时加强沟通与讨论，在确定教育目标、选择教育内容等环节达成共识，形成整体性的教育与连续性的教育。

*2. 调整对教师的计划检查制度，给教师工作更大的自主空间*

业务园长对教师教学计划的检查由单一的施教前查计划，调整到施教前查计划、施教中查过程、施教后查反馈的“三结合”检查制度。检查的重点放在检查教育目标、内容是否符合该班幼儿的发展水平和需要，班级的墙饰、操作材料等是否物化教育目标，幼儿在学习过程中的反应怎样等方面。

*3. 调整教师倒班制度和保育员工作职责，增加教师与幼儿互动的时间*

日托园教师由半天进班、半天备课，调整为上班时大部分时间在班上。因为过去教师为幼儿制作很多东西改由幼儿根据自己的需要制作，所以教师大部分时间可以在班上，这样也有利于本班教师之间的沟通与衔接。

保育员给教师配班时的工作内容由维持秩序、分发材料、收拾打扫，调整为和幼儿一起游戏、个别辅导，配合教师完成教育目标。过去的分发材料及部分的收拾打扫等工作也可由幼儿来做。

*4. 调整幼儿的部分作息制度，保证幼儿充分的活动时间*

幼儿上午、下午的活动时间段内减少“齐步走”式的生活环节，打通小的时间段，变成大的时间段，给幼儿更充分的游戏、活动时间，使幼儿的活动更加有效。

## 三、本册教师教学用书编写和使用说明

### （一）托班——生活化的自然渗透

2～3 岁托班幼儿的自我意识开始萌芽，能够把自己与外界、他人区分开来，开始表现出独立的倾向，并出现反抗性行为；喜欢与同龄伙伴及熟悉的成人交往，对亲近的人有强烈的情感依恋；懂得给予和接受关爱，会判断出他人对自己的期望；对新奇事物感兴趣，喜欢重复与模仿，心理活动带有明显的直觉行动性；言语和动作发展迅速，对周围世界的认知范围扩大，喜欢到处看、到处摸索，对自己有点会但还不熟练的事情最感兴趣，喜欢自己反复做。

“生活化的自然渗透”是托班幼儿的主要活动方式。我们应该在尊重托班幼儿年龄特点的基础上，通过日常生活、游戏、锻炼等具体活动，对幼儿进行适宜的引导、帮助和支持，使他们逐渐适应幼儿园的生活，养成良好的习惯，为今后的发展奠定基础。

### （二）编写特色

本书所呈现的各部分内容，都是在托班教养工作的基础上形成、积累的实践成果，

它是课题组指导专家、实验园及实验班教师教育智慧的结晶。因此在编写上着重体现出：

### 1. 实践性

（1）全面，包含幼儿园托班管理和托班教师日常工作的各个方面。

怎样与托班幼儿进行沟通，帮助他们在新的环境中尽快地适应集体生活？本书能为一线教师提供全面的帮助。从内容上看，本书从3岁前儿童的生理、心理特点，教养大纲到课程指导与安排等，都有较为详尽的阐述，为一线教师熟悉、了解3岁前幼儿教养工作特点与重点、胜任托班教养工作，提供了较为全面的指导。

怎样管理与指导托班的教养工作，提高托班保教质量？本书充分利用各实验园的优质教养管理经验，通过范例的方式，将制度管理、计划管理、评价管理等各类内容一一呈现，可为幼儿园提供更全面的帮助。

（2）具体，课程设计、课程实施、课程评价等要点都能鲜活地展现。

依据托班“生活即教育”的课程理念，我们在环境创设、一日生活的组织、对幼儿生活的护理以及开展各项活动中，都要尊重这一年龄阶段的特殊性，注重幼儿园与家庭教育的衔接。生活的舒适、环境的温馨、组织活动方式的适度松散与随意、成人与幼儿之间亲密的情感依恋应该成为托班课程的突出特点。本书通过生活、游戏、锻炼三大基本途径，从环境创设到材料投放，从发起活动到组织指导，从共性教育到关注个体，都通过具体的设计、案例逐一呈现。

### 2. 适宜性

（1）引领，为广大教师学习、贯彻、落实《纲要》和《指南》提供新的课程指导。

在本册教师教学用书中，我们努力将课程作为载体，传递尊重幼儿、以人为本的现代教育理念。强调根据托班幼儿的年龄特点和发展需求，选择、确定适宜目标，提出富有针对性的策略、方法，通过学期、月、周的逐层计划，将教育目标落实到具体的教养实践中。

（2）实用，为各类幼儿园提供内容丰富的课程实践支持。

儿童的发展是通过活动实现的，我们在实验的基础上，精选了一些适合托班幼儿发展的活动内容作为课程实践的指导，目的是帮助教师更好地把握托班幼儿学习与发展的特点，为教师在寻常工作中实现有效的教育提供支持，教师可以根据本班幼儿实际，参照课程内容调整目标、确定内容、选择策略。这样的支持，可以保证教师有更多的时间关注幼儿的发展现状，为幼儿的发展提供有针对性的、有效的指导与帮助。

### 3. 开放性

（1）借鉴，为不同经验、经历、水平的教师提供帮助。

本书设计好的逐层计划，是实验班幼儿发展的过程和教师教养实践的经历，它可以成为幼儿园托班课程设计的参照，不同园所的教师可以根据本园幼儿实际情况进行选择或调整。但教师在各层计划的再制订中，要注意计划中所呈现的各项要素不可缺失。

（2）融合，为实现幼儿园教育与家庭教育同步提供具体指导。

幼儿园教育与家庭教育的融合应该成为托班课程的又一突出特点。我们力求将课程的指导延伸到幼儿的家庭教育中，通过指导幼儿园开展家园共育的活动，指导广大家长关注幼儿的成长与发展，通过教师与家长的沟通、协作，使本课程更适合幼儿的发展。

## （三）使用说明与建议

● 本书中设计的各月、周计划的内容都是依据实验园的实际情况呈现的，教师在使用时要结合本班的实际情况进行选择、调整，避免照抄、照搬。

● 各月中所列的教育内容，并非“大一统”的活动安排，教师在使用时可以根据幼儿当前的兴趣和需要进行取舍、添加。

● 在每月课程内容的后面均附有一个活动实录案例与分析，为教师有效地组织托班幼儿开展各项活动提供具体的范例。

● 本书呈现的游戏材料 100 例，目的是为教师的实践活动提供操作范例，在使用时可以根据幼儿实际情况进行选择，可反复用、交叉用，也可以进行改编和创新。

● 本书后附的托班教养管理制度部分，是基层幼儿园根据实践总结的经验，各园可以结合自己的实际情况借鉴使用。

# 第二部分　托班教养大纲

## 一、3 岁前儿童的生理特点

婴幼儿最突出的特点是他们的身体始终处于不断的生长发育过程中。在医学上，生长是指身体和器官能观测出的增长，例如身高、体重的增长，是量的增加。发育是指细胞、组织、器官的分化完善和功能成熟，比如感知、运动、语言、心理活动的发展，是质的改变。生长与发育密切相关，很难截然分开，它们共同表示机体的动态变化和由量变到质变的复杂过程。

学习婴幼儿生长发育和各器官系统生长特点的有关知识，有利于保教人员对婴幼儿的体格生长与健康状况进行判断，并为日常进行符合科学规律的保教工作提供主要依据。

### （一）生长发育的基本规律

婴幼儿在生长发育的过程中由于受到各种因素的影响，个体的生长速度会有所差异，但共同遵循的基本规律还是十分相似的。认识婴幼儿生长发育的基本规律，有助于正确评价婴幼儿的体格生长情况。

*1. 体格生长的速率各时期不同*

生长在整个婴幼儿时期为一个连续不断的过程，但不同年龄阶段其生长速度是不同的。体格生长表现在速率上有以下三个特点：

（1）体格生长先快后慢：儿童年龄越小，身高、体重的增长速度越快。在出生后的前半年内生长速度最快，后半年次之；第二年逐渐减慢；2 岁后至青春前期身高、体重稳定增长。

（2）体格生长会出现两个生长突增阶段：婴儿期与青春期。婴儿期应注重提供有利于婴幼儿生长的良好条件，以更好地发挥生长的潜力。

（3）体格生长受季节影响，在不同季节，体格生长速度有所差异。一般在秋冬季节体重增加较为明显，而春夏季节则是身高增长的良好时节。

*2. 身体各部分长度比例随年龄而不同*

婴幼儿身体各部分长度比例在不同年龄阶段并不是一致的，而是随年龄增长而有所变化。身体各部分长度的生长有其头尾规律，即头部领先生长，躯干、四肢在后。

例如，头部在子宫内和婴幼儿期生长最快，而以后生长不多。在子宫内胎儿两个月时，头长等于身长的1/2。儿童出生时头长占身长的1/4，呈头大身体小、肢体短的体型。以后，躯干的生长先于四肢，肢体近端的生长先于远端，渐渐地，头小躯干粗，胸围增长速度大于头围，四肢的增长速度快于躯干，逐渐趋于成人体型，这时的头长约占身高的1/8。

*3. 各器官系统发育不平衡*

各器官系统的发育也不是按年龄以同步的速度进行的，而是有先有后，各具有其特殊性，呈现出不平衡的规律。

神经系统的脑发育在出生后头两年最快。尤其在胎儿期、出生后第一年，脑的发育特别迅速。出生时新生儿脑重为成人的25%、6个月为50%、1岁为60%、4~6岁接近85%~90%，5岁接近成人水平。大多数学者认为，脑是一个只有一次机会完成发育过程的器官，丧失了机会，脑功能不会完全发育成熟。年龄越小，保护脑神经系统就越重要。

淋巴系统在儿童期迅速生长，到青春期前达到高峰，然后逐渐退化至成人水平。生殖系统则是先慢后快，待至青春期才迅速发育。其他系统如心、肝、肾和肌肉的增长，大体上与体重增加一致。

*4. 存在个体差异*

婴幼儿在体格生长中因受到内在因素（如遗传、性别、内分泌）和外界因素（如营养、疾病、环境）的影响，会在生长过程中出现一定程度的个体差异。

遗传：细胞染色体所载的基因决定婴幼儿个体发育的特点。它是遗传的物质基础，是影响婴幼儿生长发育的内在因素。民族的特点、父母的体形、性成熟的迟早、气质等均在一定程度上制约着婴幼儿的生长。但环境等外界因素可以影响遗传作用。

性别：男女性别也会影响婴幼儿生长的速度与限度。女童一般比男童稍轻、稍矮，除青春期外，男童的平均身高、体重均超过女童。

营养：营养是人类生存的物质基础，是婴幼儿生长发育不可缺少的原料，对婴幼儿的生长发育最重要。年龄越小影响越显著，不仅影响体格发育，还可影响脑发育。营养不良时，婴幼儿体格瘦小；营养过剩时，婴幼儿体格肥胖。

疾病：感染性疾病与营养不良可互为因果，共同影响婴幼儿的生长发育与健康。特别是循环、消化、内分泌系统的慢性疾病（如先天性心脏病、胃肠道吸收功能不良、甲状腺功能低下）对体格发育的影响较大。

环境：良好的生活环境（阳光充足、空气新鲜、水源清洁、无噪声）与教育环境（游戏、体格锻炼）有利于促进婴幼儿体格生长。如果缺少了这些环境条件，婴幼儿的生长发育就不可能达到最佳状态。环境污染（如铅污染）则有害于婴幼儿的生长发育。

以上因素会影响婴幼儿生长发育而产生一定范围的个体差异。正如体格生长的正常值是有一定的范围，在这个正常的范围内，可以有高胖一些的婴幼儿、矮瘦一些的婴幼儿与中等身材的婴幼儿，不可能出现同一个模式，只要婴幼儿在这个正常的范围之内，就是正常。认识到这点，就可以避免在评价婴幼儿体格生长状况时发生错误。

## （二）婴幼儿的体格生长

### *1. 体重的增加*

体重表示身体重量的大小，是反映婴幼儿营养状况最容易获取的灵敏指标，同时也是衡量体格生长的重要指标。

出生时新生儿体重一般约为3千克。刚出生由于摄入不足，同时加上胎粪排出、身体水分的丢失，会出现生理性体重下降。这种生理性的体重下降为暂时性，约在出生后3～4天达到最低点，以后渐渐回升，在出生后7～10天恢复至出生时的体重。

体重的增长速度与年龄有关。在生后第一年（即婴儿期）体重增速最快。上半年平均每月增重800克，下半年平均每月增重250克。第二年全年体重增长2.5～3千克。第二年以后至10岁以前，每年约递增2千克。估算公式为：

1～10岁儿童的体重＝年龄×2＋7或8（千克）

定期测量体重是检测婴幼儿体格生长的基本内容。如果发现婴幼儿的体重不按一般规律增长甚至出现下降，常常与婴幼儿患有急性疾病或隐性慢性疾病有关，有些是因为婴幼儿喂养不当、缺乏某些营养素引起的，要及时查找原因加以纠正。同时体重增长过快过多，也要警惕婴幼儿肥胖的发生。

### *2. 身高（身长）的增长*

身高表示骨骼的生长，它是头、脊柱、下肢长度的总和。婴幼儿因立位测量不易准确，适宜采用仰卧位测量，称为身长。身高受种族、遗传（最后身高与父母平均身高相关）、环境的影响较为明显。同时，身高与长期营养状况有关，但受营养的短期影响不明显。

婴幼儿身长增长的速度以第一年最快。出生后第一年的前6个月平均每月增长2.5厘米，后6个月平均每个月增长1.5厘米，全年增长25厘米。第二年身长增长速度明显减慢，平均全年增长10厘米；2岁至青春期前期每年增加4～7.5厘米。身高估算公式为：

2～10岁儿童的身高＝年龄×5＋75（厘米）

身材矮小的判定标准为婴幼儿的身高比相同年龄组婴幼儿按年龄的身高均值低两个标准差以下（或第三百分位以下）。体型正常的身材矮小常见于低出生体重儿、继发于全身性疾病的身材矮小、遗传性身材矮小、体质性青春发育延迟、垂体性侏儒。体态不匀称的身材矮小应考虑甲状腺功能低下、软骨发育不全的影响。

### *3. 头围增长与囟门闭合*

婴幼儿的头部发育最快，尤其是出生后前半年。新生儿头围平均34厘米，第一年的前半年增长9厘米，后半年增长3厘米，1岁时头围平均为46厘米。第二年增长约2厘米，头围平均为48厘米，到5岁时头围50厘米左右。头围的大小与脑和颅骨的发育程度有关，定期测量婴幼儿的头围有助于了解其大脑发育情况。大脑发育不全时，可能出现头小畸形，头围过大常见于脑积水。

在头颅的生长过程中，随着年龄的增长，根据囟门的大小和骨缝的闭合可判断脑与颅骨的发育。婴儿出生时颅骨缝稍分开，到3～4个月时闭合。前囟是位于两额骨与两顶骨间形成的菱形间隙，出生时1.5～2厘米，出生数月随头围增大而稍变大，6月后逐渐骨化而变小，多数在1～1.5岁时闭合。后囟是顶骨和枕骨形成的三角形间隙，出生时已接近闭合或很小。囟门早闭合要注意头围大小，是否头小畸形。囟门迟闭多见于佝偻病、脑积水、克汀病。当婴儿囟门饱满时，是脑炎或脑膜炎所致颅内压增加的重要体征。囟门凹陷则为婴儿腹泻出现脱水的征兆。

*4. 胸围*

胸围代表胸廓和肺的发育。

婴幼儿出生时的胸围小于头围1～2厘米。随着年龄增长，胸廓的横径增加快，在12～21个月时胸围大于头围。头胸交叉时间与营养状态有密切的关系，婴儿营养状态良好时头胸交叉时间提前，营养状况差（肌肉、脂肪的发育差）时头胸交叉时间延迟。

1岁至青春期前胸围大于头围的厘米数＝岁数－1

胸廓发育异常时会出现鸡胸、漏斗胸。重症佝偻病会出现肋缘外翻、肋骨串珠的体征。

婴幼儿胸廓呈圆筒状，加上胸腔狭窄，肋骨呈水平位，呼吸肌又不发达，所以呼吸的特点是浅表；而婴幼儿新陈代谢比较旺盛，需氧量多，故以增加每分钟呼吸次数来代偿呼吸量的不足，年龄越小呼吸频率越快。应加强体格锻炼，扩展胸廓，以利于肺部的发育。

*5. 牙齿*

牙齿发育与骨骼有一定关系，但因其胚胎不完全相同，发育速度也不绝对平行。婴幼儿出生时无牙，乳牙牙孢隐在颌骨内被牙龈覆盖。婴幼儿出牙时间差异较大，早到4个月，晚到10个月，一般在6～7个月乳牙开始萌出。如果1岁时仍不出牙，可认为是异常。

乳牙共20颗。全副乳牙一般2岁半出齐。婴幼儿出牙顺序一般下颌先于上颌，自前向后顺序出现（只有尖牙例外），两侧对称。

健康的牙齿结构需要充足的蛋白质、钙、磷、维生素C和维生素D以及甲状腺激素，当营养缺乏或患有慢性疾病时会影响牙齿的钙化。甲状腺功能低下是出牙延迟的重要因素，只有严重佝偻病时才伴有出牙延迟。

婴幼儿牙齿质软而且脆，易破损；釉质薄，极易被酸腐蚀而发生龋齿。因此要注意保护婴幼儿的牙齿，不要吃坚硬食物，不要吃太多的甜食，从小培养婴幼儿漱口、刷牙的良好习惯。

## （三）各器官系统的解剖生理特点

在婴幼儿各年龄阶段，各器官系统具有不同的解剖生理特点。它与正确地保育婴幼儿、防止各种疾病的发生有着密切关系，故应熟悉有关婴幼儿解剖生理知识，有利于做好保育工作。

*1. 消化系统特点*

消化道是由口腔、食道、胃、大小肠和肛门等组成。

口腔 婴儿的口腔较小，黏膜细嫩，唾液腺发育不足。婴儿4～6个月时，是出牙与学习咀嚼的时期，唾液腺分泌唾液明显增加。但婴儿口腔浅、闭唇和吞咽动作不协调，不会调节口内过多的唾液，就会出现流涎现象，即生理性流涎。一般2岁后流涎停止，只有当婴幼儿患口腔、咽喉病时唾液分泌量增多，才可能会出现流涎。

食道与胃 婴幼儿食道较短，特点是缺乏腺体，弹力纤维和肌层发育不全，因而容易溢乳。婴儿期胃呈水平位，开始行走时位置逐渐变垂直。胃壁的肌肉层及弹性组织发育不健全，胃的蠕动能力较差，吸吮时常易吸入空气，同时贲门肌肉松，幽门肌肉紧，所以也是容易溢奶或呕吐的原因之一。

肠 肠壁的肌肉层和弹性组织发育较差，直肠相对比较长，黏膜与黏膜下层固定差，所以长时间坐便盆或腹泻时易引起脱肛。同时因肠蠕动较差，也易引起便秘。婴幼儿排便是反射性的，应在2岁前后培养婴幼儿按时坐盆排便，以养成定时排便的习惯。

胰腺、肝脾 婴幼儿各种消化腺发育不完善，各种消化酶的活性较弱，尤其是肝细胞发育不好，分泌胆汁较少，所以对脂肪的消化能力弱。婴幼儿正处于生长速度快的时期，需要的营养量相对较多，所以饮食要细软、碎烂，不宜吃过多食物、油炸和油腻食品，以免引起消化不良。

***2. 呼吸系统特点***

上呼吸道包括鼻、咽、喉部。

鼻 婴幼儿鼻道相对短小，鼻腔狭窄，黏膜柔嫩，血管丰富，当发生炎症时易肿胀并引起鼻腔阻塞，呼吸不畅。要注意保持婴幼儿鼻腔通畅，培养用鼻呼吸的习惯，不用手挖鼻孔。

咽部 集结的淋巴组织以腭扁桃体为最大，藏于二咽腭弓之间。早期扁桃体不发达，随全身淋巴组织的发育至1岁末逐渐肿大，故1岁内婴儿扁桃体炎少见。但1岁内婴儿咽后壁间隙组织疏松，淋巴组织感染后可发生咽后脓肿。婴幼儿咽鼓管宽短，呈水平位，上呼吸道感染后容易并发中耳炎。

喉部 喉软骨柔软，喉黏膜下组织疏松，血管、淋巴组织丰富，容易发生炎性肿胀（如急性喉炎），引起喉头狭窄、呼吸困难。

下呼吸道包括气管、支气管、肺。

气管、支气管 右侧支气管较直，是气管的直接延伸。因此，当不小心时异物很容易吸入支气管且多落入右侧支气管内。故注意不要给婴幼儿玩小异物，在喂水、喂奶、吃饭时防止呛入。

婴幼儿的气管、支气管狭窄，软骨柔软，缺乏弹力组织，黏膜血管丰富，黏液腺分泌不足。因此，黏膜干燥且纤毛运动差，不能很好地排除病原微生物，易感染疾病。应加强户外活动，呼吸新鲜空气，逐渐增强呼吸道黏膜的耐受能力。

肺 婴幼儿肺弹力组织发育差，血管丰富。整个肺脏含血多而含气少，肺间质发育较强，肺泡数量较少。因此，当上呼吸道感染向下蔓延时，如防治不利很容易引起肺部感染。

***3. 循环系统特点***

心脏 婴幼儿年龄越小，心脏体积相对较成人越大，血容量相对越多，其与体重的比例则随年龄增长而逐渐下降。如1岁时血容量占体重的11%（成人只占5.6%）。由于心脏壁薄，心肌纤维细弱，心脏收缩能力差，所以每次收缩时输出的血量较少。婴幼儿新陈代谢旺盛，对氧气、各种养料需要较多，因此只能以增加每分钟的收缩次数来满足生理需要。而且年龄越小，心率越快。

婴幼儿不宜进行过于强烈的活动，以免心脏负荷过重。应多到户外活动呼吸新鲜氧气，进行适宜的体格锻炼，循序渐进地增强心血管功能。同时，注意不要给婴幼儿穿瘦小服装，特别是不要让颈、胸、腰、手脚腕束缚过紧，会影响血液循环。

婴幼儿心率的快慢容易受各种因素的影响。如在哭闹与跑跳活动后、精神紧张时，心率明显加快。当发热时，体温每升高1℃，心率增加15～20次/分钟。因此在日常护理中，最好在安静或睡眠时测量婴幼儿的心率。

### 4. 泌尿系统特点

膀胱　婴幼儿的泌尿器官正处于发育过程中，其特点是膀胱的肌肉层较薄，弹性组织发育得不好，排尿机能差，神经系统对排尿调节作用也不健全。所以，婴幼儿不易主动控制排尿，需在白天活动中经常提醒婴幼儿排尿。婴幼儿的膀胱受脊髓与大脑的控制，在正确教养下，1岁半左右可养成自主控制排尿的习惯。

尿道　女婴尿道短，外口暴露而且接近肛门，极易受细菌感染。男婴常有包皮，积垢时也可引起细菌上行性感染。每天需用清水洗屁股，并用消毒毛巾擦干。

### 5. 皮肤特点

婴幼儿的皮肤的角质层比较薄嫩，保护机能差，易患皮肤疾病。但汗腺发育较好，排泄机能较强。需经常保持皮肤的清洁，每天要将身体裸露部分（脸、颈、手、脚）洗净，定期洗澡、洗头、剪指甲、换洗衣服，以免皮肤污染或汗腺的分泌物堵住皮脂腺和汗腺的开口，妨碍其正常功能。

婴幼儿的皮肤调节体温的能力较差，对外界温度变化往往不能适应。所以在婴幼儿睡眠、起床、活动出汗时应加强护理，以免冷热温度突变，肌体不能忍受而引起疾病。

### 6. 骨骼系统特点

婴幼儿骨的化学成分与成人不同，骨中含无机盐少、有机盐多，因此骨骼比较柔软、有弹性，但却容易变形。

脊柱　脊柱的生长反映椎骨的发育，出生后第一年脊柱生长比四肢快，以后四肢快于脊柱。正常人的脊柱有三个生理弯曲，即颈、胸、腰部的弯曲。新生儿脊柱直，3个月能抬头时颈部的脊柱前凸，6个月会独立坐时胸部的脊柱后凸，1岁行走时腰部的脊柱前凸，形成脊柱三个自然弯曲保持身体平衡。婴幼儿时期由于脊柱的每两块椎骨之间的软骨特别发达，生理弯曲还没有固定，因此要注意纠正婴幼儿不端正的坐姿、站姿、行走姿势，并避免一侧过于负重，引起婴幼儿脊柱变形。

腕骨　婴幼儿腕骨由多块小骨组成。由于腕骨多由软骨组织组成，故比较柔软、易折。腕骨骨化过程较慢，一般多数腕骨在3岁后逐渐骨化。在婴幼儿活动、游戏时所使用的玩具或用具重量及大小要适宜，设计活动、游戏动作应符合婴幼儿腕力的年龄特点，牵拉婴幼儿手臂不能用力过猛，以免出现软组织扭挫伤或发生关节脱臼。

骨盆　骨盆由两块髋骨与插入其中的骶骨组成。婴幼儿的髋骨与成人不同，发育不成熟，由骼骨、坐骨、耻骨组成的髋骨，骨化过程缓慢。要特别注意婴幼儿从高处跳下的游戏活动，加强保护性措施，高度要适宜、落地点不宜过硬，以免强烈震动使组成髋骨的各骨转位，影响正常位置的愈合。

*7. 肌肉系统特点*

婴幼儿肌纤维较细，含蛋白质与无机盐较少，水分多，造成婴幼儿肌肉收缩能力比较差，并容易产生疲劳。同时，婴幼儿神经系统调节肌肉活动的机能不稳定，当长时间保持一个姿势或静坐久站，会使相应肌肉群处于紧张状态，婴幼儿难以忍受。应根据婴幼儿特点，一日活动要动静结合、并且要多样化。

婴幼儿肌肉是随着中枢神经系统的发展而发育的。支配上下肢活动的大肌肉发育较早，3 岁左右时上下肢活动已逐渐协调，5 岁以后随年龄增长肌肉增长显著、力量增加。但是婴幼儿细小肌肉群（手指肌肉、腕肌等）发育较晚，3 岁时用笔、拿筷都很笨拙，5 岁左右就能较自如地做出比较精细、准确的动作了。

肌肉与骨骼互相支持、协调，既是人体的支柱，也是运动器官。通过选择适宜运动，注意强度，可以促进血液循环，使肌肉从充分的血液中获得更多的氧气与养料，有利于肌肉增长、收缩力增强，使婴幼儿跳得更高、力量更强。

## 二、3 岁前儿童的心理特点

婴幼儿神经心理发育是相对体格发育而言，也是婴幼儿成长的一个重要方面。它表现于婴幼儿神经心理的活动，例如坐、爬、站、走等动作能力，语言理解和表达能力，注意、记忆、情感、思维能力等。作为托幼机构保教人员，应该了解婴幼儿神经心理发育的规律，掌握重要的发育指标，以便及时发现和解决遇到的问题。

婴幼儿神经心理发育受环境、教育的影响，但这是外在因素。内因是婴幼儿的神经系统的发育，尤其是大脑的发育。婴幼儿神经心理正常发育的前提，就是其大脑解剖形态的完善和功能的成熟。

### （一）感知、运动、语言的发展

通常，将婴幼儿的行为分为感知觉、运动、语言、个人—社交等若干具有共同特征的功能区。3 岁以上幼儿的智力与感知觉、运动、语言的发展有直接的关系。

*1. 感知的发展*

感知是一个基本的心理过程。通过这一过程，人获得关于周围环境的知识。形形色色的事物作用于我们的感官而产生感觉，对事物各种属性、各个部分及其相互关系的综合的、整体的反映就是知觉。在实际生活中，人都是以知觉的形式直接反映具体事物的。根据知觉时起主导作用的分析器，可将知觉分为视知觉、听知觉、触知觉等。

（1）视感知的发展。

视觉刺激在儿童和他的环境联系中提供着重要的信息。婴儿出生时，就有瞳孔对光反射，能看见明暗及颜色，但新生儿所有的视神经细胞都尚未发育完善，还需要经历一个成熟发展的过程。

视感知的发展程序：

1 个月　短暂注视，目光缓慢地跟随移动的物体至中线。

2 个月　开始出现头眼协调，目光能水平、上下跟随移动的物体 90 度。

4 个月　头眼协调好，目光跟随移动的物体 180 度，并且做环行跟随。

6 个月　目光跟随落地的物体，开始能辨别场景的深度。

9 个月　长时间看远处人物的移动。

12 个月　偏爱注视小物品。

18 个月　注意悬挂 3 米处的小玩具。

2 岁　区别直线与横线。

（2）听感知的发展。

新生儿出生时耳鼓室没有空气，所以听力低下，听觉仅限高于成人 10 ~ 20 分贝。出生 3 ~ 7 天后听觉敏锐度有很大提高，2 个月时已能区别出笛声和铃声，4 个月以后能按类别区分不同的语言。这种感知不同语言的能力有助于以后语言的学习。

听感觉的发展程序：

1 个月　对铃声有反应。

2 个月　区别笛声和铃声。

3 个月　头转向声源。

4 个月　听到声音时微笑。

6 个月　对母亲语音有反应。

9 个月　可迅速、直接地寻找声源。

12 个月　听懂自己的名字，对声音的反应可以控制。

18 个月　区别不同的声音，如犬声与汽车喇叭声。

2 岁　上述区别较精细，如揉纸声与流水声。

3 岁　区别更精细，如区别“ee”与“er”语音。

（3）嗅觉和味觉的发展。

婴儿出生时嗅觉中枢及末梢已发育成熟。哺乳时新生儿闻到奶香就会寻找母亲的乳头，4 个月的婴儿就能比较稳定地区别好闻的气味和不好闻的气味，比如喜欢好闻的茴香油味，而不喜欢难闻的臭胶味。

幼儿味觉的发展也比较早，新生儿时期就能对不同味道的东西产生不同反应。对微甜的糖水表示愉悦情绪，吸吮速度增加，间歇时间缩短；而对酸的或苦的东西表现出一种特有的消极表情：皱眉、闭眼、张嘴等。4 ~ 5 个月以后的婴儿味觉更加敏锐，对任何食物的改变都会出现敏锐的反应。

（4）皮肤感觉的发展。

皮肤感觉包括痛觉、温度觉、触觉及深度感觉。

新生儿已存在痛觉，但不敏感，痛刺激后出现泛化反应。新生儿对温度的感受性比较敏感，能区别牛奶和水的温度太高或太低，尤其是冷刺激比热刺激更能引起其明显的反应。所以，刚出生的新生儿遇到冷环境大声啼哭，如果放到温暖的地方很快就不哭了，洗澡时如果水凉也会大哭起来。

新生儿的触觉有高度的灵敏性，小婴儿就能对接触身体的襁褓或被褥的任何不舒服的刺激表现出强烈的反应，特别敏感的是嘴唇、手掌、脚掌、前额、眼帘等处。例如，在物体接触嘴唇的时候，小婴儿就会发生口部动作；在物体接触手掌的时候，他立刻就会抓握物品等。而大腿、前臂、躯干处的反应比较迟钝。

随着年龄的增长，幼儿皮肤感觉的灵敏度和定位能力逐步提高，同时，手部皮肤的感知在认识周围物体中起到了极其重要的作用。2～3 岁幼儿已能辨别各种物体的属性，如软硬、冷热、糙滑等；5～6 岁幼儿能区别相同体积而重量不同的两个物品。

*2. 运动的发展*

人生的第一年在动作发展上取得的成就非常重大，第二年相对稳定，第三年又是迅速发展的时期。幼儿的运动发展有一定的顺序，即不同年龄阶段出现不同的运动行为，而且运动的发展还遵循着一些规律。

（1）幼儿运动发展的规律。

从泛化到集中：婴儿最初的动作是全身性的、不精确的，以后逐步分化为局部的、精确的动作，由不协调到协调。例如，将一块毛巾放在婴儿的脸上，不同年龄的婴儿的表现不一样。2 个月的婴儿只会全身乱动，出现的是一个泛化反应，而 5 个月的婴儿则能双手定向朝毛巾的方向乱抓，8 个月的婴儿已能准确地、毫不费力地拉下毛巾。

从上到下：幼儿动作的发展是自头端向足端进行，比如幼儿先是会抬头，然后是会坐和爬，最后才能站和走。

从近到远：幼儿动作的发展是从身体中部开始，越接近躯干的部位动作发展越早，然后逐渐向远端发展。例如，幼儿首先出现的是抬头、抬胸，舞动双臂、双腿等躯干近端大肌肉的动作，以后才是手部灵巧的小肌肉的动作。

先正后反：幼儿正面动作发展先于反面动作。例如，先学会用手抓东西，然后才会放下手中的东西；先会扶栏站起，后会从立位坐下；先能向前走，后才会倒退走等。

（2）幼儿运动发展的顺序。

大运动是指姿势或全身的活动，比如抬头、翻身、坐、爬、站、走、跑、跳跃等。

幼儿大运动发展的程序：

1 个月　全身无规律动作，仰卧位时头经常转向一侧，俯卧位时能勉强抬头。

2 个月　颈肢反射开始消失，仰卧时头保持在中线位置，俯卧抬头 30～45 度，直立位时头一晃一晃竖一下。

3 个月　俯卧能持久抬头至 45 度，扶着坐时头向前倾，头稍晃、不稳。

4 个月　仰卧位时两手自动在中线柞握，俯卧抬头 90 度，并能翻身至仰卧，扶坐时仅腰部弯曲，头稳定。

5 个月　仰卧位时会将两腿伸直、高举，并能翻身至俯卧位，拉坐时头不后滞，扶站时肩部有张力，腿能支撑大部分体重。

6 个月　仰卧时用手抓自己的脚，拉坐时会主动举头，用手支撑坐片刻，扶站能自动跳跃。

7 个月　仰卧时玩自己的脚，并能将脚放到嘴里，俯卧时以腹部为中心做旋转运动，可以不支撑地坐直1分钟。

8个月　独自坐稳，左右转动自如，扶着栏杆能站立。

9个月　会爬行，能从俯卧到坐，也能从坐到俯卧，并会拉物站起。

10个月 会扶栏杆横走，扶栏杆自己坐下。

11个月 会扶栏杆拾物，拉着一只手能走，会独自站立片刻。

12个月 能追随一个物体到另一个物体走上几步，会爬上台阶。

15个月 能独自走稳，拉着一只手能走上楼梯。

18个月 会拉玩具倒退着走，自己扶栏走上楼梯。

2岁　　跑得好，会双脚跳，独自上下楼梯，会扔球、踢球。

3岁　　两脚交替上下楼梯，会双脚从末级台阶跳下或平地跳远，能骑小三轮车。

精细动作是指手和手指的运动以及手眼协调操作物体的能力。

精细动作多为小肌肉的运动，在全身大肌肉发育后迅速发育。幼儿的手在精细动作方面有着极其重要的位置。婴儿抓握物品的方式最初是用手掌的尺侧，进而用全掌抓握，然后发展到用桡侧掌抓握，8~9个月开始用手指抓物，10个月会用拇指与食指对指取物，以后手指的灵巧性继续发展。

精细动作的基本动作包括抓握、翻揭、搓揉、撕扯、夹取、旋开、捏取、捻压、折叠、固缚等随着幼儿年龄的增长，愈来愈需要其双侧肢体的配合性动作。比如：1岁内的幼儿会双手传递玩具，拿两块积木对敲；2~3岁幼儿会穿珠子、系纽扣；4~5岁幼儿则能用剪子剪东西。而且，随着精细动作水平的提高，手眼协调能力愈来愈占重要的地位，贯穿于精细动作之中。

幼儿精细动作发展的程序：

1个月　两手握拳，玩具碰到手指时握得更紧。

2个月　两手张开或轻轻地握拳，看见玩具时手舞足蹈，全身乱动。

4个月　玩具碰到手指时出现主动抓握，并能将玩具在手中留握较长时间，会缓慢地伸出双臂够悬挂于胸前的玩具，但动作不协调。

6个月　迅速伸出手够抓面前的玩具，玩具从手中掉下会再取起。抓握方式为全掌大把抓握。

8个月　会用多种方法玩一个玩具，如双手传递、摇、敲桌面、放入口中咬等探索性行为。操作方式为桡掌或桡指抓握。

10个月　能够拇指、食指对指取小物品，会笨拙地主动松手放下或扔掉手中的玩具。

12个月　灵巧地钳式捏起小丸，一手能同时抓握2~3个小物品，并且会轻轻地抛球。

15个月　叠2~3块积木，大把握笔自发乱画，会用勺取物。

18个月　叠4块积木，能几页几页地翻书。

2岁　　叠6~7块积木，能几页几页地翻书，开始用手指握笔，能模仿画垂直线。正确用勺。

2岁半　叠8~9块积木，能模仿画水平线和交叉线，会穿短袜和便鞋。

3岁　　叠10块积木，能临摹圆形和十字，会穿珠子、系纽扣，向杯中倒水能控制流量。

*3. 语言的发展*

语言为人类所特有，是人们交往、思维的工具。语言的发展离不开听觉器官、发音器官和大脑功能的完善。任何一项功能的异常都可能出现语言障碍。

正常幼儿语言的发展经过发音、理解和表述三个阶段。

发展进程如下：

2 个月　可发出几个单元音（ɑ，i，ɔ 等），能与成人交流发音。

4 个月　会出声笑，大声叫，能咿呀学语，主动对人和玩具发出咕噜声。

6 个月　喜欢对熟悉的人发音，开始出现唇辅音（dɑ，bɑ 等）或双元音，叫名字开始有反应。

8 个月　能发出重复音节“mɑmɑ”“dɑdɑ”等。

10 个月　能够咿呀学语，对成人的要求有反应，会招手“再见”或拍手表示“欢迎”。

12 个月　听懂几样物品的名称，有意识地叫爸爸妈妈，会学动物的叫声。

15 个月　能说出 6 个左右的词，会指自己或亲人的鼻子、眼睛、耳朵等身体部位，开始出现难懂的话（隐语）。

18 个月　能说出 10 ~ 20 个词，用言语辅以手势和表情表达需要。

21 个月　能说出 20 ~ 30 个词，会说“不要”“我的”，能正确地说出几个书中图画的名称，能将 2 ~ 3 个词组合起来。

2 岁　能说出 3 ~ 4 个字组成的简单句子，会用代词“我”“你”。

2 岁半　会说出 6 ~ 8 个字的复合句，不再说出难懂的话，能说短的歌谣。

3 岁　会说出姓名、性别，知道 2 ~ 3 种颜色的名称，能回答成人的简单问题。

## （二）心理的发展

*1. 注意的发展*

注意是心理活动的指向和集中。当人的心理活动集中于一定的事物时，这就是注意。注意是一切认识过程的开始，注意本身并不是一种孤立的独立的心理过程，而是感觉、知觉、记忆、思维等心理过程的一种共同特征。

注意是随着年龄的增长而逐渐发展起来的。1 ~ 2 个月的婴儿仅为无条件反射；3 ~ 4 个月则能较长时间注意一个新鲜事物；6 ~ 7 个月对鲜艳的物体和声响产生定向反应，会准确地转头寻找；之后到 1 岁，注意时间延长，并会用手触摸注意的物品，尤其是注意感兴趣的事情；1 ~ 2 岁的幼儿，不仅能注意当前感知的事物，还能注意成人语言所描述的事情；至 3 岁，幼儿的注意进一步发展，能倾听故事、歌谣。

注意分为无意注意和有意注意。无意注意是自然发生的，无须意志努力的注意。有意注意是指自觉的，有预定目的的注意。婴幼儿基本上还是无意注意，3 岁以后才逐渐发展形成有意注意。

注意对儿童认知的发展非常重要，从小就应培养。对 3 岁以前的儿童来说，首先要注意给他们提供丰富的环境，扩大经验，增长知识，发展感知觉。人的感知觉越敏感，他的注意就越易被外界刺激物所引起。而3岁以上的儿童，则要注意培养他们的兴趣、意志和自制力，发展有意注意，并逐渐学会控制自己的注意。

*2. 记忆的发展*

记忆是一个重要的心理过程，是对经历过的事物的反映。记忆主要是再认和回忆两种形式。原来感知过的事物在眼前重新出现，而且觉得确实感知过，即称为再认；过去感知过的事物不在眼前，而却在头脑中重现出来，即为回忆。

儿童由于条件反射的建立和发展，记忆能力也随之初步发展起来。婴幼儿的记忆首先出现的是再认。5~6个月的婴儿能再认妈妈，从复杂的背景中分辨出妈妈的脸，但此时再认的保持时间很短，只有几天，如果离开妈妈一段时间后，婴儿就不认得妈妈了。1岁的婴儿能再认10天前的事，并开始出现回忆。3岁的儿童可再认几个月以前的事，回忆可保持几周。而4岁的儿童可再认1年前的事，回忆可保持几个月。一般来说，人不能回忆起3岁以前的事情。

在培养婴幼儿的记忆能力时，首先要注意创设一个良好、轻松的情绪环境，丰富生活的内容，便于其记忆；其次要通过游戏、生动的玩具、朗朗上口且易于理解的儿歌及故事，给予必要的强刺激，以逐步发展幼儿的有意记忆和记忆的精确性。

*3. 思维的发展*

思维是客观事物在人脑中概括的、间接的反映。婴幼儿期是人的思维发生和初步发展的时期。2~3岁幼儿开始产生思维的低级形式——直觉行动思维，到学龄前阶段发展起具体形象思维，之后出现思维的高级形式——抽象逻辑思维。这里仅简要介绍学龄前经历的两种思维发展水平。

所谓直觉行动思维，就是思维过程离不开直接的感知和动作，思维在动作中进行，与行动分不开。2~3岁幼儿只有在直接感知具体事物时才能进行思维，他们不能先想好了再行动，而是边做边想。例如，绘画时幼儿不是先想好了再行动，而是边画边想，边想边画。

幼儿从3岁左右，具体形象思维开始发展起来，并在整个学龄前期的思维活动中占据了主导地位。所谓具体形象思维，是利用直观形象解决问题的思维，即依靠表象、依靠事物具体形象的联想进行的思维。例如，学龄前儿童在绘画中可以事先想好事物的形象，然后再根据表象去绘制。具体形象思维是在直觉行动思维的基础上形成的，正是直觉行动思维使幼儿积累了最初的一批事物的表象，为具体形象思维的发展提供了可能性。

*4. 想象的发展*

想象是人脑对已有表象进行加工改造而创造出新形象的过程。想象与回忆不同，回忆是指过去感知过的事物形象再现，而想象则是人在已有表象的基础上，根据语言的调节在头脑中形成过去从未感知过的新形象。

儿童1岁以前没有想象，1~3岁开始有想象的萌芽。例如，拿一块饼干放到娃娃嘴里让娃娃吃，画个圆圈将其转为“太阳”等。但此时他们想象的内容非常贫乏，想象零散、片断，局限于模拟成人生活中的某些动作，没有什么创造性成分。

*5. 意志的发展*

意志是指人自觉地克服困难来完成预期的任务和心理的过程，意志是人的心理能动性的突出表现形式。意志过程有三个基本特征：意志行动是有目的的行动；意志行动体现在克服困难之中；意志行动是以随意运动作为基础的。三个基本特征互相关联，目的是意志行动的前提，克服困难是意志行动的核心，而随意运动是意志行动的基础。

新生儿没有意志，1～2 岁的幼儿才出现意志的萌芽，例如，按自己的目的抓够远处的玩具，摔倒时自己爬起来等。2 岁幼儿在成人语言的指导下能调节自己的行动，学会控制自己。3 岁时，幼儿的各种好的意志品质（如自觉性、坚持性、自制力等）逐步明显起来，意志行动开始发展，什么事情都希望自己来，独立性增强。以后，幼儿开始能使自己的行动服从于别人和自己提出的目的，不仅能控制自己的外部行动，而且也逐步掌握自己内部的心理活动，从而产生了有意注意、有意记忆、有意想象等。然而，这个年龄的儿童消极的意志品质（如顽固性、冲动性和依赖性）也会出现，有时与成人对抗“我不要，不要”或事事依赖成人去做。因此，要注意培养幼儿积极的意志品质，克服消极的意志品质，为进入学龄期打下良好基础。

*6. 依恋与情绪情感的发展*

人的高兴、悲伤、焦虑、恐惧、欢喜等心理现象，是人对客观事物态度的一种反应。情绪是在人的生理需要是否得到满足的情况下产生的，是人和动物共有的，属于外部表现，具有情境性、暂时性、冲动性和不稳定性。情感则是人类社会生活中，人对社会性需求是否得到满足而采取的不同态度反应，是人类所独有的，具有稳定性和深刻性。幼儿情绪情感的发展随年龄的增长而逐步分化、丰富起来。其中，婴儿依恋的形成和发展对他情绪情感的健康发展至关重要。

母亲与孩子的密切接触，无微不至地关心照料，使孩子的生理需求和情感需求均得到满足。这时孩子能确认自己是被爱的，就会对爱他的人产生信任，从而形成依恋。有了依恋，幼儿才能获得安全感，才能在满足、坦然、愉快的基础上去探索外界环境。

幼儿在对母亲或其他照顾者产生依恋后，一旦分离，将使幼儿产生一种独特的心理状态，那就是悲伤、难过和盼望。

对小年龄的幼儿来说，母子分离，早期会出现急性痛苦症候群，即表现为非常焦虑，哭着找妈妈。随着分离的继续，幼儿的哭声减少，但如果新环境不理想的话，幼儿就会出现极消沉的情绪，表现出悲哀和绝望式的淡漠。有的幼儿会出现一些行为障碍，如遗尿、咬指甲、刻板动作；有的幼儿还会出现反社会行为，如打人、咬人等。

母子分离是否会产生以上反应，还要看幼儿的年龄、气质特征、环境等因素。婴儿一般在 5～6 个月以后才开始对分离产生反应，12～18 个月达到高峰。而 4 岁以上的儿童反应就不会那么明显了。从气质特点看，愈是活泼、适应能力强的儿童，分离痛苦的时间愈短，反之则分离痛苦的时间长。如果母子分离时，还有其他亲人照顾他，幼儿情绪的紊乱和痛苦可以减轻许多。如果伴随分离，还出现一个陌生环境（如入幼儿园、因病住医院），那对幼儿来说将是一个很重的心理压抑和打击。

幼儿入幼儿园的初期，将要接受母子分离与新环境适应带来的双重心理压力。这时，幼儿园的老师应特别关注这些刚入托的幼儿，给予他们母亲般的护理、照顾，使幼儿尽量减少因母子分离而造成的痛苦和焦虑，逐渐对新的照顾者产生信任，形成依恋，在新环境中获得安全感，从而积极地、情绪愉快地投入到集体活动之中。如果幼儿园的老师不能像妈妈那样对待幼儿，甚至训斥、体罚幼儿，则会使幼儿变得胆小、恐惧、呆滞。

因此，托幼机构的保教人员除了对幼儿有计划地教养外，还要使每个幼儿尤其是新入园的幼儿能及时得到关注，并对幼儿的要求能敏感地给予和蔼的回应，鼓励他们在新环境中去交往、去探索，为幼儿的健康发展创造种种条件。

婴儿早期的经验对他一生的发展至关重要。在培养幼儿良好情绪和情感时，首先，要注意从小给予他足够的爱，并教他爱父母、爱老师、爱小朋友、爱小动物等；其次，要教他有意识地控制自己情感的外部表现，如摔倒了不哭，玩具可以跟小朋友共享等，来培养他稳定、良好的心境；同时，还要注意培养幼儿的道德观、荣誉感、责任心等良好情感，正确地引导他克服和抑制嫉妒心、虚荣心等一些不良的情感。

7. **气质**

婴儿一出生就有明显的个体差异。有的很爱哭，有的很少哭；有的吃奶速度很快，有的则很慢；有的睡眠很好，有的则不爱睡，总睁大眼睛玩；有的活泼好动，有的文文静静；有的很快熟悉陌生的环境，能与生人愉快接触，有的特别害怕生人，遇到生人就表现出警惕的表情，甚至吓得哭起来。幼儿生来就表现出倾向于某种心境和反应方式，而这种倾向我们称之为气质。

气质是幼儿生来具有的、独特的心理活动的特征。它反映了幼儿心理活动的强度、速度、稳定性、灵活性和指向性。气质特点是由人的神经活动的类型所决定的。有的幼儿神经活动强，遇到刺激反应强烈；有的幼儿神经活动弱，对刺激反应淡漠。气质正是反映了一个人的动力性质，或者称之为禀性。它虽然是每个幼儿都具有的一种内在的先天的东西，但其特征是在幼儿的外部行为活动中表现出来。

现代心理学家大都将幼儿的气质总结为9个特性，即：

活动水平（运动的水平与强度）
生物机能的规律性（饥饿、睡眠、排泄等）
接触能力（对陌生人和新环境的反应）
适应性（对环境变化的适应性）
反应强度（引起应答反应的强度）
心情（情绪积极与消极）
持久性（从事活动的持久性）
注意力转移（注意力受外界刺激改变行为的程度）
反应阈限（对刺激的敏感性）

以上9个气质特性的不同组合，就构成了幼儿主要的三种气质类型，即困难抚育型、容易抚育型和发动缓慢型。介于三型之间还有两种混合型，即偏易型和偏难型。

多数研究证实，大约10%的幼儿为困难抚育型，40%的幼儿为容易抚育型，15%的幼儿为发动缓慢型，35%的幼儿为混合型。每一种气质类型均含有积极成分和消极成分。

困难抚育型幼儿在生物活动方面无规律，父母无法掌握他们在喂养、睡眠、排便和其他活动中的变化，因此感觉带养困难。此类婴儿消极情绪较多，总是不停地哭闹，哄也哄不住。他们常常大惊小怪，害怕陌生人和陌生环境，情感反应强烈，适应新环境的能力很差。困难抚育型的儿童长大后，表现为热情、敏感，但因激发阈低，遇到刺激反应强烈，很多儿童表现出冲动或过激行为，注意力不集中。其中，有严重情绪问题的人数比另外两型多，行为障碍发生率也显著高于其他两型。这种情况的产生往往与带养人有关。这类儿童较难带养，其父母有时挫伤他们，用敌视的态度回答他们，更增强了他们原来就有的易激动的特征。如果父母能善待他们，他们会显得活泼、敏捷。

容易抚育型幼儿在生物活动方面很有规律，父母很容易就掌握了他们在吃奶、睡眠、排便和其他活动中的规律，带养容易。此类婴儿温顺、积极情绪多、情感反应中等，对新环境适应较快。容易抚育型儿童长大后，出现行为问题的比例较少。

发动缓慢型幼儿在生物活动方面也很有规律，相对来说不够活泼，有时会大惊小怪，对新奇的东西倾向于退缩，对外界刺激反应消极或迟钝，适应新环境的速度较慢，只有随着经验的增加，反应才逐渐积极。发动缓慢型儿童长大后，有些表现为稳重，但很多仍表现为胆小、惧怕，进入陌生环境时退缩，个别会比较孤僻，甚至发生精神病。

虽然遗传是决定气质的重要因素，但是环境对气质的养成也具有重要的影响作用。也就是说，气质虽然是天赋的，但可因环境影响和教育训练使之发生一定改变。气质虽有不同类型之分，但无优劣之别，所有气质类型均属于正常范围。问题的关键是儿童的气质如何与环境很好地相互适应。如果适应良好，这种儿童就相对比较容易抚育；如果适应不好，即使一个过去容易抚养的儿童也会变为抚养困难的儿童。可见，行为方式不是一成不变的，而是随着人与人的交互作用，随着对环境的反应方式的发展而逐渐发展的。

在幼儿的早期教育中，首先要认清幼儿的气质特征，然后要注意使气质的优点得以发扬、使气质中的弱点得以克服。比如照管困难抚育型幼儿，首先应不急不躁，给他安排一个安静、舒适的环境，避免不良刺激，保证睡眠，在各项活动中养成规律性，对大一点的幼儿则可让他们通过游戏或运动来发泄旺盛的精力，使幼儿逐渐适应社会的需要。而带养一个发动缓慢型的幼儿，则要从小用色彩鲜艳的玩具、悦耳的音乐来引发他的兴趣，不厌其烦地对他微笑、说话、逗乐，与他共同游戏，使他活泼起来。如果保教人员在照顾幼儿的过程中能根据幼儿的气质特点来正确地调整自己的行为，那么无论是易激动的幼儿还是胆小、适应不良的幼儿，都可以逐渐变得容易抚育了。

***8. 性格的发展***

性格是人的稳定的心理特征，它表现了人对现实的态度。例如，有的幼儿做事认真仔细，有的幼儿则马马虎虎；有的幼儿待人接物很热情，有的幼儿则显得很冷漠……这些就是幼儿表现出来的对事、对人和对自己的不同的态度，并且形成习惯的行为方式。

性格并非先天决定，而是在后天的生活环境中形成的。在幼儿性格形成的过程中，家庭的影响最为重要。父母通过自己的言行、通过家庭成员之间的关系、通过对孩子的态度和教养方式影响着孩子性格的形成。通情达理、关心爱护、支持行为的父母，培养出来的孩子善于处理相互冲突；喜欢惩罚、过分限制的父母，培养出来的孩子往往过分运用心理防御机制，变得怯懦或顽固，并容易产生心理行为障碍；如果父母一味溺爱、迁就，在家中总给孩子特殊的地位，培养出来的孩子将表现出较多的消极性格特征，如任性、发脾气、唯我独尊、怕困难等。

因此，父母和保教人员应注意从小对儿童的需求给予敏感的、适宜的、正确的反应，使他生活在一个和睦、相互给予爱的环境之中，为儿童良好性格的形成提供有利条件。

**成人教养态度与儿童性格的关系**

| 成人教养态度 | 儿童性格 |
|---|---|
| 民主型 | 大胆、独立、善于交往、协作、有思考能力 |
| 过于严厉 | 顽固、冷酷无情、倔犟、缺乏自尊与自信 |
| 溺爱型 | 任性、爱发脾气、情绪不稳定、缺乏独立性 |
| 过于保护 | 被动、依赖、缺乏社会交往能力 |
| 意见分歧 | 警惕性高、两面讨好、易投机取巧、易说谎 |
| 支配型 | 顺从、依赖、缺乏独立性 |

# 三、托班教养大纲

幼儿园托班是由幼儿园招收的3岁前儿童组成的班级，多数为2~3岁幼儿。

幼儿园托班教养工作的主要任务是：创设安全、卫生、舒适、愉快的环境，保证幼儿健康、愉快地成长；积极引导幼儿主动活动，促进他们基本动作及身体各部分机能协调发展，增强他们的体质；引导幼儿感知周围环境，激发他们对环境的兴趣，发展他们的感知觉能力，促进他们语言与思维的发展；培养幼儿喜欢与人交往的态度，使其形成初步的独立意识及能力，促进他们心理及个性健康发展；在生活实践中初步养成他们良好的生活卫生和行为习惯，培养他们基本的生活能力；引导幼儿在生活中积极感知美，激发他们爱美的情趣。

## （一）2~3岁幼儿的年龄特点

### 1. *身体迅速发展，开始出现独立倾向*

2岁幼儿的身体发展速度很快，为他们摆脱成人的携带、实现独立的随意活动奠定了基础。他们能完成走、跑、跳等基本动作，会扶着栏杆上下楼梯。手眼协调能力有了较快的发展，会从事穿珠、套筒等游戏活动。在日常生活中，他们尝试着自己洗手、进餐、穿脱衣服，表现出独立的倾向，但由于受动作能力发展的制约，动作仍然不协调，生活中一些自理行为还需成人帮助。由于2~3岁幼儿的身心发展处在初级阶段，机体易受损伤、易感染各种疾病。

### 2. *自我意识开始建立，出现反抗现象*

2岁幼儿能够把自己与外界、他人分开，喜欢与同龄伙伴及熟悉的成人交往，但在交往中带有明显的自我中心倾向，常以满足自己需要为准与他人交往，不满足时会出现攻击性行为。

*3. 有强烈的情感依恋，情绪外露易变*

2 岁幼儿对亲近的人有强烈的情感依恋，与亲人分离时，他们会用啼哭表示分离的痛苦。他们懂得给予和接受爱，会判断出他人对自己的期望。他们的情绪外露，易受环境的影响，一个孩子想妈妈哭了，便有一群孩子跟着哭。环境一旦改变，他们便很快忘记不快，破涕为笑。

*4. 喜欢重复与模仿，对新奇事物感兴趣*

2 岁幼儿爱模仿别人，看见别人玩什么，自己也想玩什么。他们喜欢重复地摆弄物品，喜欢听教师重复讲同一个故事。在重复的活动中逐渐认识物体的属性，发展语言与动作，逐渐产生简单联想。这一时期的幼儿，对色彩鲜艳、有声响、会动的物品感兴趣，新异事物能引起他们极大的关注。

*5. 词语发展迅速，思维存在于动作之中*

2 岁幼儿处在口语发展的关键期，特别喜欢说，随着词汇量的迅速增加，已能用简单的语句来表达意愿，听说能力基本形成。2 岁幼儿的各种心理带有明显的直觉行动性，他们的记忆及思维都是在直接与该事物的接触或活动中进行的。活动中他们往往先做后想或边做边想。

## （二）教育内容与要求

*1. 生活*

在轻松愉快的环境里，培养幼儿健康的情绪及个性，引导他们学会做自己能做的事，体验做事的乐趣，满足生活的需要，养成良好的生活及卫生习惯。

（1）培养幼儿盥洗的兴趣，养成勤盥洗的习惯。

认识自己的常用物品及标记，知道错用、乱用不卫生，乐于在成人的帮助下清洁自己的身体，学会洗手，养成爱清洁的习惯。

（2）鼓励幼儿自己进餐，培养他们基本的进餐技能与习惯。

会用勺吃饭、喝汤，用水杯喝水；会剥果皮，能从食物中剔除果核及不可食用的部分；乐于接受各种食物，知道食物的名称及味道，养成餐前洗手、餐后擦嘴漱口的习惯；知道口渴随时喝水；会使用手绢，养成讲卫生的习惯。

（3）帮助幼儿建立独立如厕、定时睡眠的习惯。

懂得大小便时主动寻求成人的帮助，或自己解裤子、跨便坑，大便后会请成人帮助清洁自己的身体。睡眠前后会换穿拖鞋，穿脱方便、简单的衣服，能积极配合成人穿脱衣服，将衣服放在固定的地方。乐于对帮助自己的成人表示感谢。认识自己的卧具、床位，能安静独立入睡。

（4）鼓励幼儿与人沟通，逐渐适应集体生活。

当身体不舒服或有特殊需要时，能主动告诉成人；遇到伤心和不愉快的事乐于向成人诉说，并寻求帮助和安慰；在集体生活中，敢于大胆提出自己的想法和需要，能在成人的支持下尝试解决。

（5）引导幼儿随时注意安全，有初步的自我保护意识。

能听从成人有关安全的提示，知道不离开成人和集体，不摸危险物品，不将异物放在耳、鼻、嘴里。

*2. 游戏*

引导幼儿积极感知周围环境，培养他们对周围事物的兴趣，获取多种经验，促进认知、语言及社会性等多方面的发展。

（1）引导幼儿积极参与各种游戏活动，体验游戏的快乐；掌握初步的游戏技能；感知玩具材料的特点，获取直接经验。

会选择自己喜爱的玩具进行游戏，会收放简单的玩具材料；会与同伴友好游戏；积极感知玩具材料的颜色、形状、大小等的不同；懂得爱护图书和玩具。

（2）引导幼儿感受集体生活的快乐，培养幼儿良好的社会性情感，懂得爱自己的亲人、老师和小朋友，能友好、礼貌地对待他们。

愿意与人交往，体验集体生活的快乐；认识自我，知道自己的姓名、性别及年龄；感受节日的快乐；学会做自己力所能及的事，体验做事的乐趣；懂得遵守生活及游戏规则，建立初步的规则意识；具有不怕黑、不怕冷、不怕生人、不怕打针的勇敢精神。

（3）引导幼儿主动与人交往，学习用语言表达自己的需求，培养幼儿初步的阅读兴趣，会安静地听别人说话，能听懂简单的语言指令，喜欢听故事。

能正确发出常用语言的基本语音，会用简单的语言与别人对话或表达自己的愿望；学习朗诵简短儿歌，学说简单句，会模仿故事里的语句；喜欢看图片和图书，会正确翻看图书，能辨认图书中的人或物，对阅读图书感兴趣。

（4）培养幼儿对周围事物的兴趣，感知环境的变化，提高幼儿的感知能力，形成初步的生活经验。

认识各种感官，学习运用感官进行感知和探索周围事物；体验季节的变化，感知风、云、雨、雪等自然现象；喜爱动物及花草；体验玩沙、玩水的乐趣；会比较两个物体间的大小和长短，会比较多与少。

（5）引导幼儿感受生活中的美，培养他们爱美的情趣。

喜欢听音乐，愿意唱歌和跳舞，随音乐做简单动作；喜欢欣赏好看的艺术作品，会用画、剪、撕、捏、贴的方式表达自己的感受，体验成功的喜悦；积极参与各种艺术活动，对音乐、美术活动感兴趣。

*3. 锻炼*

引发幼儿对户外活动的兴趣，积极参与各种体育锻炼活动，促进动作及身体的健康发展。

喜欢到户外锻炼身体，积极参与各类体育游戏；学习做简单的模仿操；会自然地走和跑；能较灵活地爬行；会在器械上爬上爬下；乐于参与各种器械运动，从中体验运动的快乐；会在垫子上随意翻滚；会从10~15厘米的高处往下跳，能原地跳起；喜欢投沙包；学会正面钻的动作。

## （三）教养环境

幼儿园设置2～3岁托儿班，每班幼儿数为20人左右，保教人员不少于3人。应为幼儿提供安全、舒适、温馨、优美的环境，保证他们的心理和身体安全，有利于他们逐渐适应集体生活，促进他们健康、愉快地成长。

*1. 精神环境*

（1）营造与家庭环境相似的温馨、舒适、宽松的环境。保教人员要以温和、亲切、平等的态度对待每一个幼儿，给幼儿以母亲般的关爱，耐心、细致、周到地照顾他们的生活。要经常与他们进行一对一、面对面的交流，支持、鼓励他们参与各项活动，满足他们的兴趣和需要。

（2）帮助幼儿建立良好的伙伴关系，使他们友好交往，体验集体生活的快乐。

（3）保教人员以身作则、相互尊重、密切配合，形成良好的人际关系，为幼儿提供学习的榜样。

*2. 物质环境*

（1）要根据2～3岁幼儿的年龄特点创设教育环境，达到“软、圆、矮、趣、变”的要求（即幼儿周围环境的材料要柔软，设施棱角要圆滑，家具设备要低矮，环境内容要有趣、多变）。室内外用具及设施的摆放应安全合理，有利于幼儿生活及活动的便利。

（2）各类玩具材料充足，安全、无毒，取放方便，能满足幼儿的不同需要。根据幼儿发展和教育的需要，随时添加或更换玩具材料。

（3）积极引导幼儿参与环境的创设，让他们成为环境的主人。

## （四）教养原则

*1. 关爱幼儿，赋予亲情*

要以真诚的态度关爱每一个幼儿，通过搂抱、亲吻、抚摸等方式传递对他们的关怀，满足其身心需求，建立师生间的依恋关系。

*2. 教养并重，保教合一*

保教人员共同承担着促进幼儿健康发展的任务，必须坚持保育与教育紧密结合的原则，注重幼儿身心养护，促进他们身体与心理健康发展。

*3. 顺其天性，尊重个性*

要尊重幼儿身心发展的规律和个体差异，顺应幼儿的天性，关注幼儿的需要，避免将成人的意愿强加给他们。培养幼儿健康的个性，促进每个幼儿在不同水平上的发展。

*4. 教育融于生活，成人以身作则*

要重视生活中的教育与引导，培养幼儿良好的生活卫生习惯和自理能力。保教人员要在日常生活中随时与幼儿沟通，以身作则，给他们以影响和熏陶。

## （五）对教师的要求

首先，懂得2～3岁幼儿的年龄特点，掌握组织指导托班幼儿活动的能力，能够根据他们的兴趣需要和教育要求，科学合理地制订教养工作计划，寓教育于一日生活之中。

其次，掌握科学育儿常识，关注幼儿生理及心理的变化和需要，耐心地对待每一个幼儿，细心照料他们的生活，会处理生活中常见的问题。

再次，积极主动与幼儿沟通及交往，以母爱般的情感对待他们。善于观察了解每个幼儿，尊重、理解他们的需要和特点，及时调整教育策略。

第四，教养方式和方法适合幼儿的特点，以一对一、面对面的方式与幼儿沟通和交往，并伴随着行为示范。通过生活、游戏和锻炼引导幼儿生动、活泼、主动地发展。

最后，处处以身作则，为幼儿树立学习的榜样。

## （六）教养途径

### *1. 生活护理*

坚持保教合一，寓教育于一日生活之中，是实现托班教养工作任务的主要途径，也是托班教养工作的特点。因此，教师要重视生活护理，科学合理地组织幼儿的一日生活。

（1）遵循2～3岁幼儿身心发展的特点和规律，以幼儿生活规律为依据，制订一日作息制度，合理安排游戏活动、户外活动和各生活环节的时间。

幼儿两餐间隔不得少于3.5小时，其间需加点心或水果一次。每次进餐不得少于30分钟。幼儿进餐时，成人不要催促，应让他们充分咀嚼、吞咽。

应为幼儿配备随时饮水的设备，保证他们随时饮水的需要。幼儿每天饮水不少于4次，每次饮水量不少于150毫升。

允许幼儿随时大小便，逐渐培养他们定时排便的习惯。

创设卫生、舒适、安静的睡眠环境，午睡时间为3小时（根据幼儿的需要，也可在上午安排一段时间睡眠）。

（2）从幼儿的特点和需要出发，建立必要的生活常规（包括来园、离园、进餐、睡眠、盥洗、如厕、锻炼、游戏等）并坚持执行。

（3）加强对幼儿的保健护理，培养他们初步的生活自理能力和自我保护能力，养成良好的习惯。坚持一致性和灵活性的原则，保教人员之间、教师与家长之间要密切配合，要求一致。

### *2. 游戏活动*

游戏活动分为集体活动和个别活动。集体活动分为全班性大集体和分组性小集体活动。个别活动包括教师指导的分散活动和幼儿的自由活动。

（1）应以游戏为基本活动，保证幼儿自由游戏的时间，幼儿自由游戏应占游戏活动时间总量的2/3。

（2）在活动中，教师必须给幼儿提供数量充足、品种丰富、适合年龄特点、符合安全卫生要求的玩具材料。

（3）引导幼儿积极主动参与游戏活动，注重幼儿的情绪体验，给他们提供必要的直觉经验、语言刺激和人际交往的机会，引导幼儿生动、活泼、主动地发展。

### *3. 体育锻炼*

体育锻炼是激发幼儿参加体育活动兴趣，促进幼儿身体正常发育和机能协调发展，提高他们健康水平的主要途径。

（1）应充分利用空气、阳光等户外自然条件安排幼儿的活动和锻炼，保证幼儿每天户外活动时间不少于 2 小时（根据季节适当调整户外活动时间，冬季稍短，春秋季稍长），其中体育锻炼时间要达到30 分钟以上。

（2）根据季节变化和动静交替原则安排户外活动的内容，注意防止中暑、冻伤等情况发生，户外活动后应及时补充水分。

（3）户外活动时，教师必须对幼儿进行观察和指导，注意他们的安全及活动量的适宜。

*4. 家园共育*

幼儿园与家庭是幼儿成长的主要环境，发挥它们各自的优势，形成合力，是幼儿健康成长的必要条件。幼儿园与家庭要密切配合，共同教育好幼儿。

（1）应把培养幼儿健康个性作为家园共育的重点内容，同时，要在幼儿生活自理能力、自我保护能力、养成良好习惯方面争取家庭教育的配合一致。

（2）建立家园联系制度，通过多种形式和方法，帮助家长树立正确的教育观念，掌握科学的育儿方法，优化家庭教育环境。

（3）要尊重幼儿家长，倾听他们的意见和建议，调动家长参与幼儿园教养工作的积极性，并将家园合作纳入整体教育工作中。

## 四、托班教养工作评价

### （一）托班教养工作评价的目的和意义

目的：帮助幼儿园领导和带托班的保教人员树立 2 ~3 岁幼儿教养工作的新观念，明确对保教人员在组织托班一日生活中特有的行为标准以及对幼儿应有的表现的评价标准，从而使幼儿园的托班教养工作能按自己的特殊规律开展；同时加强科学管理，保障教养工作的质量，使2 ~3 岁幼儿身心健康、愉快地成长。

意义：幼儿园办托儿班对大多数园领导和教师都是新问题。过去园领导一般都是用对小班的要求来要求托班的教师工作，托班保教人员做起来也很为难。明确 2 ~3 岁幼儿教养工作评价标准，能更好地帮助教师明确自己工作的标准，帮助领导有目的地检验和指导托班工作，改进托班工作。幼儿园要贯彻《托班教养工作大纲》（以下简称《大纲》），提高保教工作质量。

### （二）设计托班教养工作评价标准的思考

要想设计一个恰当的托班教养工作评价标准，必须树立正确的设计指导思想。我们是遵循2 ~3 岁孩子身心发展的基本特点设计的。

*1. 2 ~3 岁幼儿“弱小”“稚嫩”*

幼儿心理学研究表明，3 岁前的幼儿有其身心发展的规律和特点。2 ~3 岁幼儿正处在生命的最初阶段，身体系统迅速发展，但肌体易受损伤、易感染各种疾病。因而，评价标准的设计必须首先考虑对幼儿生命的关怀与呵护，我们从幼儿生存的精神及物质环境开始评价，分为一日活动安排、生活活动、游戏活动、户外活动、体育锻炼五项评价项目，每一条评价标准都是从2~3岁幼儿身心发展“弱小”“稚嫩”的基本特点出发来考虑的。

*2. 2~3岁幼儿是具有生命力的、有独立意愿的、主动发展着的人*

现代教育观念尊重人的主体地位，幼儿一出生就是一个在主动发展的个体。我们遵循2~3岁幼儿是具有生命力的、有独立意愿的、主动发展着的人的新观念，评价从幼儿行为、教师行为、教育观念三部分来进行，把幼儿行为放在前面。教师在他们发展中的作用是体察、理解他们的内心世界，尊重他们的个性，帮助他们在情感、智力、社会技能、身体和个性等方面自然地发展。教养的职责在于发挥幼儿的主动性，发挥他们身心发展的潜能，而不只是一味的填鸭式的教育。

## （三）托班教养工作评价的原则

托班教养工作评价原则是保教工作者对2~3岁幼儿教养工作评价规律的认识与反映，是指导、制约和规范评价行为的准则。2~3岁幼儿教养工作评价对幼儿园托班工作质量的提高有重要影响，为了更好地发挥评价的功能与作用，我们研究确定了以下评价原则。

*1. 导向性原则*

力求从整体到局部都能体现贯彻《大纲》，全面提高托班保教工作质量的大目标。只有在《大纲》大目标的指导下，评价标准才具有导向性、方向性和指导性的作用。

托班教养工作评价标准的指标体系是规范托班教养工作的基本标准，是保教人员工作的努力方向，也是评价工作质量的依据。在研究编制过程中，该评价标准试图从教育观念、教育行为方面为保教人员的工作发挥导向性作用。

*2. 整体性原则*

托班教养工作是教师、保育员这个小集体对幼儿群体进行的，是多要素组成的复杂过程。在评价教养工作质量的诸因素中，幼儿是主体，教师和保育员是主导。评价时只看幼儿不看保教人员工作不行，只看保教人员工作不看幼儿不行，只看某一位教师更不行，所有教师是一个不可分割的整体。托班教养工作评价标准是针对托班工作的特点，符合时代对教养工作的新要求，坚持整体性原则，提出对幼儿行为、保育员、教师行为、保育员与教师教育观念进行整体性评价。

*3. 科学性原则*

科学性原则是指研究及运用托班教养工作评价标准时，我们要坚持实事求是的科学态度，从观察一日活动入手，尊重事实，克服主观想象和随意性，即使有定性的评价也要使之量化，这样能更好地发挥评价的功能。

*4. 可操作性原则*

幼儿园各项工作琐碎，园领导每天要做、要管理的事很多。而托班在幼儿园工作中只是其中一部分，但是托班工作每一环节又有很多细致具体的要求，我们设计的托班教养工作评价标准在项目上力求简明、概括，在评价内容标准方面力求具体明确、可观察、可测评，量化较简单，整体具有可操作性。教师和领导在运用托班教养工作评价标准时，能对托班教养工作有整体的评价，但是标准又不长、简单、易行，并可以分别找出具体在哪些方面存在问题，便于领导提出指导意见，便于保育员、教师改进工作。

## （四）评价托班教养工作应注意的问题

为使评价真正能发挥导向、改进、激励的功能，我们在运用托班教养工作标准时应注意以下几个问题：

*1. 学习《大纲》，明确教养任务、内容、方法、途径*

托班教养工作对很多幼儿园来说是新工作，即使有办托班经验的园在面对新时代、新观念、新要求也会出现新问题。我们要学习新的《大纲》，学习掌握 2 ~3 岁幼儿年龄特点，按《大纲》中的教育内容与要求、教养环境的要求、教养原则，对教师的要求、教养途径等进行教养工作。

*2. 学习托班教养工作评价标准，明确评什么和怎样评*

在学习《大纲》的基础之上，再学习托班教养工作评价标准，使幼儿园领导者、保育员都明确要评什么和怎样评。可逐条讨论，结合本园情况研究修改，但标准定得不能过高，也不能过低，评价总目的是一步一步提高教养工作质量，让孩子在幼儿园健康、愉快地成长。

*3. 评价过程是自评→互评→他评*

学习托班教养大纲和托班教养工作评价标准之后，可由保育员、教师自评，找出自己工作中的问题，及时改进调整，使工作尽量达到标准。然后在班内互评，让本班同志帮助自己找出还存在的不足，再调整改进工作。期中或期末再由园领导评。领导评价时不要带主观色彩，公正地进行评价，既肯定成绩，同时也要找出问题，进一步改进和提高教养工作质量。

*4. 改进工作、提高教养工作质量是目的*

评价只是提高教养工作质量的手段，运用好这一手段改进工作，提高教养工作质量才是要达到的目的。由于时间紧迫的关系和迫在眉睫的需求，我们最先设计的评价是面对幼儿园托班教养工作中一日生活的评价标准，以区别于幼儿班的工作评价，不涉及对保育员或教师个人工作的评价，同时也不涉及家园共育工作的评价，所以幼儿园为了促进托班的教养工作，还可自行设计其他的评价标准。

# 第三部分　课程安排与指导

## 一、入园准备

每个2～3岁的幼儿，从自由式的家庭生活进入幼儿园的集体生活中，将面临很大的挑战。幼儿不仅面对陌生的环境会产生恐惧，而且还会因为离开熟悉的家人表现出不同程度的分离焦虑，有的甚至会大病一场。为了使幼儿顺利地迈出入园第一步，减少由于生活中的变化引发的消极影响，教师要细致策划入园准备工作，从面向新生的园所开放、家访，到入园适应、家长会，从多方面入手，帮助家长、幼儿做好必要的准备。

首先，帮助幼儿做好心理准备。可建议、鼓励家长在幼儿正式入园前，有计划地带幼儿到幼儿园去玩，让幼儿逐渐形成对幼儿园的感性认识，培养对幼儿园的好感。另外，为了减少幼儿对抚养人的依赖，家长还可以提前2～3个月带幼儿参加所入幼儿园的亲子班活动，幼儿、家长都能从中获得帮助。亲子班可使幼儿对群体生活有初步的适应，也有利于幼儿平和地体验与家人的短暂分别，降低依赖感。家长则可通过亲子活动加深对幼儿的基本能力的了解，以便在居家生活中有目的地帮助幼儿做好准备，这样，当幼儿正式进入幼儿园后就会比较容易顺应变化，减缓分离焦虑。

其次，做好经验准备，使幼儿具备基本的生活经验，在新生活中如意开心。第一，日常多给幼儿动手做事的机会。如：学会用水杯喝水、有按时午睡的习惯，愿意自己动手学做简单的事情，会自己脱鞋、使用便器如厕、用自己的毛巾擦手并把毛巾放在固定的位置等。第二，培养幼儿的倾听与表达能力。家长要在百忙中留出时间和幼儿交流，在对话中培养幼儿倾听的习惯，还要鼓励幼儿敢用语言来表达自己的需求。如教会幼儿说“我要小便”“我要大便”等，避免日常生活中由于害羞遭遇不便。另外，还应该关注幼儿的情绪和健康，每天要到户外锻炼、运动，在走走跑跑的自由玩耍中提高动作的协调性，培养愉快的情绪。这样，幼儿身体就会比较坚实，能更好地适应入园后的生活，也不容易磕碰摔伤。

除此之外，托班教师还要系统地做好以下几方面的工作。

## （一）家访

### 1. 家访设计

新生入园前，幼儿和家长都心存焦虑。对幼儿来说，托班的教养课程是从教师有准备的家访中开始的。

（1）发展目标。

● 认识将要和自己共同生活的幼儿园老师。

● 在情绪稳定的状态下，愿意和客人交流。如：对视、介绍自己的玩具、在成人的鼓励下和老师打招呼、接受教师的礼物等。

● 感受与教师相处、交往的愉快。在父母及家人的陪伴下，能尝试跟教师道别。

（2）幼儿的特点与表现。

● 感到教师的问话没有压力的时候，乐于开口说话甚至回答问题。

● 喜欢通过安全的方式迂回着接触教师。如：先躲在较远的地方或另外的房间窥视一段时间，感觉安全时再慢慢接近来访者。

● 熟识后，能向来访的教师表达自己的亲近、喜爱。

● 完全消除恐惧时，乐意通过体态动作或语言让教师欣赏自己喜欢的玩具和用品等。

（3）家访策略。

● 将家园沟通作为重点。家访时要多和家长交流，除有目的地了解所需情况外，还要对家长提出的问题认真回答。不要急于或刻意接近幼儿，避免强化幼儿的不安，造成幼儿躲闪、回避。

● 营造信任和安全的氛围。事先设计好交流的问题，努力为家长营造表述儿童的优点、长处的情境，使窥视、旁听的幼儿在聆听中感到安全、自信，对教师的访问有好感。

● 展现亲和力，缩短心理距离。利用家长填写问卷的时间和幼儿交往，用直观的相册、照片或相机视频，帮助幼儿了解幼儿园的生活，还可用赠送小礼品的方式缩短彼此的距离。

● 重视个性化信息的收集。访问中，对幼儿饮食、睡眠等基本生活习惯都要有清楚的了解，对家长、家庭的特殊需要有明确的把握，为幼儿做好个性化的教养方案。

（4）家访前的物质准备。

● 装饰精美的相册或拍有照片的数码相机：包括家访的教师照片，未来的同伴的照片，幼儿园班级环境，新颖的玩具，色香味美的食物，儿童进餐及室外游戏器材的照片等。

● 自制的小玩具礼物若干个。如：教师制作的纸袋偶、中大班哥哥姐姐制作的玩具、异型图书等。

● 幼儿日常生活习惯调查问卷及家长需求征询表。征询表可了解幼儿入园前家长关注的热点问题，使共育达成和谐；调查表能清楚地反映每名幼儿的情况，做好因人而异的教育准备。

### 2. 家访案例

（1）首次家访要点。

● 与家长约好家访时间，并希望幼儿能在家，不要贸然前往。

● 要带着希望了解的问题去家访。

● 准备相机与幼儿合影或送幼儿小礼物（来园第一天将合影挂在墙饰上，让幼儿带着教师送的小礼物——消除陌生感）。

（2）方法——询问、观察、记录。

● 询问：面向家长，要简单明了，突出幼儿的性格、生活自理能力、爱好、饮食习惯等基本情况。

● 观察：针对幼儿，要突出重点，了解幼儿社会性适应方面的发展水平，包括交往、语言表达等经验。

● 记录：由家长原始问卷、教师家访后的随笔追记两部分组成。

（3）注意。

● 在和家长了解情况时，尽量采用聊家常的方式，使双方在轻松、愉快的气氛中进行。

● 在和幼儿沟通时，通过喊乳名、看照片的方式沟通，使幼儿感觉与人交流是轻松有趣的。

**幼儿个案记录**

| 姓名 | 雨欣 | 住址 | 锡拉胡同××号 | 出生年月：2004 年 5 月 |
|---|---|---|---|---|
| 性别 | 女 | 电话 | 6525×××× | 入园时间：2006 年 9 月 |
| 家访印象 | 该幼儿怕生，黏妈妈、总愿藏在妈妈身后，一直让妈妈抱着，但思维活跃。看到我们后，总是和妈妈耳语来表达自己的想法，有时吃手。家人对她十分宠爱。 | | | |
| 家长反映 | 1. 要成人喂饭，基本上不挑食，无过敏药物和食品。<br>2. 要大、小便时能告诉成人，但脱提裤子都要成人帮助，自己不会。<br>3. 能够接受白开水，但是爱喝饮料。<br>4. 睡觉时需要成人陪伴，要吃手才能睡着。<br>5. 外出次数少，出去后不愿和其他小朋友一起玩。<br>6. 脾气大，在家遇到不顺心的事会发脾气。 | | | |
| 入园观察 | 入园后该幼儿稍有哭闹，抱着自己的小书包念叨：“妈妈来！妈妈来！”在教师的帮助和引导下能自己吃饭、喝水、吃水果。睡觉时还有吃手的现象，但在引导下能够暂时以抱衣服来代替吃手行为。不太喜欢参与游戏，小朋友在户外游戏时，她总是焦急地站在门口等着家人的到来。 | | | |
| 家长反馈 | 上幼儿园后回家后脾气更大了，衣服脱不下来就哭，也不让家长帮忙。可哭过之后，她会对妈妈说：“妈妈，我错了，下次我不发脾气了，你喜欢我吧！” | | | |
| 个案分析与建议 | 1. 虽然参加过亲子活动，但也是刚入园，情绪焦虑、回家后有时发脾气是正常的宣泄。家长要接纳这种现象，同时判断幼儿遇到的具体困难给予帮助。<br>2. 当幼儿发脾气时不要用“让老师管你”刺激幼儿，焦虑严重时尽可能避开她反感的幼儿园话题，满足合理需要，用其他活动淡化消极情绪。<br>3. 只要没有身体上的明显不适，就坚持来园。家长可通过让幼儿携带喜欢的玩具、爱吃的小食品、穿想穿的衣服来幼儿园，为她创造表达、表现的条件，减缓焦虑和对抗情绪。 | | | |

## （二）入园适应

### 1. 入园体验

（1）活动设计。

幼儿在正式入园前，可在家长的陪同下先来到班中进行体验活动。时间可长可短，频率可高可低，内容可多可少。但教师一定要充分利用园所教育资源，为幼儿和家长搭建起多维的适应体验的场景，尽可能地帮助家长和幼儿共同做好准备。

（2）发展目标。

● 熟悉幼儿园环境，接触将和自己共同生活的老师、小朋友。

● 能大胆地向父母提出自己的问题和需要，乐于接近老师，不害怕。

● 在父母的陪伴下，能为自己选择的毛巾钩、水杯格、小床、整理箱上贴上自己的照片或贴画。

● 在教师的鼓励下愿意学做事。如：尝试自己用勺吃饭、用杯子饮水、洗手、擦手，学做事时情绪愉快、有信心。

（3）幼儿的特点与表现。

● 有父母陪伴容易对环境产生信任，情绪积极、比较活跃，乐于到处走走看看。

● 对新环境感兴趣，特别是新颖的玩具、有趣的设施等，能引起幼儿积极的关注。

● 喜欢集体餐点活动，在环境的带动下能接受一些挑战，如尝试用杯子喝水，自己剥果皮等。

● 愿意动手摆弄和操作，对挑战适度的事情感兴趣，喜欢被成人夸奖。

● 对家长或陌生人的一些限制、拒绝反应敏感，有时会引发消极的情绪反应。

● 喜爱有特殊意义的纪念品，如老师送的礼物、有自己和父母影像的照片等。

● 感觉分离困难。

（4）组织策略。

● 电话通知幼儿家长体验的时间、班级。

● 教师带领幼儿家长初步了解班级环境、布局。

● 引导家长与幼儿选择自己喜爱的卡通标志，粘贴到自己的毛巾、水杯、衣柜上。

● 走进班中活动区域，带领幼儿熟悉、操作各种玩具。

● 与家长建立密切合作关系，为幼儿的入园适应提供有效的帮助和指导。

**例1　暑期亲子半日适应活动**

*2006 年8月26日　星期六*

**活动目的：**

● 通过半日游，引导家长了解儿童散居生活与群体生活的主要区别，积极地帮助幼儿做好相关的入园准备。

● 引导家长和幼儿在共同活动中，了解托班日常生活中的基本规则。

● 通过生活游戏，使家长感受幼儿园教育的特点，并了解哪些是有效的教育方法。

（续表）

**活动对象：**

社区内9月入托新生及其家长。

**活动地点：**

幼儿园的托班活动室、户外游戏场等。

**活动准备：**

新生名册、入园适应活动指南、专用贴画等（每套一式5张，其中1张带回家里），幼儿的卫生、保健、饮食等宣传资料。

**活动内容：**

● 接待来园（上午8：45~9：30）

家长签到后，领取当日活动指南，根据自己的需要自选内容。

A. 前院：观看上届托班日常生活游戏实录剪辑，帮助家长直观地了解幼儿园生活和活动。

B. 中院大班前：儿保所和地段保健医接待家长做婴幼儿发育、健康营养方面的咨询。

C. 户外自选活动游戏：小车类、小滑梯、荡桥等运动器械。

D. 托班室内活动：幼儿自选玩具与父母共同游戏，教师接待家长。

材料：积木、积塑、图书等。

玩法：

A. 指导家长和幼儿共同参与游戏，家长搭建1~2个造型，启发、带动幼儿模仿游戏，尝试垒高、延长，搭建不同的造型和幼儿共同分享。

B. 向家长介绍此类游戏对幼儿的教育价值：手眼协调、观察、理解、发现不同和变化等。

● 亲子活动（上午9：30~9：45）

托班教师与家长见面，介绍班级环境、幼儿生活设施等。

A. 向家长介绍每个幼儿都有一个专用的整理箱、睡床、水杯格、毛巾钩，同时向家长提出使用建议。如：幼儿初入园，午睡时挑战最大，为了降低挑战的难度，幼儿可以把自己喜欢的宠物玩具带到幼儿园，放在自己的小床上，使陌生的环境中能有幼儿熟悉、可依恋的物品，减少孤独和恐惧感。

B. 选贴画：出示所有的贴画袋（一定要多于应来的幼儿数），鼓励幼儿自己从许多个贴画的小口袋里选取一个，和爸爸妈妈说说这是什么，数数有几张。请家长陪同幼儿把小贴画分别贴在幼儿的专用设备（指定的地方）上，把多余的一张带回家中，培养情感、强化记忆。

指导要点：让幼儿主动起来。提示家长幼儿自己选的更能记得清，给幼儿机会主动做事，幼儿才能够喜欢做事，对做好事情有信心。提示家长在家里也让幼儿练习自己做事情，这样幼儿才能自信地适应新环境中的生活，逐渐养成独立的能力。

C. 认物。

认识小床：参观卧室让家长了解幼儿的睡眠环境，可以鼓励幼儿在贴有自己选的

（续表）

贴画的床上玩一玩，抱抱小枕头，看看小被子，引导幼儿认识自己的床，熟悉环境（也可根据情况让幼儿睡一会儿）。

认识水杯柜：鼓励幼儿找到有自己贴画的格子，取水杯喝水，用完后放回自己的格子里。

认识毛巾：加餐前请家长陪同洗手，学习自己用毛巾擦手。鼓励幼儿用完毛巾后，挂在贴有自己贴画的毛巾钩上，让幼儿学着说“吃东西前要洗手”。

指导要点：相信幼儿。家长可以观察到幼儿能在共同活动中主动调整自己，不会几个人同时争抢一个地方，即便有一点点冲突，只要家长提出建议，幼儿通常会接受、采纳。如：选睡床时，请家长尊重幼儿的选择，不必依照成人的经验去争“冬暖夏凉”的最佳位置，睡眠室是恒温，夏季都有很好的防虫咬措施，请家长放心。

● 生活活动（上午9：45~10：10）

内容：学习自己用杯子饮水、加餐吃水果。

指导要点：学习适应。家长在居家生活中为幼儿提供能自己取水杯喝水、使用自己小毛巾的条件，有利于日后幼儿对基本的生活技能的掌握，并从中调动其学做事的积极性。

● 户外游戏（上午10：15~10：40）

名称：荡起来

材料：结实的棉布大床单若干条，海绵软垫子若干块。

玩法：

A. 指导家长两人一组，将床单四角抓紧，请一名幼儿躺在床单中间。

B. 一组家长将床单提起，像荡船一样将幼儿左右摇荡，边荡边说儿歌：“宝宝棒，宝宝乖，坐在里面荡起来。手抓紧，不害怕，好像小船摇摇摆。”

指导要点：提醒家长注意幼儿的安全，不要荡得过高，离垫子5~10厘米为宜。建议家长不要勉强幼儿，要用积极的语言表扬和鼓励幼儿大胆参加游戏，树立信心，体验亲子游戏的乐趣，这也有利于幼儿对幼儿园的游戏活动留下愉快的印象。

● 离园反馈（上午10：40~11：00）

A. 为家长服务。家长根据幼儿活动中的表现，提出具体的问题，有经验的教师与家长进一步沟通，并解答家长的问题同时提出相关的意见与建议。

B. 向参加活动的幼儿分发纪念品（个人物品的贴画副本）、中大班幼儿的小制作。

C. 将亲子半日活动的录像及时上传到幼儿园的网页上（有记录每名幼儿的亲子活动画面），转化为入园适应的教育资源，有条件上网的家长可随时下载，引导和帮助幼儿形成对幼儿园的好感。

D. 为前来咨询的幼儿建立个案，记录家长的困惑和问题以及给出的建议，同时积极向这些家长的孩子所在班的教师反馈情况，力求取得一致、有效的配合。

（续表）

**例2　入园适应周活动**

**活动准备：**

教师应提前做出详细的体验计划，并与家长达成共识。入园体验从周末开始，这样方便家长参与，从亲子活动到幼儿独立适应，通过3个单元、连续一周左右的提前体验，帮助家长和幼儿共同积累必要的经验，使新生的入园焦虑有所缓解。

**具体安排：**

★ 第1~2天

教养目标：在家长的陪同下，接触同龄伙伴，熟悉活动环境。

起始时间：上午9：00~11：00。

活动准备：布置教室，托班幼儿可玩的户外大型玩具、小车、颜色鲜艳的球等各种玩具。

活动安排：

● 家长带幼儿入园，熟悉环境，认识班上的三位教师，自选户外玩具。

● 家长陪同幼儿进班熟悉班级环境，参观活动室、盥洗室、睡眠室。

● 亲子游戏，如美工粘贴活动、音乐游戏，找找自己的小照片作为标志粘贴在自己的水杯上、毛巾格中。

● 品尝可口的加餐。

● 户外游戏，与家长进行简单交流，活动结束。

★ 第3~5天

教养目标：愿意参加感兴趣的游戏，能接受与父母的短暂分离，情绪比较稳定。

起始时间：上午8：30~12：00。

活动安排：

● 接待来园：可由几位教师同时接待家长和幼儿（避免等待或冷落），争取每名幼儿都能在较短的时间内有新的依恋对象。可鼓励情绪稳定的幼儿的家长离园。

● 教师和追从自己的幼儿一起玩玩具，当幼儿专心玩耍时，可安排家长与幼儿短暂分离。时间由最初的半小时逐渐延长。室内与室外活动结合，以分散自选活动为主。

● 安排两次餐点、饮水活动，引导幼儿学习使用自己的水杯、毛巾等。

● 午餐。组织幼儿共进午餐，餐后离园。离园时可发小奖品吸引幼儿第二天高兴来园。

● 共育沟通。向每位家长反馈幼儿在园各方面的情况。

★ 第6~7天

教养目标：能适应生活中的一些重要变化，如与父母分离、在幼儿园小睡等。

起始时间：上午7：30~下午3：00（针对个别适应上午独立活动困难显著的幼儿，建议家长午饭后接）

（续表）

活动安排：

● 教师接待幼儿来园，和家长交流沟通，了解幼儿近几日的情绪变化，提出适当的建议。

● 家长离园，幼儿跟随喜欢的教师独立在园活动。教师按计划开展组织各类松散的游戏活动。

● 增加早餐和午睡的生活活动，逐步提高幼儿对群体生活的适应经验。

● 共育沟通：详细向每位家长反馈幼儿饮食、起居、游戏中适应变化的具体表现，针对幼儿存在的不同困难和需要，向家长提出具体的建议。

*2. 家长问卷*

尊敬的家长：

您好！为了使我们更好地为每个宝宝提供及时、准确的帮助，烦请您百忙之中把宝宝的习惯、特点、喜好等方面的情况告诉我们。请您在具体问题后面的横线上，填写您想介绍的情况或在符合孩子表现的描述括号内打“√”，谢谢！

幼儿姓名：________　　乳名（小名）：________

性　　别：________　　年　　龄：________岁

喜　　好：

请告诉我们孩子在家的基本习惯：

饮食——

喜爱的食物：________________________________；

不爱的食物：________________________________；

过敏的食物：________________________________。

饮水——

喜爱喝白开水　是（　　）　否（　　）

喜爱喝甜水　　是（　　）　否（　　）

喝水量　　　　多（　　）　少（　　）

午睡——

有午睡习惯　　是（　　）　否（　　）

有固定的午睡时间　是（　　）　否（　　）

睡眠约2小时以上（　　）2小时以下（　　）

睡眠中的特殊习惯________________________________

排便——

要大小便时会告知成人　是（　　）　否（　　）

是否有定时排便习惯　是（　　）　否（　　）

定时排便的时间通常是　早（　　）午（　　）晚（　　）　每天（　　）

隔天（　　）

（续表）

如厕时的特殊习惯＿＿＿＿＿＿＿＿＿＿＿＿＿＿＿＿＿＿＿＿

孩子在日常生活吃、穿、住、行、玩中还有哪些特点，您还想告诉我们：

*＿＿＿＿＿＿＿＿＿＿＿＿＿＿＿＿＿＿＿＿

*＿＿＿＿＿＿＿＿＿＿＿＿＿＿＿＿＿＿＿＿

*＿＿＿＿＿＿＿＿＿＿＿＿＿＿＿＿＿＿＿＿

孩子的性格特点：

*＿＿＿＿＿＿＿＿＿＿＿＿＿＿＿＿＿＿＿＿

除此之外，您希望老师还要特别关注孩子哪些地方？请注明：

*＿＿＿＿＿＿＿＿＿＿＿＿＿＿＿＿＿＿＿＿

## （三）新生家长会

### 1. 致家长的一封信

各位家长，大家好！

新学期即将到来，感谢你们选择了我们幼儿园。

这里，我们会为孩子们创设一个像家一样温馨的环境，给他们一个宽松的、能够展示自我的精神空间，通过一日生活和游戏，发展孩子各方面的能力。为此，热切地希望我们之间能够密切协作，帮助孩子顺利地走好从家庭生活向幼儿园过渡的第一步。

小孩子进入幼儿园都要从极不适应过渡到逐渐自如。这个过程的长短，取决于我们之间合作的质量。我们殷切地希望在我们的共同努力下，让每一个孩子都能顺利适应生活中的变化，让每一位家长把孩子送到幼儿园后都没有后顾之忧。

随着孩子入园时间的临近，您焦虑的心情会逐渐加剧吧？

孩子入园通常要经历这样三个阶段：9 月的第 1～3 周是分离焦虑期，9 月第四周至 10 月第四周为逐渐熟悉期，一般从 11 月开始多数孩子就能够进入基本适应期了。在以上三个阶段中，分离焦虑期是孩子、家长、教师面临挑战最大、困难最多的非常时期。但我们深信可以通过密切的合作，帮助孩子做好准备，顺利过渡，融入新的生活之中。

孩子小，第一次离开熟悉的家，来到陌生的幼儿园，孩子对很多的不适应更多地要用哭闹来表达、宣泄。我们理解孩子离开亲人的紧张、无助和忧伤，但请您放心，我们能像妈妈一样耐心地哄劝、安慰他们，直到他们够适应新生活，每天带着笑容走进幼儿园。为此，9 月里，请让我们共同帮助宝宝做好准备：

（1）带一套可换洗的衣裤和袜子，并绣好名字，以便孩子不慎尿裤子后能够及时替换。

（2）可以给孩子带一件喜欢的小玩具。“家里玩具”的随身陪伴会减轻他的心理不安，降低孩子的紧张和思念焦虑，帮助他逐渐融入托班的集体生活之中。

（续表）

(3) 为了孩子的安全，请固定好接孩子的家长，如临时换人，请提前与老师打招呼。

(4) 入园时间：上午7：15～7：40（周一～周五）

离园时间：下午17：20～18：00（周一～周四）（周五为16：50）

**附：幼儿一日作息安排**

| | | | |
|---|---|---|---|
| 7：15～7：35 | 接待来园，室内外自由活动 | 11：00～11：30 | 午餐 |
| 7：40～8：10 | 早餐 | 11：30～11：40 | 散步 |
| 8：10～8：50 | 活动区（随时小便，喝水） | 11：40～14：30 | 午睡 |
| 8：50～9：10 | 户外游戏 | 14：30～15：00 | 起床，喝牛奶 |
| 9：10～9：30 | 室内游戏活动 | 15：00～15：30 | 室内安静教育活动 |
| 9：30～9：50 | 小便，洗手，吃水果 | 15：30～15：40 | 小便洗手喝水 |
| 9：50～10：00 | 室内活动 | 15：40～16：10 | 户外运动游戏 |
| 10：00～10：10 | 小便，洗手，喝水 | 16：10～16：40 | 室内活动 |
| 10：10～10：30 | 户外体育运动 | 16：40～16：50 | 餐前安静活动 |
| 10：30～10：50 | 室内活动 | 16：50～17：20 | 晚餐 |
| 10：50～11：00 | 餐前安静活动 | 17：20～ | 离园 |

班级电话：8375 ×××× 热线时间：12：00～14：20

最后，全体教师真诚地希望在我们的共同努力与密切配合下，使宝宝顺利度过入园适应期，健康快乐地成长！

预祝我们合作愉快！

托班全体教师

### *2. 向家长发放入园适应共育资料*

（1）诊断篇。

**症状：严重的焦虑情绪**

有些幼儿进了幼儿园以后，就突然有了严重的焦虑情绪，常常会抱着自己家里带来的东西，搬个小椅子坐在门口等妈妈来接。其实，大部分幼儿都会出现“分离焦虑”，这种焦虑的产生其实也很自然，幼儿平时和亲人之间会产生强烈的依恋感，一旦进入了新的环境，出现了依恋上的断层，失去了安全感，就需要一段时间来适应。如果没有解决好“分离焦虑”的问题，就会出现一些“看不见的内伤”，这些对幼儿以后的发展会有影响。

对症下药：父母在入园前，可以带着幼儿到就读的幼儿园附近散步活动，如果幼儿园允许，还可以到幼儿园里参观，看一看以后要用的小杯子、小床、小桌子等，或者在活动场进行一些亲子活动，以此暗示幼儿“这里有许多好玩的”“以后要做幼儿园的好宝宝”等，这样幼儿正式入园时，就会减少对新环境的陌生感和不适应感。

**症状：独立性、自理能力太弱**

幼儿进入幼儿园生活，呈现在他们眼前的问题除了适应以外，还有生活能力的挑战，如吃饭、盥洗、穿脱衣服、睡觉等。以前幼儿在家时，都是有家人们照顾的。现在，幼儿面对陌生的环境和教师，会有许多的不适应，很多幼儿甚至不会自己吃饭、睡觉，就连上厕所也不会表示，有了困难不知道应该怎样向成人求助。

对症下药：在幼儿刚入园期间，家长不妨每天暂时性地离开幼儿一段时间，让他们体会到：哪怕妈妈不在，我也是安全的。同时，要有意识地培养幼儿自己吃饭，自己上厕所、自己独立睡觉的习惯。另外，幼儿的语言表达也很重要，家长们要经常和幼儿交流，告诉幼儿有什么事情要敢说，哪怕是用自己习惯的语言，只要让老师能听到，她们是会理解、能明白的。

**症状：不习惯陌生环境**

大多数幼儿见到陌生人和陌生环境，通常会不适应，但是表现出来的行为可能会相差很大。刚进幼儿园，有的幼儿常常大吵大闹，哭得天昏地暗；有的幼儿却显得格外安静，就连在家里很喜欢玩的游戏，也不感兴趣了，总是一个人坐在角落里。

对症下药：对于情绪激动的幼儿，教师和父母会格外重视，及时地去满足他们的要求。但是对于异常安静的幼儿，父母和教师往往会忽略，觉得这是幼儿听话的表现。其实，这样的“乖”幼儿，只是因为明白“即使哭闹，爸爸妈妈还是会送自己上幼儿园的”。因此，入园第一个月，应该激发幼儿说话的愿望。家长们要时时给幼儿灌输“我最棒”的思想，帮助幼儿建立自信心，这样，主动与人交往就不是件难事了。家长平时应多用普通话来和幼儿交谈，托小班的幼儿可能会存在口齿不清的情况，这是很正常的，不用过分地纠正，以免削弱他们说话的积极性。

**症状：吃不好、睡不香，容易生病**

有些幼儿平时在家里吃饭、睡觉都很好，刚上幼儿园就彻底改变了：胃口变得很不好，食欲差，有的甚至只吃饭不吃菜。有的幼儿一到午睡时间就哭闹，还有的幼儿晚上睡觉会出现夜惊、哭闹、梦魇等，甚至会感冒、发烧等。

对症下药：换了陌生的环境，没有父母在身边陪伴会使很多幼儿感到不适应。由于焦虑、紧张等情绪上的变化，会导致幼儿的身体抵抗力下降。对过于紧张的幼儿，家长可以为他带一件喜爱的玩具，让幼儿有所安慰。通常，幼儿情绪不好时会连带食欲下降，但幼儿园会准备一些零食、小甜点，为正餐进食不足的幼儿补充能量。回家以后，家长还可以准备些清淡的食物作补充，切忌油腻，特别是晚上进食过量会使幼儿的正常睡眠受到干扰，可以多补充水果、奶品、维生素C等，帮助幼儿做好从生理到心理的适应性调节。

（2）共育篇。

**要学会“坚持”**

不少家长，特别是隔代的家长，送幼儿到幼儿园后，听到幼儿的哭闹很心疼，不放心。有的家长也跟着掉眼泪，有的一步三回头，有的透过门缝向里张望……还有的爷爷、奶奶、外公、外婆会长时间地站在阳台上看，有的甚至主张“歇两天”。“三天打鱼，两天晒网”的做法只会让幼儿无所适从，导致失落、失望加剧，焦虑哭闹时间延长，造成身体上、心理上的损伤。坚持来园，逐渐适应是帮助幼儿顺应生活中变化的首选策略。

**不要给幼儿消极的心理暗示**

有的父母在送幼儿入园前，经常会有意无意地说：“你再不乖，就送你去幼儿园。”

或者是："现在多玩玩吧，过几天就要到幼儿园里受管制了。"这样的言语会让幼儿认为幼儿园就是惩罚自己的地方。当幼儿入园一段时间已经适应后，也还会出现行为、习惯上的反弹，如早晨大喊"不愿去幼儿园"、拽住衣服"不让妈妈上班"、哭哭啼啼等。这些都是正常的，不要以为幼儿几天都挺顺，就一下长大了。不要用"我去告诉老师，让老师教育你"这样的消极方式刺激幼儿。有时幼儿行为习惯上的反弹，只是撒娇、想重新吸引父母对自己的关注的"脑筋急转弯"，无须对立、压制。

正确的方法是放下"尚方宝剑"，父母要依理行事。有体谅、有理解，使幼儿感觉到父母的教育和幼儿园的教育是基本一致的。让幼儿对自己有信心，感受到被尊重。父母在幼儿心里就是一座可以信赖、安全、满足的高山。

**重视入园前的家访**

很多幼儿园在幼儿入园前都会安排教师上门家访，这是父母、幼儿与教师沟通的好机会。家访的教师一般会询问宝宝睡眠时间的长短、家里叫什么小名、睡觉喜欢抱什么东西等，以初步了解幼儿的基本情况。家长一定要安排时间，让幼儿尽早地认识教师。

**因人而异更适应**

刚入园的一个星期到半个月时间里，幼儿普遍特别希望父母早点来接，体验重新回到父母身边的满足。家长可以根据幼儿的不同情况，尽量早一点接幼儿回家，缩短他们在园的时间。但千万不要乱许诺，在新生入园适应期，父母一定要做到信守承诺。如有的妈妈说"吃过午饭就来接"，可实际并不兑现，这样只能加剧幼儿对周围人和事的不信任，从而遭受更多的心理折磨。正确的方法是说："乖，妈妈要上班，下班就来接你，在幼儿园等着妈妈啊。"

**幼儿穿衣要舒适**

9 月还没有走出夏季，最好能给幼儿穿吸汗、透气性能好的棉质衣裤，不要选择化纤类的制品。为了幼儿生活的舒适，家长还可以为幼儿带来午睡的替换背心，午睡时换上能保持皮肤的干爽，同时也能让上午穿的衣服晾晒干，服装款式要尽量简洁，便于穿脱和如厕。

另外，新生入园特别喜欢在户外活动，所以为幼儿选择的鞋子最好要松软、合脚、舒适，如有可能尽量少穿皮鞋、旅游鞋，以免由于鞋子不合脚造成运动游戏中的不便。

（3）幼儿在园情况反馈。

**附：一日生活记录表**

| 序号 | 姓名 | 情绪 | | | 饮水 | | | 进餐 | | | 午睡 | | | 游戏 | | | 大便 | |
|---|---|---|---|---|---|---|---|---|---|---|---|---|---|---|---|---|---|---|
| | | 稳定 | 一般 | 稍差 | 好 | 较好 | 一般 | 足量 | 一般 | 较少 | 长睡 | 短睡 | 未睡 | 参与 | 一般 | 旁观 | 有 | 无 |
| 1 | | | | | | | | | | | | | | | | | | |
| 2 | | | | | | | | | | | | | | | | | | |
| 3 | | | | | | | | | | | | | | | | | | |
| 4 | | | | | | | | | | | | | | | | | | |

# 二、9月课程安排与指导

## （一）月计划

<table>
<tr><td colspan="2">现状分析</td><td>由于新入园的幼儿对环境不熟悉，因此情绪不太稳定，有哭闹现象：有过亲子园经验的幼儿分离焦虑相对低，但也有的会哭泣难舍；有过短暂适应幼儿园生活的幼儿，哭程相对短些，但会提出种种条件如抱心爱的玩具、早回家、不吃饭不睡觉等；无适应期的新入园幼儿多数哭泣剧烈，个别幼儿哭闹持续时间长，拒绝保教人员的接抱，或哭喊挣扎，或抓紧家长不放。幼儿对从家中带来的物品十分依恋，喜欢和固定的教师交往，注意力容易转移。绝大多数幼儿还不能很好地表达自己的需要和想法，适应变化的能力和自理能力相对较弱，因此进餐、午睡和如厕等都需要成人帮助。</td></tr>
<tr><td rowspan="3">目标</td><td>生活</td><td>1. 在成人的鼓励下能愉快来园。<br>2. 认识自己的常用物品及标记（毛巾、水杯及床位）。<br>3. 在成人提示下知道餐前、大小便后、户外游戏后洗手。<br>4. 在成人的鼓励下学习用小勺进餐，体验成功的快乐。<br>5. 知道大小便要如厕，便后请成人帮助清洁身体。</td></tr>
<tr><td>游戏</td><td>1. 熟悉老师、同伴和班级环境。<br>2. 知道自己是某某班的小朋友。<br>3. 喜欢参与各种游戏活动，在游戏中体验愉悦的情绪。<br>4. 喜欢听音乐和歌曲，并能随老师一起做动作。</td></tr>
<tr><td>锻炼</td><td>1. 喜欢到户外玩，愿意和老师一起参加户外活动。<br>2. 能自己上下楼梯。<br>3. 能在垫子上随意爬行。<br>4. 户外游戏时知道不离开老师和小朋友，有初步的安全意识。</td></tr>
<tr><td colspan="2">指导策略</td><td>1. 新生入园初期接待幼儿来园，要多采用自由开放的活动方式，也可以尝试户外接待来园，转移幼儿的注意力，降低幼儿的分离焦虑，同时提供多种玩具供幼儿选择。如投放声光电等玩具吸引幼儿，分散、缓解幼儿的分离焦虑。<br>2. 在沟通交流方面，教师要多运用肢体动作和鼓励性语言关注幼儿，避免幼儿出现过激情绪。如：尽量不出现爸爸、妈妈的称谓，慎用“不行”的话语。<br>3. 教师要尊重不同幼儿暂时的特殊要求（抱自己的包、拿奶瓶喝水、抱鞋睡……），顺其自然，不要强行改变他的意愿，尽快使幼儿在新环境中建立安全感。<br>4. 帮助幼儿熟悉新的生活新环境认识新朋友。如：多安排松散自由的活动、鼓励携带玩具宠物等，增加幼儿在日常生活中与熟悉的人、事、物接触及互动的机会，以便从中获得安慰。</td></tr>
<tr><td colspan="2">教养评价</td><td>能够顺应生活环境的变化愉快来园，乐于在新的生活中接受成人的帮助和引导。</td></tr>
</table>

## （二）第一周周计划

<table>
<tr><th>项 目</th><th>目 标</th><th>环境与材料</th><th>活动内容</th></tr>
<tr><td>生活</td><td>1. 稳定情绪，熟悉班中环境。<br>2. 认识自己的水杯和毛巾。</td><td>1. 创设宽松温馨的环境：在低矮的墙面展示每个幼儿的生活照片或全家福照片。<br>2. 准备三套相同的小照片或小图片，供幼儿自主选择，贴在毛巾架、水杯柜和床等专属于自己的位置上。<br>3. 创设可供幼儿自由靠躺的垫上游戏区或休闲娱乐区，以缓解疲劳。<br>4. 开通“自助美味餐车”，适当增加自由加餐次数，及时为有需要的幼儿补给营养、稳定情绪。</td><td rowspan="3">1. 儿歌<br>《亲亲》①《喝水》《擦嘴》<br>2. 故事<br>《小蚂蚁喝水》<br>3. 游戏<br>生活游戏：幼儿园里真快乐；照片我来贴；我和毛巾是朋友<br>感知游戏：宝宝笑了；谁来啦；大嘴娃娃<br>手指游戏：小手拍拍<br>认色游戏：快乐大转盘<br>美劳游戏：彩泥变变变<br>4. 锻炼<br>走的游戏：可别踩着它<br>爬的游戏：小蚂蚁<br>运动游戏：我和玩具是朋友<br>5. 音乐游戏<br>歌曲：《欢迎新朋友》《有礼貌》<br>律动：《拉个圆圈走走》<br>欣赏：《太阳眯眯笑》</td></tr>
<tr><td>游戏</td><td>1. 熟悉老师和小朋友。<br>2. 认识班里的玩具，学习选择自己喜爱的玩具进行游戏。<br>3. 体验参与游戏活动的快乐。</td><td>1. 创设活动区“我的家”，帮助幼儿适应环境。<br>2. 提供多种可供幼儿自主选择的玩具，如毛绒玩具、电动玩具、推拉玩具、软积木等。<br>3. 为幼儿提供可放松休闲的场所，如宠物区、休闲区等。</td></tr>
<tr><td>锻炼</td><td>1. 喜欢和教师一起到户外游戏，愿意在教师的带领下参与活动。<br>2. 能避开障碍物行走。<br>3. 能在垫子上随意爬行。</td><td>1. 为幼儿创设安全、舒适的户外活动场地，最好是软地面，幼儿活动便利、安全，还可以随时休息。<br>2. 为幼儿准备色彩鲜艳的玩具材料，以激发幼儿参与活动的兴趣。<br>3. 幼儿刚来园有分离焦虑，多安排幼儿在户外活动，也可在室内做些大肌肉活动，以分散幼儿的注意力，缓解焦虑。<br>4. 为幼儿提供可爬、可滚、可坐、可趴的软地面或垫子，提供拼插玩具、拖拉玩具、毛绒玩具等，使幼儿在累了或情绪不稳定的时候得到休息或缓解。</td></tr>
<tr><td>家园共育</td><td colspan="3">1. 召开家长会，向家长介绍本班的周工作重点和缓解幼儿分离焦虑的方法。可以请家长观看幼儿在园一日生活的录像片断，使家长放心。<br>2. 在宣传栏上布置家长面对初入园幼儿的经验性文章。如接送幼儿路上适宜的谈话内容，回家后的健康饮食，去火清热的保健水等内容。<br>3. 离园时，以每天一句话介绍的形式，向家长介绍每个幼儿在园的情绪、饮食、起居、游戏等基本情况，降低家长的适应焦虑，使他们能够安心、放心。</td></tr>
</table>

① 编者注：活动名加粗的在幼儿用书中有对应的活动，全书同。

（续表）

| 项 目 | 目 标 | 环境与材料 | 活动内容 |
| --- | --- | --- | --- |
| 指导要点 | 1. 安排丰富、自由的活动，帮助幼儿在适应中熟悉新环境。<br>2. 积极回应幼儿的不同需要，帮助幼儿建立安全感。 | | |

## 儿歌

**儿歌 1　《亲亲》**（见 9 月幼儿用书）

**目标：**喜欢听儿歌，知道幼儿园里有许多玩具。

**准备：**幼儿用书，各种幼儿喜欢的玩具。

**建议：**1. 该儿歌内容较长，教师应在幼儿情绪相对稳定的时候利用幼儿用书看看、讲讲，不强求幼儿学说出来。

2. 在幼儿游戏过程中伴随游戏自然说出儿歌，引导幼儿理解儿歌中的主要内容。

3. 对于较快适应幼儿园生活的幼儿，教师可灵活拓展、改编，使幼儿更喜欢倾听、学说。

4. 请家长把幼儿用书带回家，通过家庭亲子阅读，引导幼儿体验亲亲的感受。待幼儿熟悉后，也可以把老师改成妈妈或爸爸。

**附儿歌：**

我和小熊亲亲，搂搂抱抱过家家。我和积木亲亲，拼拼摆摆盖房子。
我和汽车亲亲，跑来跑去运货忙。我和皮球亲亲，拍拍跳跳做游戏。
我和老师亲亲，顶顶脑袋哈哈笑。

**儿歌 2　《喝水》**

**目标：**知道自己有水杯，口渴了要用水杯喝水。

**建议：**1. 幼儿喝水时教师随口说儿歌，自然渗透，不用刻意教儿歌。

2. 在幼儿喝水环节时，教师边说儿歌边为幼儿准备水杯。

3. 不必强求幼儿在固定的地方喝水。

4. 提供几种口味的水供幼儿自主选择，逐渐过渡到喝白开水。

5. 在幼儿喝水时教师可以做倾听状，模仿幼儿喝水的咕嘟声，也可以和幼儿玩干杯的游戏，激发幼儿喝水的愿望。

**附儿歌：**

拿起小水杯，　接杯白开水。
坐下慢慢喝，　咕嘟咕嘟喝进嘴！

**儿歌 3　《擦嘴》**

**目标：**知道餐后要擦嘴，乐于学习擦嘴的方法。

**准备：**餐巾纸。

**建议：**1. 教师之间可以一问一答式地表演擦嘴步骤，给幼儿示范，鼓励其模仿。

2. 幼儿进餐后，教师边帮助他们擦嘴边随意地说儿歌，引导幼儿模仿擦嘴的方法。

3. 可以由教师也可以由保育员发起擦嘴演示动作。

4. 在幼儿情绪稳定的时候，可以用自编的故事引出吃完饭要擦嘴的任务，鼓励幼儿掌握折纸、擦嘴的方法。

5. 在取放纸巾处安一面镜子，放置一个纸篓，便于幼儿自己检查，养成取放的好习惯。

**附儿歌：**

小小纸巾双手托，对准嘴巴轻轻合，变成一块方手绢，
擦擦折，擦擦折，照照镜子看一看，擦净嘴巴笑呵呵！

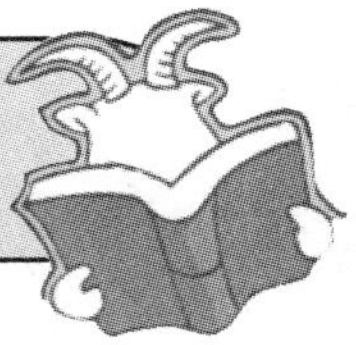

## 故事

**故事　《小蚂蚁喝水》**

**目标：**初步知道口渴了要喝水，愿意喝白开水。

**准备：**手偶或拟人教具（四肢能活动的小蚂蚁），水杯。

**指导要点：**教师讲述故事的时候，可充分利用手中的教具吸引幼儿的注意，利用声音的变化，强调口干不喝水的危害，唤起幼儿的共鸣。

**建议：**1. 教师给幼儿讲故事，强调不喝水哪儿会不舒服，引起幼儿喝白开水的兴趣。

2. 每次喝水前，可引导幼儿学蚂蚁的动作（双手食指弯曲放在头顶两侧）去洗手喝水。

**附故事：**

有两只小蚂蚁，它们玩了半天，舔舔嘴唇好干啊！“妈妈说口干了不喝水，鼻子会流血的。这可怎么办呀？我们得找找看哪里有水喝。”它们东走走、西看看，“啊！找到啦！找到啦！”它们用杯子从饮水桶里接了一大杯水，大口大口地把它喝了个光，抬起头舔舔嘴唇说：“这水真好喝，喝完了它我们身上都有力气啦！”

## 游戏

**生活游戏1　幼儿园里真快乐**

**目标：**愿意跟随教师活动，熟悉班里环境。

**准备：**温馨、舒适的游戏环境创设，幼儿及家人的生活照片；也可牵拉一根布带当车厢。

**玩法：**幼儿和教师一起以开火车的形式参观班里温馨的环境。“小火车咔咔开，小小宝宝坐上来。轰隆轰隆向前走，娃娃家里看奶奶！×××到啦！奶奶好！”（最后两句可以灵活替换为：玩具柜的大门开，玩具家到了，玩具朋友好；睡眠室里小床矮，睡眠室到啦，小枕头你好；卫生间里去小便……小脚印你好；饮水桶前喝杯水……白开水你好；坐在桌边吃饭菜……）把周围的设施、环境信手编进去，使幼儿通过游戏逐渐熟悉班里的环境，并产生亲近感。

**建议：**1. 不要强求幼儿参与游戏，尽可能利用愉快的气氛感染情绪低落的幼儿。可以是三位老师开三列火车。

2. 一段时间后，待幼儿情绪稳定后，可以问“车上”的幼儿想去哪儿，然后向幼儿指定的地方开，使幼儿获得主动参与的快乐。

3.“火车”的路线还可以延长到户外，扩展幼儿的认识范围，引导幼儿更积极地和环境互动、和小中大班的哥哥姐姐、厨房的师傅、后勤老师交流，获得对新环境的亲近感、安全感和信赖感。

**生活游戏2　照片我来贴**

**目标：**能记住自己的毛巾、水杯的位置，知道要用自己的毛巾、水杯。

**准备：**每人3张1寸照片或小贴画，毛巾架，水杯柜，床位。

**玩法：**请幼儿找到自己的照片后，教师随同幼儿在毛巾架、水杯柜、睡眠室等地方选择属于自己的位置和床位，将照片贴在上面。

**建议：**1. 随着各生活环节的进行，教师采取个别指导的方式引导幼儿选择自己的位置粘贴，避免幼儿过于集中。

2. 照片直观，有利于幼儿确认、记忆，但如果家长提供有困难，也可转换成教师准备的小贴画（注意：准备的几套贴画要完全相同）。

3. 日常活动中应引导幼儿指认自己的东西。

**生活游戏3　我和毛巾是朋友**

**目标：**认识自己的毛巾标记，洗手后能在成人的提醒、帮助下用自己的毛巾擦手。

**准备：**毛巾架上贴好幼儿自己的标记，小毛巾。

**玩法：**幼儿洗手后，请幼儿说一说、找一找毛巾架上带有自己标记的位置，请幼儿将毛巾挂好。

**建议：** 1. 毛巾挂带长短合适，便于幼儿摘挂。

2. 教师要注意在每次洗手环节时都提示幼儿使用自己的毛巾。

3. 教师也可以边说儿歌边配合着做动作，用自己的行动作为对幼儿的提示。

**附儿歌：**

小毛巾，好朋友，　天天帮我擦干手。
用完把你送回家，　干干净净不乱丢。

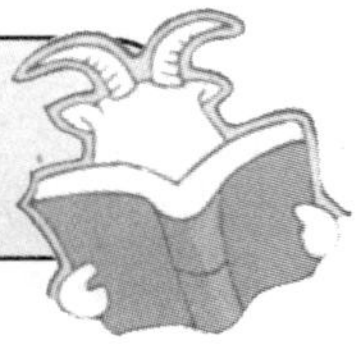

**感知游戏 1　宝宝笑了**

**目标：** 喜欢照镜子，能感受到脸部表情的变化。

**准备：** 镜子。

**玩法：** 自由游戏时，教师引导幼儿到镜子前照照、笑笑，引导幼儿欣赏自己，培养积极、愉快的情绪。

**建议：** 1. 在幼儿情绪不稳定时，教师可以陪伴在幼儿身边共同照镜子，转移幼儿的注意力。

2. 教师可以与幼儿面对面，做变换表情的游戏。

3. 教师可在接待幼儿来园时表扬情绪好的幼儿，用自己的微笑带动、感染情绪低落的幼儿，如给一个拥抱或亲吻额头等。

**感知游戏 2　谁来啦**

**目标：** 通过触摸能感知玩具的主要特征。

**准备：** 毛绒玩具，大皮球。

**玩法：** 教师将玩具放在布袋中，神秘地让幼儿猜在里边的谁来啦。教师说出它的样子，请幼儿进行触摸游戏。

**建议：** 玩具可以更换为幼儿喜欢的或新投放的，使幼儿感到新奇。

**感知游戏 3　大嘴娃娃**

**目标：** 能尝试操作，愿意练习用勺喂娃娃吃饭。

**准备：** 装饰成大嘴娃娃的纸筒，勺，大蚕豆。

**玩法：** 在玩娃娃家或自选活动时，教师以娃娃饿了的口吻，请幼儿给娃娃喂饭。

**建议：** 1. 不必苛求幼儿始终遵守规定的玩法，如幼儿尽兴时用手大把抓，教师可以灵活调整为："谢谢，分给我的碗里一点。"然后再用勺把豆喂到娃娃嘴里，就可以影响和暗示幼儿的行为。

2. 为了激发幼儿的兴趣，喂的材料和勺的样子可以进行更换。

**手指游戏　小手拍拍**

**目标：** 愿意参与游戏，尝试听口令做动作。

**玩法：** 一名教师边说边做动作，其他教师共同配合用逐句模仿的方式带动幼儿模仿。幼儿根据儿歌口令游戏。

**建议：** 1. 教师说儿歌的语速要慢，发音要清晰，声音要悦耳，动作要夸张，使幼儿乐意听、乐意看。

2. 对不愿意参与的幼儿要宽容，儿童群体的积极情绪能起到有效的带动作用。

**附儿歌：**

小手小手拍拍，两只小手举起来。小手小手拍拍，两只小手握起来。
小手小手拍拍，小手头上转起来。小手小手拍拍，小手胸前摇起来。
小手小手拍拍，两只小手藏起来。小手小手拍拍，两只小手变出来。

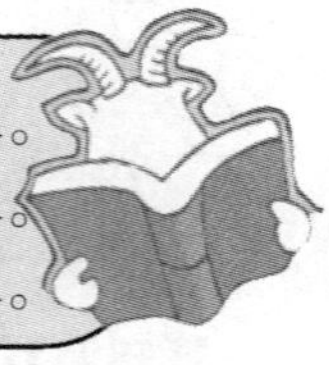

**认色游戏　快乐大转盘**

**目标：** 初步感知常见的颜色，喜欢参加游戏。

**准备：** 带有颜色标志的转盘，各色的心形即时贴纸。

**玩法：** 幼儿玩颜色转盘，指针指向什么颜色时，教师就和幼儿共同选择一张带有相同颜色的心形图案贴贴在衣服上。

**建议：** 1. 可以将贴纸作为对幼儿高兴来园或参加活动的奖励，相约明天表现好（如：高兴来园、自己走不用抱着等）再玩。

2. 情绪稳定的时候，还可以引导幼儿在小朋友的衣服上、班里的玩具上找找相同的颜色。

**美劳游戏　彩泥变变变**

**目标：** 感受彩泥的变化，喜欢玩泥活动。

**准备：** 揉软了的各色彩泥，垫板。

**玩法：** 在自选活动时段，教师和愿意玩彩泥的幼儿共同游戏，边随意地玩边说：“变变变，看我变出个×××。”

**建议：** 1. 教师要鼓励幼儿进行揉捏，用赞赏的语气表扬变出的任何东西。

2. 注意卫生安全，避免幼儿咬食或吸吮手指，活动后一定洗手。

3. 从亲子园升班的幼儿可安排开展彩泥活动，如果是从家庭直接入园的幼儿，尽量不选在第一周安排此活动。

4. 保留下幼儿的作品进行欣赏，晚上及时向家长介绍，帮助幼儿树立起自信心。

5. 提供玩泥模板，引导幼儿随意玩泥。

## 锻炼

**走的游戏　可别踩着它**

**目标：** 愿意在户外活动，能迈过低矮的障碍物较平稳地走。

**准备：** 将小布包或软棍间隔地散落摆放在平坦的地上。

**玩法：**教师带幼儿说儿歌，然后自由地迈过包或软棍走。

**附儿歌：**

小朋友走走走，迈过布包向前走。
小朋友走走走，迈过软棍向前走。

**爬的游戏　小蚂蚁**

**目标：**喜欢爬着玩，能手膝着地向前爬。

**准备：**海绵地垫。

**玩法：**教师边说儿歌边引导幼儿在铺成小路的地垫上自由钻爬。

**建议：**1. 可改变地垫的铺摆造型，曲线、宽窄不同，以提高幼儿的兴趣。

2. 教师可以以同伴身份参与游戏，安排小组活动为宜，由于幼儿刚入园不知避让，因此要注意他们的安全，避免拥挤。

**附儿歌：**

小蚂蚁，你别急，我来跟你做游戏，
手膝着地向前移，慢慢爬过笑嘻嘻。

**运动游戏　我和玩具是朋友**

**目标：**学习选择自己喜爱的玩具进行游戏。

**准备：**皮球、小车、拖拉玩具等游戏材料。

**玩法：**教师和幼儿一起走到户外后说："玩具店到了，快去找一个自己喜欢的玩具做朋友吧！"幼儿自由选择喜爱的玩具游戏。

**建议：**1. 提供玩具时，同一种要提供多份，以满足幼儿从众性游戏、求同游戏的需要。

2. 要回应幼儿遇到和提出的问题。如：利用共同游戏的机会夸张地使用游戏材料，以示范玩法，通过自言自语或聊天的方式说出幼儿手中玩具的名称等。

3. 游戏结束后，教师鼓励幼儿共同收拾玩具，但也不必勉强他们收拾。

## 音乐游戏

**歌曲 1　《欢迎新朋友》**

**目标：**喜欢听教师唱歌，感受歌曲中愉悦的情绪。

**建议：**1. 在休闲活动时教师边唱边和身边的幼儿做动作。

2. 可以在幼儿来园时演唱，鼓励先到幼儿园的幼儿和教师一起唱歌，欢迎后来的小朋友。

**附歌曲：**

1＝C 2/4
3 1 | 3 1 | 2 2 | 2 – | 3 5 | 3 1 | 2 2 | 1 – ‖
欢迎 欢迎 小 朋 友， 大家 见面 拉拉 手。

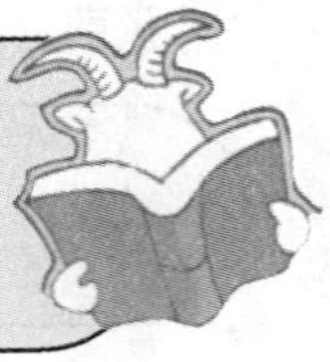

**歌曲 2　《有礼貌》**

**目标：**幼儿愿意跟唱歌曲，知道见面问好、有礼貌。

**建议：**1. 在过渡环节或休闲活动时，教师可以随意唱响歌曲以引起幼儿的关注。
2. 教师也可以利用钢琴边弹边唱，培养幼儿倾听、欣赏的习惯。

**附歌曲：**

1＝D 2/4
1 3 | 2 3 1 | 3 5 | 4 3 2 | 55 66 | 55 3 | 22 32 | 1 – ‖
来到 幼儿园，我问 老师好，老师夸我 有礼 貌，对我 微微 笑。

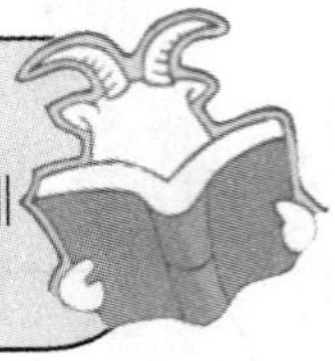

**律动　《拉个圆圈走走》**

**目标：**能跟着音乐的节奏活动身体，感受游戏的快乐。

**建议：**在户外活动或室内过渡环节时，教师可唱响歌曲，引起幼儿做动作的兴趣。

**附歌曲：**

1＝F 2/4
11 23 | 1 5 | 11 23 | 1 5 | 11 23 | 43 21 |

拉个 圆圈 走走，拉个圆圈 走走，走呀 走呀 走呀 走呀，
拉个 圆圈 走走，拉个圆圈 走走，走呀 走呀 走呀 走呀，
拉个 圆圈 走走，拉个圆圈 走走，走呀 走呀 走呀 走呀，

75 67 | 1 – ‖

看谁 先蹲 下。
看谁 先站 好。
小手 举得 高。

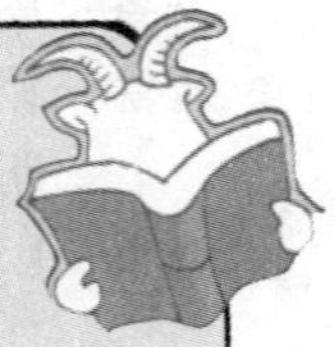

**欣赏　《太阳眯眯笑》**

**目标：**喜欢听音乐、歌曲。

**准备：**录音磁带。

**建议：**在过渡环节或幼儿情绪相对稳定的时候播放音乐，可逐渐引发幼儿欣赏的兴趣。

**附歌曲：**

1 = C 2/4

5 5 | 66 50 | 35 6$\dot{1}$ | 5 – | $\dot{1}$ 6 | 56 30 |

太阳 眯眯 笑，我们 起得 早，　手脸 洗干 净，

饭前 洗洗 手，饭后 不乱 跑，　清洁 又卫 生，

25 32 | 1 0 ‖

刷牙 不忘 掉。

身体 长得 好。

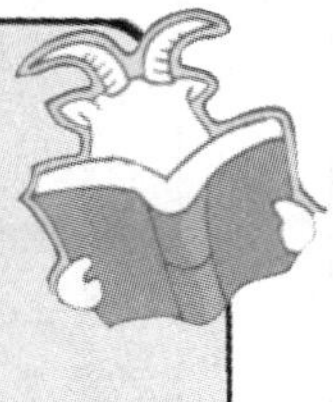

## （三）第二周周计划

<table>
<tr><th>项 目</th><th>目 标</th><th>环境与材料</th><th>活动内容</th></tr>
<tr><td>生活</td><td>1. 在成人的鼓励下愿意来园，尝试对成人的主动问候作出反应（问好、注视、搂抱等）。<br>2. 午休时愿意在成人的帮助下找到自己的床位。<br>3. 情绪稳定时愿意自己动手学做生活小事。</td><td>1. 创设温馨的卧室环境，准备声光电玩具等。<br>2. 将消毒干净的便盆放在明显的位置（男女有别）。<br>3. 每天为幼儿播放轻松、欢快的音乐歌曲。<br>4. 利用低矮墙饰粘贴幼儿愉悦活动的照片。<br>5. 发现每名幼儿的进步，赠送他们小贴画作为鼓励。</td><td rowspan="3">1. 儿歌<br>《笑一笑》《宝宝有礼貌》《洗洗小手》<br>2. 故事<br>《我在幼儿园》<br>3. 游戏<br>生活游戏：玩具在等你；运豆豆<br>装扮游戏：过家家<br>语言游戏：我叫×××；打电话<br>感知游戏：穿葫芦<br>手指游戏：指一指<br>美劳游戏：团纸——搓豆豆<br>休闲游戏：翻烙饼<br>4. 锻炼<br>走的游戏：上下楼梯；糖葫芦；参观动物园<br>5. 音乐游戏<br>歌曲：《幼儿园》<br>律动：《两只小鸟》<br>欣赏：《摇啊摇》<br>节奏：《铃儿响叮当》</td></tr>
<tr><td>游戏</td><td>1. 喜欢在成人的带领下进行模仿游戏。<br>2. 喜欢听成人讲故事。<br>3. 听到别人叫自己能有回应，愿意说出自己的名字。</td><td>1. 为幼儿准备低矮的柜子，在柜子里放入自由活动时可以选择的玩具材料，如小动物手偶、玩具电话等。<br>2. 为幼儿提供可放松休闲的场所，准备自由躺靠的大垫子，放入幼儿喜欢的宠物玩具、图书。<br>3. 对应活动需要，准备大盒子来装美劳工具和材料，如将各色皱纹纸剪成3～5厘米见方的小方块、小贴画等。</td></tr>
<tr><td>锻炼</td><td>1. 喜欢在户外自由玩耍。<br>2. 能自己上下楼梯。<br>3. 在平坦的场地上自由行走。</td><td>1. 为幼儿提供平整、稍软、安全的活动场地。<br>2. 结合游戏准备的材料：用糠醛做的糖葫芦，注入彩水或沙子的可乐瓶。<br>3. 为幼儿提供色彩鲜艳、能发出声响的各种拖拉玩具，如小鸭车。</td></tr>
</table>

（续表）

| 项 目 | 目 标 | 环境与材料 | 活动内容 |
|---|---|---|---|
| 家园共育 | 1. 利用活动实录、电子照片等方式向家长展示幼儿在园活动实况，获得家长的信任，愿意配合坚持送幼儿来园。<br>2. 向家长介绍幼儿在园的进食情况，共同探讨回家后为幼儿提供的适宜饮食，如准备一些清淡食物和水果，多喝白开水。<br>3. 鼓励幼儿携带喜欢的物品来园，如收放换洗衣物的小书包、宠物玩具等。<br>4. 根据幼儿情绪不稳定的情况与家长进行沟通，进一步了解幼儿在家喜欢听的歌曲或故事，请家长带到幼儿园，作为有针对性的稳定幼儿情绪的方法。 | | |
| 指导要点 | 1. 在各环节活动中，三位教师协调配合，引导幼儿认识自己的生活用具小标记。<br>2. 利用多种方式亲近每名幼儿，缩小幼儿与教师间的情感距离。<br>3. 通过丰富多彩的多种活动形式、材料，引导幼儿愿意并喜欢和老师、小朋友一起游戏。 | | |

## 儿歌

**儿歌1** 《笑一笑》（见9月幼儿用书）

**目标：** 喜欢听儿歌，初步感受周围环境的友好。

**准备：** 幼儿用书。

**建议：**
1. 教师熟记儿歌，尽量避免以集体的作业活动形式教授欣赏，可利用户外活动、分散活动的机会，朗读给幼儿听，力求自然渗透。
2. 刚入园的幼儿喜欢在户外活动，教师此时应根据书中的内容，边引导幼儿观看边说儿歌。
3. 教师可灵活运用生活各环节的内容，改编儿歌，朗读给幼儿听。如：玩具对我笑，水杯对我笑，小床对我笑……力求自然渗透周围事物对幼儿接纳的情感。
4. 当幼儿情绪比较稳定时，教师可采取个别或小组结合的形式引导幼儿翻看图书。

**附儿歌：**

太阳眯眯笑，小花对我笑，滑梯对我笑，
小朋友对我笑，我也开心地笑，老师把我抱。

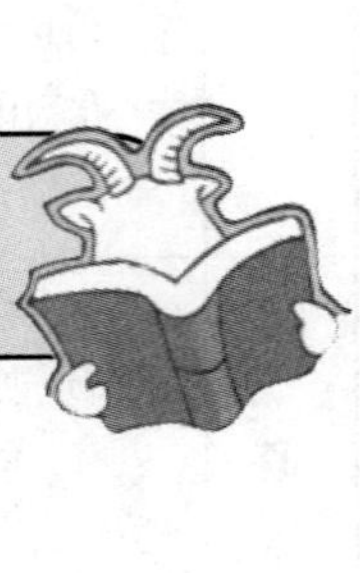

**儿歌2** 《宝宝有礼貌》

**目标：** 愿意学说儿歌，知道做有礼貌的孩子。

**建议：** 1. 可在来园时说儿歌，离园时提示幼儿明天高高兴兴来。

2. 平时教师要主动与幼儿和家长打招呼，树立榜样，鼓励幼儿问好。

**附儿歌：**

宝宝来园不哭闹，见到老师微微笑。
相互问声早晨好，都夸宝宝有礼貌。

**儿歌 3　《洗洗小手》**

**目标：**了解洗手的基本方法，愿意自己洗手。

**建议：**1. 在幼儿洗手时教师可伴随动作说儿歌，最后形成基本的盥洗习惯。

2. 可以在盥洗室内贴上形象的照片或图片吸引幼儿关注，起到暗示的作用。

**附儿歌：**

冲冲小手，擦擦香皂，
冲走泡泡，小手香香。

## 故事

**故事　《我在幼儿园》**（见 9 月幼儿用书）

**目标：**喜欢听故事，了解幼儿园自由的生活。

**准备：**幼儿用书。

**指导要点：**在幼儿情绪比较稳定时再引导幼儿看图书，说一说画中的小朋友在做的事情。在日常生活中，教师允许幼儿出现各种表现，当幼儿能够做到时，教师不要忘记随时表扬幼儿。

**建议：**1. 在日常生活中，教师随时向幼儿传达书中内涵。

2. 如果是单独讲书时，就可以把人称换成幼儿自己。

**附故事：**

我在幼儿园。累了，我就坐一坐。渴了，我就喝点水。饿了，我就吃个饱。困了，我就睡一觉。哈哈，看我真叫棒！

## 游戏

**生活游戏 1　玩具在等你**

**目标：**感受教师的爱，愿意参加幼儿园的活动。

**准备：**毛绒玩具。

**玩法：**教师抱着毛绒玩具与刚入园的幼儿打招呼问好，表达玩具正在等着幼儿的到来、请幼儿抱着玩的意思。

**建议：**1. 根据幼儿的喜好，可变换玩具迎接幼儿来园。

2. 可以安排在幼儿即将离园的时候，教师抱着玩具，以玩具的口吻说在幼儿园等着小朋友第二天的到来并告别。

3. 针对个别在园睡觉困难的幼儿，可以请他们将自己喜欢的或从家带来的绒毛玩具放在自己的小床上，边拍它睡觉边说“一会儿睡觉时我来找你”。

**生活游戏 2　运豆豆**

**目标：**学习水杯口朝上拿杯子，知道口朝上东西才不容易撒出来。

**准备：**豆子，水杯，装豆子的筐子；场地一端是装满豆子的筐子，另一端是空筐子。

**玩法：**自选活动时，用游戏的口吻对幼儿说：“小豆豆要搬家，请小朋友帮帮它的忙。”幼儿将豆子运到对面的空筐子里倒进去，再回到起点。

**建议：**开始活动时，要注意控制幼儿水杯内豆子的数量，也可以先选用大一些的材料如核桃代替豆子。教师用自己的示范提示幼儿注意运豆的方法。当幼儿将豆撒在地上时，提示幼儿捡起来再走。也可以将此游戏转换到户外游戏中，用小桶、小筐等不同的材料，发展幼儿动作的协调性。

**装扮游戏　过家家**

**目标：**喜欢玩装扮游戏。

**准备：**一个布娃娃，一个碗，一把勺，用纸团做的米饭。

**玩法：**自选活动时，教师和选择娃娃家的幼儿共同游戏。教师抱着娃娃随意地说儿歌后，对幼儿说：“娃娃饿了，该喂饭了吧！”喂完饭后，又说：“吃饱了，娃娃玩一会儿！”便和幼儿一起做开汽车、搭积木等游戏。玩一会儿后，告诉幼儿说：“中午了，娃娃该睡午觉了。”让幼儿抱娃娃上床，盖上被子，用手轻轻地拍娃娃睡觉。

**建议：**教师和幼儿一起边说边玩，根据幼儿当时的兴趣灵活调整内容。将一日生活内容自然地渗透给幼儿，进行模仿游戏。

**附儿歌：**

布娃娃，真听话，我带你，过家家。

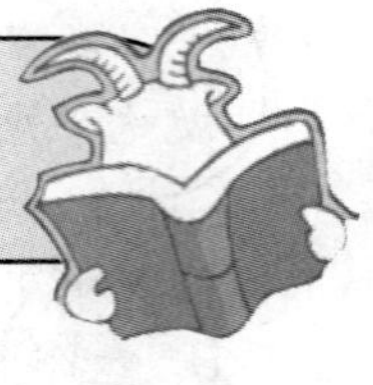

**语言游戏 1　我叫×××**

**目标：**愿意说出自己的名字，能进行应答。

**准备：**动物手偶。

**玩法：**班上教师分组和幼儿一起游戏，以手中的动物手偶形象与幼儿交流，如：“你好，我叫小花猫。你叫什么名字啊？”幼儿回应说出自己的名字。

**建议：**1. 先不必强求幼儿说完整话。对幼儿能作出反应及时鼓励，用手偶摸摸头或握握手等。

2. 注意在日常生活中有意识地和每个幼儿进行亲近交流。

3. 可以出示动物的图片，引导幼儿模仿动物的叫声或动作。

4. 教师还可以结合幼儿的不同表述能力，改编成：“×××，你在哪里？”幼儿回答：“我在这儿。”

**语言游戏 2　打电话**

**目标：**愿意模仿成人玩打电话游戏，能够进行交流。

**准备：**在温馨的娃娃家中摆放各种电话。

**玩法：**在自选活动时，教师边说儿歌边自然地进入娃娃家给幼儿拨号打电话，跟幼儿进行交谈。

**建议：**1. 不强求幼儿按照常规拨打电话，顺从幼儿的意愿进行交流。

2. 个别幼儿哭闹不止时，教师可以假装与他家人打电话交流，转移幼儿的注意力。

**附儿歌：**

电话机，铃铃铃，一边说，一边听。

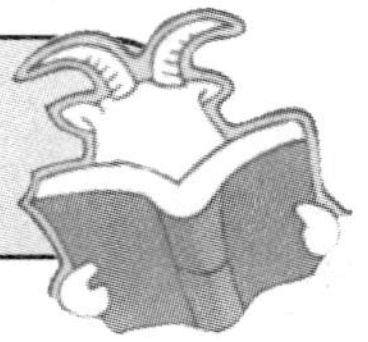

**感知游戏　穿葫芦**

**目标：**愿意玩穿珠游戏，感受成功的快乐。

**准备：**大珠子，穿珠棒，手偶。

**玩法：**教师与小组幼儿共同取出玩具，用手偶模拟吃糖葫芦的情节，激发幼儿穿珠的兴趣，鼓励幼儿将珠子穿到直棒上。

**建议：**1. 教师为幼儿提供的珠子尽量选择大一些的，可以提供不同材质的珠子，如塑料、木制的，造型也可以有变化。

2. 在活动过程中注意幼儿的安全。

3. 待幼儿穿完珠子后，可以引导他们利用手偶数一数穿的珠子数。

4. 在幼儿熟练后，可以提供给幼儿小洞眼的珠子或增加穿珠棒的长度。

**手指游戏　指一指**

**目标：**愿意在成人的陪伴下玩手指游戏，能够对指令作出回应。

**玩法：**在生活过渡环节或休闲活动时，教师引导幼儿边说儿歌边做动作。

**建议：**1. 教师说到指认位置时的速度随幼儿反应由慢变快。

2. 可以与幼儿互相指认，以增近师生之间的感情。

3. 指认的位置可以逐渐扩展到全身。

附儿歌：

小手拍拍，小手拍拍，手指伸出来，手指伸出来。
指指眼睛，指指鼻子，指指嘴巴，指指脸蛋哈哈笑。

**美劳游戏　团纸——搓豆豆**

**目标：**能用团纸的方法搓豆豆，感受成功的快乐。

**准备：**小块彩色皱纹纸若干，透明瓶子。

**玩法：**在自选活动时，教师陪同愿意追随的幼儿将皱纹纸搓成小球放入透明瓶子里，帮助盖严盖后让幼儿拿着瓶子欣赏。

**建议：**1. 活动中，教师不必强求幼儿的动作正确，最初提供的皱纹纸可以再大一些，方便幼儿捏握。

2. 在幼儿游戏熟练后，可将皱纹纸分别放在贴有颜色标记的瓶中。

**休闲游戏　翻烙饼**

**目标：**愿意与成人共同游戏，体验游戏的快乐。

**玩法：**在自由活动时，教师与幼儿面对面手拉手，边说儿歌边做摇晃手、拉拽的动作。

**建议：**1. 说儿歌的速度要放慢些，这样才能配合做动作。

2. 随着幼儿动作的灵活性日益增强，可以再加快速度。

附儿歌：

翻，翻，翻烙饼，翻过来，调过去，
摇一摇，甩一甩，我们做成大烙饼。

## 锻炼

**走的游戏 1　上下楼梯**

**目标：**能扶着扶手上下楼梯，懂得不推挤小朋友。

**玩法：**在日常活动中，教师陪同幼儿一起边说儿歌边上下楼梯。

**指导要点：**1. 提醒幼儿手扶栏杆，不推挤。

2. 教师可以大声示范说："我不着急，前边小朋友走了我再走。"

附儿歌：

小朋友，下楼梯，
一个一个别着急，
你不推，我不挤，
开开心心做游戏。
小朋友，上楼梯，
一个一个别着急，
你不推，我不挤，
高高兴兴回班里。

**走的游戏 2　糖葫芦**

**目标：** 喜欢户外活动，愿意一个跟着一个地走。

**准备：** 用糠醛做的糖葫芦。

**玩法：** 户外活动时，教师边走边说儿歌，幼儿跟随在身后走。

**建议：** 1. 当幼儿能一个跟着一个走时，教师可引导幼儿随口令变成两串、三串糖葫芦。

2. 可以转换成“开火车”“变小蛇”的游戏。

附儿歌：

小山楂，圆又圆，
一根竹签穿呀穿，
穿出一串乖娃娃，
走成一个大圆圈。

**走的游戏 3　参观动物园**

**目标：** 愿意跟随成人的引领走，进行模仿动物走的游戏。

**准备：** 在场地四周布置上小动物标记（猫、大象、老虎、鸡）。

**玩法：** 户外活动时，教师一边带领愿意跟随的幼儿玩游戏，一边说：“小汽车，嘀嘀嘀，我们开车去看小动物喽！”幼儿模拟开车，看到动物标记后说出动物的名称，启发幼儿模仿动物的叫声和走的动作。

**建议：** 可以更换动物标记，引导幼儿模仿各种小动物的动作，如飞飞、跑跑、跳跳、爬爬等。

## 音乐游戏

**歌曲**

**目标：**学唱歌曲，喜欢参加音乐活动。

**指导要点：**在休闲活动时，教师自然唱起歌曲，引导幼儿跟随节奏进行唱歌。

**建议：**1. 教师要注意用自己的情绪去感染幼儿。

2. 可以边唱歌边随着节奏做动作。

**附歌曲：**

1＝D 4/4
3 3 2 －｜5 3 2 －｜3 5 6 5｜2 3 1 －‖
幼 儿 园，　朋 友 多，　唱 歌 跳 舞　真 快 乐。

**律动　《两只小鸟》**

**目标：**愿意用动作表现歌曲内容。

**建议：**在过渡环节时，教师可以播放录音，模仿小鸟做动作，引导幼儿跟着做。

**附歌曲：**

1＝C 2/4
1 2｜3. 4｜33 22｜1 －｜3 4｜5. 6｜
两只　小 鸟　坐在 大树　上，　它 叫　叮　叮
55 4｜3 －｜55 56｜5 0｜55 56｜5 0｜
它叫 咚 咚，　叮叮 飞走 了，　咚咚 飞走 了，
55 3｜55 0｜44 2｜11 0‖
回来 吧 叮叮，　回来　吧 咚咚。

**欣赏　《摇啊摇》**

**目标：**感受歌曲的轻柔、优美。

**建议：**在幼儿入睡时播放此歌曲让其感受，教师也可以在角色游戏中哼唱，还可以在幼儿玩装扮游戏时播放歌曲，引导幼儿伴随歌曲哄娃娃睡觉。

**附歌曲：**

1＝D 3/4
1 －2｜3 －－｜3 －2｜1 －－｜1 －3｜2 －1｜2 －－｜2 －－｜
风 不 吹，　树 不 摇，　鸟 儿 也 不 叫，
1 －2｜3 －－｜3 －2｜1 －－｜1 －3｜2 －2｜1 －－｜1 －－‖
小 宝 宝　要 睡 觉，　眼 睛 闭 闭 好。

**节奏**　《铃儿响叮当》

**目标：**喜欢听音乐，愿意用简单乐器伴随音乐做动作。

**准备：**自制响筒、碰钟、响铃等音色清脆的乐器。

**玩法：**幼儿自己拿响筒，随着歌曲自由摇晃。

**建议：**在休闲活动时，教师可以播放歌曲或弹奏钢琴，吸引幼儿倾听兴趣。

**附歌曲：**

1 = C 2/4

6 3 2 1 | 5 - | 6 3 2 1 | 6 - |

铃 儿 响 叮 当， 我 们 一 起 唱，

6 3 2 1 | 5 5 5 | 6 5 3 2 | 1 - ‖

举 起 铃 铛 来， 用 力 摇 一 摇。

## （四）第三周周计划

| 项目 | 目标 | 环境与材料 | 活动内容 |
|---|---|---|---|
| 生活 | 1. 学习自己用餐具进餐。<br>2. 能够在教师的鼓励下，愉快地上床午睡。<br>3. 尝试自己收放小书包。 | 1. 为幼儿提供干净、卫生的环境和生活用具。<br>2. 创设安静的午睡环境，播放温馨、优美的睡眠曲。<br>3. 能激发起幼儿的操作兴趣、练习生活自理能力的游戏材料，如大嘴动物和仿真食物。<br>4. 贴有固定标记的幼儿储物柜。 | 1. 儿歌<br>《进餐歌》《自己吃》《宝宝睡前要小便》<br>2. 故事<br>**《小汽车》**《宝宝爱上幼儿园》<br>3. 游戏<br>生活游戏：宝宝真能干；我爱我的幼儿园；找找我自己<br>语言游戏：新朋友；见面问声好<br>感知游戏：吹气球；小响盒；贴五官；摆高塔<br>手指游戏：变变变<br>美劳游戏：印画——漂亮的衣服；玩色——轱辘印<br>休闲游戏：摇酸枣<br>4. 锻炼<br>走的游戏：小小铃铛<br>钻的游戏:好玩的房子<br>玩沙游戏：好玩的沙<br>5. 音乐游戏<br>歌曲：《布娃娃》<br>歌表演：《花花杯》《好孩子》<br>欣赏：《讲卫生》 |
| 游戏 | 1. 喜欢听故事，学习说简单的儿歌。<br>2. 知道正确取放玩具，在成人的陪同下能将玩完的玩具送回家。<br>3. 喜欢玩色游戏。<br>4. 巩固对老师和小朋友的认识。 | 1. 在为幼儿提供自由选择的低矮的柜格内，标出玩具图卡，以提示幼儿送回原处。<br>2. 增加美术玩色材料，如棉签、印章、颜料等。 | |
| 锻炼 | 1. 行走自如，会主动避开障碍物。<br>2. 喜欢玩沙。<br>3. 喜欢玩拖拉玩具。<br>4. 能够听懂教师的指令并按要求做游戏。 | 1. 创设安全的活动场地，提供色彩鲜艳、能发出声响的拖拉玩具。在放拖拉玩具处做上相应的标记，以便于幼儿活动后的收放。<br>2. 为幼儿提供干净略潮湿的沙土及玩沙玩具，如小铲、小桶等，并准备收拾箱或盒子及鞋套。<br>3. 结合游戏提供的材料，如常见动物图片、各色球等。 | |

（续表）

| 项目 | 目标 | 环境与材料 | 活动内容 |
|---|---|---|---|
| 家园共育 | 1. 利用家园联系册和二次家访的方式，向适应慢的幼儿家长了解情况，共同制订帮助幼儿适应的方案。<br>2. 与家长交流幼儿在园生活适应情况，请家长配合在家庭中培养幼儿自己做事的兴趣，如自己吃饭、收放玩具、练习穿衣等。 | | |
| 指导要点 | 1. 在加餐、正餐环节中调动幼儿的兴趣，使他们逐渐愿意接受幼儿园提供的不同食物。<br>2. 准备充足的游戏材料，满足幼儿选择、使用的需要，培养积极、稳定的情绪。 | | |

## 儿歌

**儿歌 1　《进餐歌》**

**目标：**知道要吃各种食物，愿意吃幼儿园的饭。

**建议：**1. 将儿歌变成进餐前环节的组织语言，在给幼儿分发饭的过程中，自然地说儿歌，不用刻意教。

2. 教师说儿歌的速度要放慢让幼儿能听清楚。

3. 在说到“香喷喷”时，教师通过自己的语气、神态表达出饭菜味道好的感觉。

**附儿歌：**

圆圆口，花花碗，
又装菜，又盛饭，
香喷喷，有营养，
小宝宝，快来尝。

**儿歌 2　《自己吃》**

**目标：**学习自己用餐具吃饭，初步感受自我服务的快乐。

**建议：**1. 在进餐活动中，教师边关注幼儿进餐情况边自然地说儿歌。

2. 可以特别表扬独立进餐的幼儿，将他的名字替换到儿歌中。

3. 在环境中布置出幼儿独立吃饭的照片，供幼儿日常活动时欣赏。

**附儿歌：**

扶着碗，拿着勺，
宝宝自己吃得好。
不要老师追着喂，
身体健康长得高。

**儿歌 3　《宝宝睡前要小便》**

**目标：**知道入睡前要如厕，愿意听从成人的引导。

**建议：**1. 带着幼儿共同进行整理被褥的活动，此时可以随口说儿歌前两句。

2. 午休之前，在引导幼儿如厕时随意地说着儿歌。

3. 入园初期，可陪同累了或困了的幼儿在活动中躺在床上进行短时间休息。

4. 在角色扮演活动时，可以和幼儿玩娃娃睡觉的游戏，共同说儿歌、做动作。

5. 分散地如厕，避免过于集中。

**附儿歌：**

小花被，铺铺好，
乖宝宝，要睡觉。
上床前，先小便，
这样才能睡得好。

## 故事

**故事 1　《小汽车》**（见 9 月幼儿用书）

**目标：**喜欢幼儿园，知道生活中自己使用的物品的名称，愿意学说礼貌用语。

**准备：**小汽车模型，故事中包含的材料，幼儿用书。

**指导要点：**在自选活动时间，教师可以和几名幼儿，也可以搂抱个别幼儿共同看书中的故事，说一说："小汽车送来了什么？"教师用生动的语气讲述故事。

**建议：**1. 教师和幼儿共同玩"小汽车送货"的游戏，借此了解了故事的基本内容后，再引导幼儿看幼儿用书，这样幼儿能够很快理解书中内容。

2. 可以引导幼儿说出其他在生活中使用的东西。

3. 教师要注意日常生活中使用礼貌用语，为幼儿树立模仿的榜样。

**附故事：**

嘀嘀嘀，小汽车送货啦！"你好，小水杯。"嘀嘀嘀，小汽车送货啦！"你好，小毛巾。"嘀嘀嘀，小汽车送货啦！"你好，大苹果。"嘀嘀嘀，小汽车送货啦！"你好，大皮球。"嘀嘀嘀，再见了小汽车。

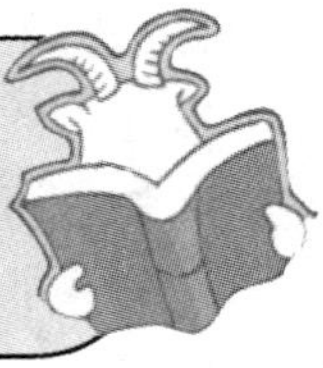

**故事 2　《宝宝爱上幼儿园》**

**目标：**感受故事中表达出的高兴上幼儿园的情绪。

**准备：**手偶两个。

**指导要点：**利用娃娃、布袋偶等活动性好的立体玩教具配合讲故事，能够有效地吸引幼儿。

**建议：** 1. 巧妙地把幼儿熟悉的儿歌、歌曲插入故事当中，如《笑一笑》，使幼儿听到熟悉的事物乐于应合，对自己的参与感到开心、愉快。

2. 可以把班上幼儿的名字放到故事的角色中去，作为鼓励幼儿的一种方法。

3. 将幼儿搂抱在身边讲述故事。

**附故事：**

有两个小宝宝，一个叫明明，一个叫东东，他们都要到幼儿园去。明明很早就起床了，他去找东东，没想到东东比他起得更早，两个人高高兴兴地一起去幼儿园。他们一边走一边唱：……（插入幼儿最近学习过的、欣赏过的儿歌，如《笑一笑》：太阳眯眯笑，小花对我笑，滑梯对我笑，小朋友对我笑，我也开心地笑，老师把我抱。）

到了幼儿园，有很多小朋友和玩具在等着他们。东东和明明都看到哪个小朋友啦？看见了……（根据需要加入班里幼儿的名字，调动幼儿的积极情绪）他们玩得可高兴了。渴了，他们用小杯子接水喝，咕嘟咕嘟喝下去。放好小水杯。唉呀呀，想尿尿了！东东、明明窦嗒窦嗒地走到便盆旁边脱好裤子坐下去：淅沥淅沥，哗啦哗啦，尿尿啦。摸摸肚子，饿了。

中午，东东和明明呼噜噜、呼噜噜吃了一碗饭，呼噜噜、呼噜噜吃了一盘菜，呼噜噜、呼噜噜喝了一碗汤，呼噜噜、呼噜噜还睡了一大觉！

晚上该回家了，他们对老师说："幼儿园真好！明天我们还来。"老师高兴地说："再见，明天我等着你们。"

## 游戏

**生活游戏1　宝宝真能干**

**目标：** 愿意尝试自己收放小书包，在成人的提示下能找到自己的标志。

**准备：** 低矮的柜子，幼儿自带的小书包。

**玩法：** 幼儿来园后，教师引导说："今天我看××宝宝最能干，自己都会收小书包了！"协助幼儿将自己的小书包放在柜子里。

**建议：** 1. 将收放材料的柜子、架子上都做好标记，便于幼儿寻找。

2. 随时引导幼儿自己收放其他的玩具材料，在幼儿做到后及时表扬。

**生活游戏2　我爱我的幼儿园**

**目标：** 熟悉、喜爱幼儿园的环境。

**玩法：** 引导幼儿跟随教师一起沿着幼儿园的道路到处走走、看看、说说、玩玩，如看一看，说一说，花草树木、其他班哥哥姐姐的活动、墙饰壁画、大型器械玩具等。

**建议：** 幼儿初入园时，先引导幼儿跟着哥哥姐姐一起活动，玩户外的大型器械玩具等，这样能使幼儿很快喜欢幼儿园的生活。

**生活游戏 3　找找我自己**

**目标：** 喜欢看活动录像，了解幼儿园的生活常规。

**准备：** 剪辑好的幼儿在园的生活录像，电视机。

**玩法：** 在休闲活动时，教师引导幼儿观看录像，请幼儿找找录像中的自己。

**建议：** 1. 教师在引导幼儿观看的过程中，可请幼儿说一说自己在做什么。

2. 可以拍下幼儿日常的活动照片作为电脑的屏保，在自由活动时打开电脑吸引幼儿观看。
3. 幼儿在观看时要与电视保持一定的距离。
4. 画面变化要慢，便于幼儿在影像中寻找到自己。
5. 片中应有班里每一个幼儿的镜头。

**语言游戏 1　新朋友**

**目标：** 知道自己的名字，熟悉周围的人。

**准备：** 铃鼓一个，贴有幼儿照片或标志的苹果形状胸卡每人一个。

**玩法：** 教师手摇铃鼓，边唱边吸引幼儿坐到垫子上。教师先做自我介绍，出示贴有自己照片或标志的苹果形状胸卡，告诉幼儿上面有自己，然后把其他准备好的胸卡撒在地板上，请幼儿寻找自己的胸卡，找到后把胸卡贴在身上。

**建议：** 1. 采取分组活动的方式进行，便于幼儿寻找自己的胸卡。

2. 早晨来园时，幼儿可以自由地把自己的胸卡选出贴在胸前，教师则自然地引导幼儿认识自己或代表自己的标记。

**附歌曲：**

1 = D 2/4

1 2 3 | 1 2 3 | 2 2 3 2 | 1 － ‖

好宝 宝 好 宝 宝 快 快 坐 下 来。

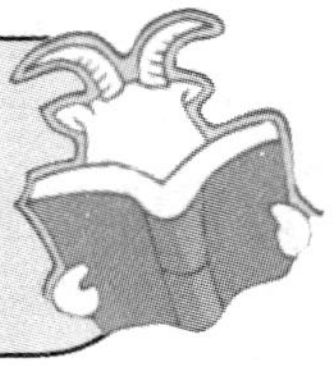

**语言游戏 2　见面问声好**

**目标：** 喜欢用手指偶做游戏，乐于进行简短的语言交流。

**准备：** 小鸡、小兔、小猴、小鱼、小青蛙的指偶。

**玩法：** 进行小组间的活动时，教师和幼儿把指偶戴在手指上，面对面坐好。教师可以动一个手指上的指偶，如大拇指上的小鸡指偶，边摇晃大拇指边说："小鸡见面问声好。"也请幼儿动动大拇指与小鸡指偶碰一碰。

**建议：** 1. 引导幼儿摇晃手指时先从比较灵活的手指开始，如大拇指、食指，再逐渐过渡到其他手指。

2. 引导幼儿边动手指边说“小鸡好”的话，在日常生活中注意做示范引导幼儿主动问好。
3. 可以随意开展利用手指上的动物进行的问好活动。

**感知游戏1　吹气球**

**目标：**喜欢和老师、小朋友共同游戏，体验玩吹气球的快乐。

**准备：**吹好的气球。

**玩法：**在自选活动时，教师和幼儿拿一个气球放在桌子上，大家共同向气球吹气。

**建议：**1. 游戏时注意安全，避免把气球吹得过鼓。
2. 教师和幼儿也可以每人拿一个气球吹，看谁吹得远。
3. 可以自己吹气球，也可以用气球在户外玩拍打游戏。

**感知游戏2　小响盒**

**目标：**感受材料撞击时发出的声音，体验游戏的快乐。

**准备：**内装豆子、铃铛的小纸盒。

**玩法：**在自选活动时，教师陪同幼儿摇晃空纸盒，再摇一摇、听一听盒子内发出的不同声音，猜一猜里面是什么。教师帮幼儿打开纸盒看里边的材料。

**建议：**1. 盒内可以放不同的材料，投放的量也可不同，让幼儿在感受声音的同时感受重量的不同。
2. 可以提供不同的包装盒，让幼儿感受撞击声音的不同。
3. 盒内放的豆子应该大一些，避免幼儿误食造成危险。

**感知游戏3　贴五官**

**目标：**感受五官的位置，喜欢感知游戏材料。

**准备：**娃娃脸图片，眼睛、鼻子和嘴的分解器官卡片，小镜子。

**玩法：**在自选活动时，教师引导幼儿边照小镜子边将眼睛和嘴等五官的卡片贴在娃娃脸上。

**建议：**1. 为幼儿提供的镜子要安全，在幼儿操作熟练后可以将镜子拿走。
2. 引导幼儿指一指娃娃的五官。
3. 在日常生活中注意引导幼儿保护五官。

**感知游戏4　摆高塔**

**目标：**感知游戏材料大小的不同，体验玩搭摆游戏的快乐。

**准备：**套碗。

**玩法：**在自选活动时，教师陪同选择了套碗的幼儿一起玩，在游戏中共同搭高塔。

**建议：**1. 教师可以有意识地请幼儿帮老师按顺序找出最大的套碗进行搭摆。
2. 套碗的数量可以适当进行调整。
3. 为了增加游戏性，可以准备小玩具模型在搭完塔后放在塔尖上。

**手指游戏　变变变**

**目标：**喜欢玩手指变化模仿的游戏。

**玩法：**在生活中的过渡环节或休闲活动时间，边说儿歌边做示范，请幼儿模仿教师一起做相应的动作。

**建议：**1. 在说到“变成××”的时候，可以引导幼儿多做一会儿模仿动作。
2. 可以边模仿做动作边顺口说一些相关的儿歌或活动内容，如“毛毛虫爬呀爬”“小兔子蹦蹦跳”等。

**附儿歌：**

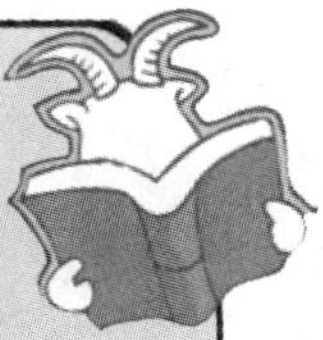

一根手指（左手），一根手指（右手），
变呀变呀，变成毛毛虫。
两根手指（左手），两根手指（右手），
变呀变呀，变成小兔子。
三根手指（左手），三根手指（右手），
变呀变呀，变成小花猫。
四根手指（左手），四根手指（右手），
变呀变呀，变成小螃蟹。
五根手指（左手），五根手指（右手），
变呀变呀，变成蝴蝶飞。

**美劳游戏 1　印画——漂亮的衣服**

**目标：**喜欢用印章印画，感受成功的喜悦。

**准备：**印章，衣服形状的纸张。

**玩法：**在自由活动时，创设为娃娃准备漂亮衣服的游戏情境，引导幼儿给白纸衣服印上漂亮的花纹。

**建议：**1. 幼儿完成作品后，教师可陪同幼儿将其送给娃娃，鼓励幼儿进行语言交流。
2. 印章的材料可以更换为自然物，如木头块、蔬菜头等。

**美劳游戏 2　玩色——轱辘印**

**目标：**感受各种颜色在纸上留下的印迹，喜欢玩色活动。

**准备：**将正方形的白纸放在适合的纸盒中；将海绵或棉花放入塑料盒，在里面倒入各种颜色的颜料；玩具小车，湿擦手布。

**玩法：**在自选活动时，教师与个别幼儿共同游戏，将自己喜欢的小车在颜色盒内蘸色，再放入装有白纸的盒中，边自由推拉边观察纸上的变化。

**建议：**1. 引导幼儿向不同方向推拉，看有什么变化。
2. 可以将材料变换成小球在纸盒内自由滚动。
3. 在活动过程中，教师用自己的示范动作引导幼儿注意要轻轻玩。

**休闲游戏　摇酸枣**

**目标：**愿意与成人进行亲密接触的游戏，感受游戏的快乐。

**玩法：**在休闲活动时，教师与幼儿面向一个方向，教师双手从幼儿腋下穿过，使幼儿双脚离地，边念儿歌边左右轻摇幼儿，念到“……就是高”时抱起幼儿高举两次。

**建议：**可以两名教师面对面站立，分别抱着幼儿的头和脚，随儿歌节奏轻摇幼儿。

**附儿歌：**

摇，摇，摇酸枣，
小小的酸枣是××，
吃饭不用妈妈喂，
走路不用爸爸抱，
××的本领就是高。

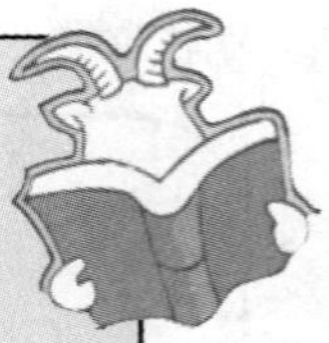

## 锻炼

**走的游戏　小小铃铛**

**目标：**自如地行走，感受走动时玩具发出的声音。

**准备：**拴了长绳的铃铛。

**玩法：**户外活动时，教师拿起铃铛摇一摇、滚一滚、抛一抛、踢一踢、拽着走等，引发幼儿参与的兴趣，感知铃铛发出的声音。

**建议：**1. 铃铛可以做成一个的也可以做成一串的，让幼儿在拉拽过程中感受产生的不同声响。
2. 可以将铃铛放在盒子里，装饰成小动物的形象，在拉拽过程中玩追捉的游戏。
3. 可以将铃铛装饰在各种玩具上，如小车的尾部、方向盘上等。

**钻的游戏　好玩的房子**

**目标：**喜欢参加钻的游戏，体验游戏的快乐。

**准备：**大型纸质房子。

**玩法：**幼儿随意地在房子内钻来钻去。

**建议：**1. 引导幼儿向着一个方向钻行，高声地说“我进来啦”，提示幼儿注意安全，避免碰撞。
2. 房子的高度、宽度可以多样，使幼儿不断调整自己钻的动作。

**玩沙游戏　好玩的沙**

**目标：**体验玩沙游戏的快乐。

**准备：**在沙地或班级配备沙箱，玩沙的小桶，小铲，小碗，小瓶，漏斗，自制小筛子或窗纱，自制的小树，小旗子。

**玩法：**在户外自由玩耍时段，将幼儿分组开展游戏。引导幼儿抓起一把干沙，观察沙粒会从手指缝流出来。自选材料玩装沙土游戏，比一比谁先装满，尝试用沙土堆一座小山，在山上可以插上“小旗子”“小树”。

**指导要点：**活动时尽量引导幼儿分散开玩，注意安全。准备清水和毛巾，随时备用。

## 音乐游戏

**歌曲**　《布娃娃》

**目标：**愿意跟随教师演唱歌曲。

**建议：**1. 在游戏活动中，教师抱着布娃娃自然地进行歌曲的演唱。

2. 教师可以直接和幼儿面对面唱歌并做动作。

**附歌曲：**

1 = C 4/4

3 2 1 – | 3 4 5 – | 6. 6 5 3 | 2 3 1 – ‖

布 娃 娃，笑 嘻 嘻，和 我 唱 歌 做 游 戏。

**歌表演 1**　《花花杯》

**目标：**喜欢听音乐做动作。

**准备：**音乐磁带。

**建议：**在日常生活中，教师陪同幼儿听音乐模仿做动作。

**附歌曲：**

1 = C 2/4

5 6 5 4 | 3 – | 4 5 4 3 | 2 – | 3 3 3 | 5 5 5 |

手 拿 花 花 杯，喝 口 清 清 水，抬 起 头，闭 着 嘴，

5 5 4 4 | 0 0 | 3 2 | 1 – ‖

咕 噜 咕 噜——，吐 出 水。

**歌表演 2**　《好孩子》

**目标：**跟随歌曲做简单动作，愿意做好孩子。

**指导要点：**唱到“小鸟自己飞”时展开双臂做鸟飞的动作；唱到“小猫自己跑”时两手叉腰，双脚原地踏步；唱到“我们都是好孩子”时双手放在胸前并

点头；唱到“不要妈妈抱”时小手摇摇。

**建议：**在日常生活环节，教师播放歌曲，引导幼儿欣赏、感受。

**附歌曲：**

1 = E 2/4

3 3 3 1 | 3 - | 5 5 5 3 | 2 - | 1 1 3 3 |
小 鸟 自 己 飞， 小 猫 自 己 跑， 我 们 都 是

2 3 1 | 2 1 2 3 | 5 3 | 2 1 3 2 | 1 - ‖
好 孩 子，不 要 妈 妈 抱， 不 要 妈 妈 抱。

**欣赏** **《讲卫生》**

**目标：**喜欢听音乐，知道要做讲卫生的孩子。

**准备：**音乐磁带。

**指导要点：**在生活环节时，教师自然播放歌曲，幼儿欣赏、感受歌曲中的内容。

**建议：**在幼儿熟悉歌词内容后，教师可以带领着幼儿跟随音乐做动作。

**附歌曲：**

1 = C 2/4

3 5 5 | 3 5 5 | 6 5 3 5 | 6 - | 5 6 | 1̇ 1̇ 5 | 6 5 2 3 | 1 - ‖
洗洗 脸，洗洗 脸，天天 洗洗 脸， 我是 好孩子 天天 洗洗 脸。
洗洗 手，洗洗 手，天天 洗洗 手， 我是 好孩子 天天 洗洗 手。
刷刷 牙，刷刷 牙，天天 刷刷 牙， 我是 好孩子 天天 刷刷 牙。
梳梳 头，梳梳 头，天天 梳梳 头， 我是 好孩子 天天 梳梳 头。

## （五）第四周周计划

| 项目 | 目标 | 环境与材料 | 活动内容 |
|---|---|---|---|
| 生活 | 1. 来园、离园时，愿意用自己喜欢的方式回应成人的问候。<br>2. 学习自己摘挂毛巾并擦干手。<br>3. 能向成人表达如厕需要。 | 1. 消毒干净的毛巾和水杯、幼儿小照片。<br>2. 创设“新本领”图片墙饰，把洗手、擦手等步骤图挂在活动室低矮的地方，使幼儿随时有机会观看。 | 1. 儿歌<br>《我喜欢》《早晨好》《小勺子》<br>2. 故事<br>《尿尿》《白云飘》 |

（续表）

| 项目 | 目标 | 环境与材料 | 活动内容 |
|---|---|---|---|
| 游戏 | 1. 愿意来幼儿园，逐步适应集体生活。<br>2. 愿意帮助教师收放简单的玩具材料。<br>3. 喜欢听歌曲和音乐，并能和教师一起做动作。<br>4. 喜欢操作活动，愿意尝试摆弄玩具。 | 1. 在低矮的墙面布置出幼儿参加活动的展览，如宝宝作品展，供幼儿欣赏。<br>2. 在玩具柜上贴上明显、清晰的标记，便于幼儿寻找将玩具放回原位。在玩具柜上摆放各类安全小玩具供幼儿自由选择。<br>3. 在自选活动区中投放各类需要的工具材料，如剪好的三角形纸、画笔等。<br>4. 为幼儿提供立体展示空间，如幼儿拼插作品、镶嵌玩具。 | 3. 游戏<br>生活游戏：送玩具回家；开汽车<br>语言游戏：找找新朋友；宝宝相册<br>感知游戏：小兔送礼物；敲敲打打；不倒熊；小蛇穿洞；听鼓声，抱一抱<br>美劳游戏：绘画——老母鸡真能干；印章——奇妙的圈圈；粘贴——小鱼游<br>4. 锻炼<br>走的游戏：小脚丫；小鸡找虫<br>平衡游戏：大公鸡<br>玩沙游戏：运沙子<br>5. 音乐游戏<br>歌曲：《高高兴兴上幼儿园》<br>律动：《小鱼》《看样学样》<br>欣赏：《快乐宝宝》 |
| 锻炼 | 1. 喜欢玩沙游戏。<br>2. 能选择自己喜欢的拖拉玩具。<br>3. 能单腿站立两秒钟左右。 | 1. 室外的场地贴上即时贴剪成的脚印或其他图案，对幼儿的活动有一定的指向作用。<br>2. 准备干净、安全的游戏材料：拖拉玩具，玩沙玩具（如铲、桶、勺、碗等）。 | |
| 家园共育 | 1. 提醒家长注意孩子服装的舒适度，如穿着大小合适的鞋子、款式简洁且便于穿脱的纯棉衣裤等，最好准备一套绣好名字的备用衣裤。<br>2. 发放“十一”长假育儿建议，提示家长尽量按照幼儿园的作息时间休息、活动。 | | |
| 指导要点 | 1. 引导幼儿熟悉班级、教师，流鼻涕、衣服尿湿时能够接受教师的帮助。<br>2. 提供展示幼儿作品的空间，引导幼儿尝试摆弄各种玩具材料。 | | |

## 儿歌

**儿歌 1**　**《我喜欢》**（见 9 月幼儿用书）

**目标：**初步学说儿歌，喜欢幼儿园。

**准备：**幼儿用书，手偶。

**建议：**1. 教师使用手偶模拟着儿歌中的角色边表演边说儿歌。

2. 教师要用自己积极的情绪感染幼儿。

3. 可以引导幼儿说一说其他动物喜欢的地方，说一说自己还喜欢什么地方。

附儿歌：

小兔喜欢草地，
小鱼喜欢河水，
小鸟喜欢蓝天，
我最喜欢幼儿园。

**儿歌2　《早晨好》**

目标：知道按时来园，愿意学说儿歌。

建议：1. 教师在说儿歌时放慢速度，使幼儿能听清楚。
　　2. 在休闲活动或过渡环节时，教师有语气地说儿歌，吸引幼儿倾听。
　　3. 教师说完儿歌，对能够做到的幼儿进行表扬，或搂抱或竖起大拇指。

附儿歌：

公鸡叫，太阳笑，
宝宝来园不迟到。
问老师，早晨好，
大家夸他有礼貌。

**儿歌3　《小勺子》**

目标：学说儿歌，愿意使用小勺吃饭。

建议：1. 在幼儿进餐或休闲活动时，教师边指导幼儿使用小勺舀东西边随意地说儿歌。
　　2. 进餐中不强求幼儿一下子就能吃得很干净，对幼儿自己吃的行为给予表扬。

附儿歌：

小勺子，尾巴长，
爱吃菜，爱喝汤，
一口口，都吃光。

## 故事

**故事1　《尿尿》**

目标：知道把尿尿在便盆里。

建议：1. 在日常生活环节或休闲活动时，教师生动地讲述故事。

2. 针对个别幼儿的情况，教师有意识地抱着玩具娃娃，引导幼儿在游戏的情境下如厕。

**附故事：**

小猪尿尿了。哎呀呀！裤子、鞋子尿湿了。

哗啦啦！什么声音？哦！原来是小熊在盆盆里尿尿。

吁吁吁！什么声音？哦！原来是小狗在盆盆里尿尿。

滴哩哩！什么声音？哦！原来是小兔在盆盆里尿尿。

嘟噜噜！什么声音？

哈哈！小猪也把尿尿在小便盆里了。

**故事 2**　《白云飘》

**目标：**喜欢听故事，能理解故事的主要内容。

**准备：**软垫子。

**指导要点：**在户外活动幼儿玩累了休息时，教师自然地面向围在自己身边的幼儿讲故事。

**建议：**可在锻炼活动后，引导幼儿躺在垫子上休息时看天空，说一说白云像什么。

**附故事：**

兔宝宝躺在草地上看天上的白云，瞧，这朵白云多像大白马啊！瞧，这朵白云多像小羊哟！哟，这朵白云多像大象呀！

兔宝宝好像听到了妈妈唱歌的声音：“睡吧！睡吧！我亲爱的小宝贝……”

兔妈妈真的来找兔宝宝了。咦，兔宝宝怎么睡着了？

是的，兔宝宝睡着了，睡在白云的下面，睡在妈妈的怀里。

## 游戏

**生活游戏 1　送玩具回家**

**目标：**玩完玩具后知道送回原处，愿意在教师的帮助下收拾玩具。

**准备：**各类小玩具。

**玩法：**在幼儿玩完游戏后，自然地引导幼儿说：“我们送小玩具回家啦!”并陪同幼儿共同将手中的玩具送回放玩具的地方。

**建议：**1. 不强求幼儿一定能将玩具送回原处，对愿意做的幼儿及时表扬。

2. 可以通过玩具手偶找朋友的形式引导幼儿将玩具归位。

3. 此良好行为习惯的培养适用于室内外各种活动结束时。

**生活游戏 2　开汽车**

**目标：**能够在成人的引导下主动如厕、饮水。

**准备：**方向盘，录音磁带。

**玩法：**在生活过渡环节，播放开汽车的音乐，请幼儿参加开车游戏并将幼儿分成小组，当走到盥洗室时说："到站啦！小司机下车休息一下吧。"引导幼儿如厕、洗手喝水。

**建议：**针对个别生活习惯不是很好的幼儿，教师需要采取游戏的口吻引导他们进行各项活动。

**语言游戏 1　找找新朋友**

**目标：**知道班上有许多小朋友，尝试了解同伴的名字。

**准备：**心形头饰。

**玩法：**自由活动时，让几名愿意追随教师游戏的幼儿围坐在一起，请幼儿闭上眼睛，将头饰戴在要认识的幼儿头上，问："×××在哪里?"该幼儿睁开眼一起说："×××在这里。"游戏反复进行。

**建议：**1. 待幼儿熟悉的同伴多了以后，在全班幼儿中进行。

2. 可以玩找找小动物的游戏，发展幼儿的观察力。在日常生活中，教师有意识地说出幼儿的名字，使幼儿能够自然记忆。

**语言游戏 2　宝宝相册**

**目标：**愿意与同伴、教师进行交流。

**准备：**幼儿在家庭中的活动照片。

**玩法：**幼儿自己拿照片翻看欣赏，教师引导幼儿说一说照片的内容。

**建议：**1. 根据需要，看照片的形式可以是幼儿自己随意看，也可以在小组间进行，还可以是在教师的引导下进行。

2. 相册要放在幼儿随时可以取放的安全位置上。

**感知游戏 1　小兔送礼物**

**目标：**喜欢玩触摸游戏，在感知中了解水果的主要特征。

**准备：**手偶兔子，口袋，水果。

**玩法：**自选活动时或加餐前，幼儿分组和教师玩游戏，以手偶兔子给小朋友带来了礼物为游戏开始，引导每名幼儿大胆到口袋中摸摸礼物，猜一猜是什么，拿出后摸一摸、闻一闻。

**建议：**1. 活动后就可以洗干净水果，引导幼儿品尝。

2. 教师可以结合室内外游戏的具体内容，更换口袋内投放的材料。

**感知游戏 2　敲敲打打**

**目标：** 学习拿鼓槌敲击物体，感受敲击后发出的声音。

**准备：** 玩具小鼓，鼓槌。

**玩法：** 幼儿坐在地垫上两脚分开，小鼓放中间，教师陪同幼儿一边说“咚咚咚，咚咚咚”，一边观察幼儿手拿鼓槌在鼓面上进行敲打的动作。

**建议：** 1. 活动安排在幼儿人数较少的地方，以避免噪音。

2. 可以播放节奏感强的背景音乐，逐渐引导幼儿有节奏地敲打，或由教师带领着边说学过的儿歌、歌曲边伴奏。

**感知游戏 3　不倒熊**

**目标：** 能在玩耍中感知玩具不倒的特点。

**准备：** 小熊的平衡玩具。

**玩法：** 在自选游戏中，教师陪同幼儿玩不倒玩具，推摇并观察玩具的变化。

**建议：** 1. 教师可以自制一些不倒玩具，引导幼儿在游戏中感受。

2. 引导幼儿在玩的过程中进行身体动作的模仿。

**感知游戏 4　小蛇穿洞**

**目标：** 愿意动手操作，在游戏中感受到快乐。

**准备：** 小蛇形状的纸条，中间开口的纸。

**玩法：** 教师拿出穿好的“小蛇”告诉幼儿：“宝宝今天有条小蛇来做客，看它还害羞呢!”（教师可揪“蛇”的尾巴，让“小蛇”动一动，以引起幼儿的兴趣，增加游戏性。）教师引导幼儿帮“小蛇”穿过洞去，把纸条穿过开口。

**建议：** 1. 游戏最开始，教师可以和幼儿共同配合玩游戏。

2. 可以变换成幼儿喜欢的其他动物形象。

3. 为了增加难度，可以提供不同长度和弯曲度的“小蛇”。

**感知游戏 5　听鼓声，抱一抱**

**目标：** 能够回答教师提出的问题，敢于在大家面前大声讲话。

**准备：** 铃鼓一个，动物玩具。

**玩法：** 自由活动时，教师和几名幼儿围坐成一个小圆圈，教师将动物玩具放在中间。开始游戏，教师击鼓请幼儿听鼓声抱玩具。鼓声停后可以问一问幼儿“你拿的这是什么动物？它是什么颜色的？怎么叫”等问题，引导幼儿回答。

**建议：** 1. 一次提出的问题不要多，针对幼儿情况提出幼儿能回答出的问题。

2. 提供的玩具种类要少，但数量相对多一些，能满足幼儿的选择。

3. 幼儿人数可以随参与的兴趣来确定。

**美劳游戏 1　绘画——老母鸡真能干**

**目标：** 初步练习画圆，喜欢进行绘画活动。

**准备：** 画有老母鸡的图案，油画棒。

**玩法：** 1. 欣赏歌曲《老母鸡》：老母鸡，真能干。会捉虫儿会生蛋，咕哒咕哒叫得欢——咕咕哒。

2. 请幼儿画许多的蛋。

**建议：** 1. 教师对幼儿绘画的任何情况都给予表扬，将幼儿的作品进行展示。

2. 可使用其他形式（如泥工）练习画圆。

### 美劳游戏 2　印章——奇妙的圈圈

**目标：** 喜欢在图画纸上自由印画，感受圆形的变化。

**准备：** 各种饮料的盖子，印泥，纸，油画棒，水彩笔。

**玩法：** 在自选活动时，教师和愿意印画的幼儿一起把盖子印上印泥，印在白纸上形成一个一个圆圈并协助幼儿把圆圈进行变化，如变成太阳、小蝌蚪等。

**建议：** 1. 在活动中有意识地引导幼儿说一说自己的圈圈变成了什么，不强求幼儿一定说出来。

2. 在日常生活中，教师可以有意识地围绕身边的图形进行想象，自然地讲给幼儿听。

### 美劳游戏 3　粘贴——小鱼游

**目标：** 喜欢进行美工粘贴活动，感受变化带来的快乐。

**准备：** 鱼缸形白纸，各种小鱼，胶棒。

**玩法：** 通过谈话引起幼儿将小鱼放到鱼缸里的愿望，幼儿随意选择粘贴小鱼。

**建议：** 1. 在幼儿粘贴完成后，教师可引导幼儿添画泡泡。

2. 准备粘贴的鱼可以是不同形象的。

3. 可以将低矮的墙壁布置成一个“小池塘”的墙饰，鼓励幼儿将小鱼贴在“池塘”中。

## 锻炼

### 走的游戏 1　小脚丫

**目标：** 能沿着标记走，喜欢参加户外活动。

**准备：** 在场地上用即时贴贴上脚印若干。

**玩法：** 教师与幼儿一起沿小脚印自然走。

**建议：** 1. 可以变换地上的脚印，如脚印的大小、脚印之间的距离等。

2. 脚印可以变成能自由摆放的硬纸板，供幼儿和教师调整摆放形式。

3. 注意提示幼儿在行走时不推挤小朋友，用自己的言行做正确的示范。

**走的游戏 2　小鸡找虫**

**目标：**在场地内进行四散走，感受成功的快乐。

**准备：**自制小虫若干，两个小盒。

**玩法：**教师和幼儿一起边说儿歌边行走，引导幼儿去找事先放在地上的小虫并放进小盒。

**建议：**1. 提供的小虫数量要足够多，能满足幼儿多拿的需要。

2. 活动初期准备的材料即小虫可以大一些，便于幼儿能够比较容易找到，随着活动进行可以增加幼儿寻找的难度，如变小、与地面颜色接近、散放在四周较隐秘处等。

**附儿歌：**

小小鸡，叽叽叽，
跟着妈妈做游戏。
小小鸡，叽叽叽，
爱吃小虫爱吃米。

**平衡游戏　大公鸡**

**目标：**愿意进行短时间的单脚站立游戏。

**准备：**平坦的地面。

**玩法：**幼儿边拍手边说儿歌，说完后单脚站立，然后唱数 1～5，说到“大公鸡，脚落地，捉到虫子真欢喜”时，幼儿在场地内模仿捉虫。

**指导要点：**注意控制自己的动作，鼓励幼儿坚持站立。

**建议：**1. 教师要用自己的行动给幼儿做示范，吸引幼儿参与到活动中来。

2. 教师可拉着幼儿的手做动作，帮幼儿保持身体的平衡。

**附儿歌：**

大公鸡，真神气，昂起头，单脚立。
大公鸡，脚落地，捉到虫子真欢喜。

**玩沙游戏　运沙子**

**目标：**尝试用不同工具挖沙，喜欢玩运沙游戏。

**准备：**沙桶、勺子、铲子、小碗等。

**玩法：**事先为幼儿准备沙桶等用具，让幼儿自己带到沙土区。让幼儿尝试挖沙放入桶中，引导幼儿把装满沙的桶带到指定的位置。

**建议：**提醒幼儿不要扬沙，不要用沾到沙的手揉眼睛。玩完后要及时清洗手和工具。

## 音乐游戏

**歌曲　《高高兴兴上幼儿园》**

**目标：**感知歌词内容，愿意高高兴兴来园。

**指导要点：**在幼儿情绪稳定时，教师随意地唱起歌曲，引导幼儿在倾听中自然感受并跟唱。

**建议：**1. 在日常生活中，教师弹奏钢琴或播放歌曲吸引幼儿进行跟唱。

2. 教师可以在演唱到“我上幼儿园”时，将“我”更换成做得好的幼儿名字作为鼓励。

**附歌曲：**

1 =C 2/4

5 5 3 3 | 5 6 5 | 3 5 6 6 | 5 – |

爸爸 妈妈 去上 班，我上 幼儿 园，

3 5 6 | 5 6 3 | 2 5 3 2 | 1 – ‖

也不 哭 也不 闹，问声 老师 好。

**律动1　《小鱼》**

**目标：**喜欢跟随音乐做动作。

**建议：**1. 日常生活时，播放录音，教师和幼儿一起随音乐做动作。

2. 幼儿观看班中养的小鱼，进行模仿鱼的游动。

**附歌曲：**

1 =C 2/4

11 13 | 11 1 | 22 24 | 22 2 | 3 5 5 | 3 5 5 |

河里 小鱼 游游 游，摇摇 尾巴 点点 头，一会儿 上，一会儿下

66 5 53 | 23 1 ‖

好像 快乐的 小朋 友。

**律动2　《看样学样》**

**目标：**能跟随音乐做模仿动作，感受游戏的快乐。

**建议：**1. 平时可以播放录音，引导幼儿自然地随音乐歌词做动作。

2. 在室内外活动时，教师可以灵活变换不同的动作，引导幼儿进行模仿。

**附歌曲：**

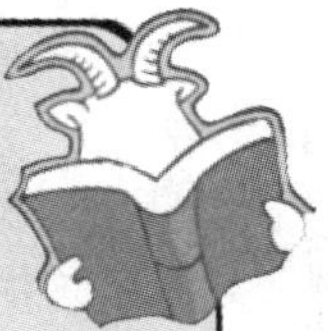

1 = D 2/4

35　66 | 5 – | 35　51 | 2 – |

看我点点　头，　大家点点　头，

35　66 | 5 – | 35　51 | 2 – |

看我拍拍　手，　大家拍拍　手，

5　3 | 66　5 | 53　66 | 5　– |

看我　踏踏脚，大家踏踏　脚，

5　3 | 12　3 | 22　35 | 1 – ‖

看我　转个身，大家转个　身。

**欣赏　《快乐宝宝》**

**目标：** 愿意欣赏歌曲，感受歌曲欢快的旋律。

**准备：** 音乐磁带。

**建议：** 1. 在欣赏完歌曲后问一问幼儿："咱们是哪个班的宝宝啊？"

2. 在过渡环节时，教师可以播放录音或弹奏钢琴，以吸引幼儿来欣赏。

3. 在户外分散活动后，可以和幼儿清唱此歌曲，鼓励幼儿集中到老师周围。

**附歌曲：**

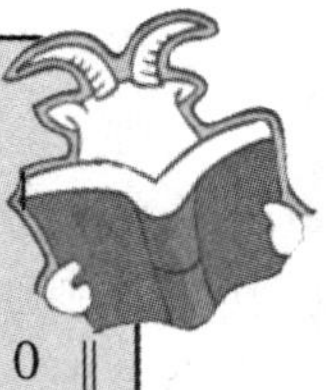

1 = C　2/4

1. 2 | 3　1 | 3.　4　5　6 | 5　0 | 2　4 | 7　2 | 1　3 | 5　0 | 2　4 | 7　2 |

我是　一个　好　宝　宝，　爱　来　幼儿园，　喜　欢

1　6 | 5　0 | 1　0 | 3　0 | 5　6 | 5　4 | 3　3 | 2　2 | 1　0 ‖

小朋友，　我　是　快　乐的　小三　班宝　宝。

## （六）活动实录案例与分析

*日期：9 月 4 日　星期三*

**7：00～7：30　幼儿来园**

**★教养提示**

1. 提前准备一些可爱的小玩具或卡通贴画等放在便于取放的地方，奖励来园的幼儿。

2. 除做早餐消毒准备工作的保育员外，其余三位教师均热情、主动地接待幼儿来园。

3. 对哭闹较厉害的幼儿，可暂时带他离开活动室门口，到其他地方玩耍。也可请家长多陪护一段时间，允许幼儿抱着自己的毛巾、书包等物，使他有安全感。

4. 细心观察幼儿的情绪，重点询问昨晚及今晨的饮食、睡眠、排便情况。

**★实录节选**

**接待有些不情愿来园的幼儿**

师："宝宝，你自己走进来的！真像小哥哥！快跟我拍拍手吧！"（教师和幼儿击掌以示奖励）

师："能干的哥哥，我要奖励你一个玩具，来——自己挑吧！"

师："冬冬，你好，昨天你就哭一小会儿，今天你是不是也哭一小会儿就好了？"

**接待哭闹较轻的幼儿**

师："早上好！悠悠。我都等你半天了。"

家长："快说老师好。"

刘老师伸手抱悠悠，悠悠推开她的手把脸扭向一边。

师："悠悠今天穿的衣服真漂亮！脸也洗得白白的，快让我闻闻香不香。"

刘老师动作夸张地闻了闻说："真香！我们进去跟小朋友比比，看看谁最香！"

家长把悠悠送进刘老师的怀里说："悠悠听话，妈妈晚上来接你。"家长离去。

悠："妈妈来，妈妈来。"

师："悠悠不哭了，我们给妈妈打电话，让她早点来接你，好吗？"

悠悠点点头。刘老师拿起玩具电话说："喂——是妈妈吗？悠悠不哭了，你下班快来接她吧。好的，悠悠听妈妈的话，多喝水多吃饭，高兴地等着你来。"悠悠的哭声渐渐地小了，紧紧地搂着刘老师的脖子，小声地抽泣着。

**接待哭闹厉害的幼儿**

圆："我要回家，我要回家。"

父："再哭，再哭我就不接你了。"爸爸生气地训斥着怀里的孩子。

师："圆圆今天起得真早。来—— 老师抱你去骑小车吧！"

圆："我不骑车，我要回家。"边说边拍打老师的手。

师："圆圆不哭了，爸爸也不生气了。好好说话，圆圆能听懂。"

父："你不哭了，晚上我带好吃的来接你。"

师："圆圆，饿了吧？你看盒子里有好吃的，来，让爸爸帮你挑一个。"

家长从糖果盒子里拿了一颗棒棒糖递给圆圆，圆圆接过糖，哭声小了。

父："你不哭了，晚上我还给你买。"

师："爸爸说话算数，圆圆说话也算数，快拉钩吧！"

父："跟爸爸再见！不哭了，晚上我来接你。"

圆 ："爸爸——我跟你回家。"圆圆又大声哭起来。

师：（对家长）“您看，这两天孩子哭得很厉害，如果您家里能安排开人手，能不能先送孩子来半天，午饭后接走，等她适应一些再送整天的。这样，避免孩子因为哭闹厉害上火而生病。”

父：“行。中午让奶奶来接他，这孩子就是特别犟。”

师：“圆圆，你听见了吧。爸爸说如果你不哭了，就让奶奶中午来接你回家。”

圆：“吃完饭让奶奶来。”圆圆不放心地叮嘱着。

……

## 7：30～7：40　餐前准备

### ★教养提示

1. 教师之间可通过自然或夸张的对话、表情等，吸引幼儿的注意。抓住早餐主题，激发幼儿的进餐兴趣。

2. 教师组织幼儿小便后再去洗手，帮助有困难的幼儿选择便器、脱裤子，如厕后帮助整理好服装，使之穿着舒适。

3. 教幼儿打开毛巾擦干手。

### ★实录节选

……

师：“张老师，我闻见有香味啦！今天吃什么好东西？”

张：“呦！你鼻子可真尖，像小狗一样！今天吃鸡蛋羹和小豆包，还有牛奶！”

师：“啊？这么多好吃的！我们快去洗手吧！张老师，你给我们小朋友留着啊！”

张：“好的，把手洗得香香的，快来吃饭！”

师：“哎！”……

## 7：40～8：10　幼儿早餐

### ★教养提示

1. 引导幼儿佩戴围嘴，给幼儿少盛勤添，注意观察幼儿的进餐量。

2. 主、副食的大小要合适，如成品过大，教师在配餐时可以二次加工，切成稍小的块，便于幼儿捏、拿。

3. 鼓励幼儿自己吃饭，对于吃不好的幼儿可以喂饭，每一口的量要合适。

4. 对于哭闹厉害或拒绝进餐的幼儿不要勉强，可在过后的加餐时让其多吃一些水果丁、小点心等。

### ★实录节选

师：“小吉，你吃蛋羹还是豆包呀？”

吉:“我不吃饭。我要找妈妈。”

师:“不吃饭可没劲儿玩大滑梯，妈妈也不喜欢。”

吉:“我回家吃。”

师:“这个鸡蛋羹就是你妈妈送来的。她说你大口吃完了，晚上带你去踢球。你不是最喜欢踢球吗?”

吉:“我吃一点。”

师:“行。你自己吃一口，我喂一口。”

……

明明哭着拉住小车，不肯进屋:“我不饿。我还要骑小车。”

师:“你不哭了，我们坐小车上吃饭。”

明:“我去外面骑小车。”

师:“你去拿毛巾擦眼泪。我把小车拿进来带你坐上面吃，吃完再到外面骑。”教师把车放在活动室一角。

师:“小车，你别开走。明明吃完饭跟你玩。”

师:“明明，快来。你看桌子边放不下小车，让小车在那儿等着你，你吃完了饭小车才让你骑呢!”

明:“我自己吃。”说着他端起碗自己吃起来。

……

## 8:10~8:35　餐后室内活动

### ★教养提示

1. 室内活动区划分不宜过细，不要封闭，要有较开阔的视野，能让身处不同位置的幼儿在需要的时候都可以看到老师。

2. 活动应尽可能开放，活动空间应出入方便和适合不同幼儿的需要。要有安静的垫上活动，有钻爬的身体运动，有桌面玩具的操作活动，有休闲放松的活动等，让幼儿感觉到有趣。可满足幼儿坐、卧自由转换的环境能让幼儿感到轻松、舒适。

3. 游戏中教师要注意观察幼儿的表情、动作，及时提示排便，同时还要密切关注幼儿的需要。幼儿发生冲突时及时帮助疏导，避免发生争抢、抓咬等意外。

4. 几位教师要分别以同伴的身份参与游戏，力争每个独立的空间里都有成人，活动组织要松散，可以玩耍也可以观望，更允许“无所事事”。愉快的游戏可以感染幼儿，如:让幼儿当妈妈，拍拍老师，给老师喂饭、喂水等。

### ★实录节选

**以信手拈来的替代物支持幼儿随心所欲的游戏**

师:“哎呀——，我肚子好饿呀!有什么好吃的吗?”听到这声呼唤，在垫子上看书的方方顺手从画面上抓起一块“饼干”送到教师嘴边。“啊呜——”教师大口吃起来，并津津有味地嚼着，还不住地点着头。"呃——"教师用手摸着脖子，假意被噎到了。萱萱从桌面游戏区拿着一只套碗跑过来说："老师，喝点水就不噎了。"教师端起"杯子"咕咚咕咚地喝下去，拍拍胸口说："谢谢！好多了。你的办法真好！"萱萱接过"水杯"摇着头说："不用谢！我走了。"说完，她把"水杯"递给张老师，就钻进爬箱去追瑶瑶了。

**"不经意"地关注情绪低落不参加游戏的幼儿**

柔柔来园时哼哼唧唧的，有些哭闹，早餐只喝了一些牛奶。她拒绝教师抱她，也不跟小朋友们一起玩，只是一个人静静地坐在一边观望，目光呆呆的，偶尔还吸吮一会儿拇指。

我跟其他幼儿一起用大串珠做"项链"，不小心珠子落在地上，滚到柔柔脚边。我说："柔柔，你帮我把珠子捡起来好吗？"柔柔用脚踢开珠子，并没有理睬我。我又说："哎呀！柔柔的小脚真有劲儿，把珠子踢得那么远，你快帮我把它追回来吧！"柔柔把脸扭向墙边。这时，豆豆把珠子捡过来，我们继续穿项链。我们一边穿一边说这个红珠子像谁衣服的颜色，那个绿珠子像谁的裤子的颜色，幼儿纷纷低头查看着自己的衣服。当我们说到蓝色珠子时，我发现柔柔正低头看自己的蓝色裙子。

看来，她虽然坐在一边不参加游戏，但她在听我们说话，同伴们游戏时高兴的气氛吸引着她的注意力。发现这一点后，我的担心得到了缓解，我想以后常用这些看似不经意的关注，使柔柔尽快融入集体游戏中来。

## 8：35～8：55 户外体育游戏

**★教养提示**

1. 同一种玩具准备多件，以符合托班幼儿从众的心理特点。
2. 户外准备坐垫、小凳子、便盆等，便于幼儿休息或排便用。
3. 教师与幼儿游戏时，要大声地用夸张的语言或动作激发幼儿参与的兴趣。
4. 教师要勤观察活动场地内滑梯上、房间内的幼儿，注意安全。

**★实录节选**

师："轩轩，快看我的大皮球多圆，我踢一下它就滚得很远，你帮我抓住它吧。"

师："张老师，你当兔妈妈吧！我当小兔，咱们给外婆送萝卜去好吗？"

张："好哇！还有谁要当兔宝宝，跟我们一起去？"……

## 8：55～9：05 洗手、加餐（适应期后，改为集体游戏活动）、集体饮水

**★教养提示**

1. 准备小饼干、山楂片、旺仔小馒头、蛋奶星星等易消化的小食品和若干小勺放在餐盘内。

2. 把餐车布置成小柜台，教师做售货员，幼儿自愿取一小碗或“点购”食品。

3. 对于早餐吃的少或没吃的幼儿，教师要适当多给一些，使幼儿无法言表的需要获得满足，从中感受家一般的自由，尽快适应幼儿园。

4. 加餐后给幼儿喝些白开水。

**★实录节选**

刘：“张老师，我们小朋友肚子都饿了，你的商店什么时候开门呀？”

张：“别着急，等我把食品摆好，你们的小手洗干净了，我就开始卖货了。”

刘：“张老师，我们的小手都洗干净了，你闻闻，可香了。”

张：“我闻闻，真香！”

刘：“张老师，我们早饭没吃饱，肚子还瘪着呢！来买点吃的东西。”

张：“欢迎欢迎！你们自己选吧！这是饼干，这是山楂片，这是旺仔小馒头。”

刘：“呦！这么多好吃的。我们不着急，一个人拿完一个再拿。”

鼓励幼儿自取食品，教师可适当协助。

张：“你们可真乖。拿完好吃的回座位吃。用小勺子的小朋友，用完把小勺子借给后面的小朋友用一下。”

刘：“张老师的商店好吃的真多！快说一句好听的话。”

童：“谢谢张老师。”

张：“不客气。商店要关门喽，明天你们再来吧！再见！”

## 9：05~9：20　户外音乐律动（或动物模仿操）

**★教养提示**

1. 教师引导幼儿参与做律动，但不强求全体幼儿都参与。

2. 可准备一些手持玩具如铃铛等，以激发幼儿参与的兴趣。

## 9：20~9：50　室内游戏活动

**★教养提示**

1. 可以用电脑，把幼儿活动进餐等照片做成幻灯片，以屏保形式放映。

2. 也可以放一会儿动画片（10 分钟左右）供幼儿欣赏，缓解分离焦虑。

3. 同时开放其他区域游戏，让幼儿自主选择，这种随意性可让幼儿有安全感，对教师和环境尽快产生依恋感。

4. 可带幼儿参观卧室，也可让其在床上坐一会儿或躺一会儿，为顺利午睡做心理准备。

**★实录节选**

师："明明，你看电脑上有我的照片。我吃饼干呢！饼干真好吃，你吃什么啦？明天我还来幼儿园，我高兴地来，老师都喜欢我。你明天高兴地来，好吗？"

**9：50～10：05　如厕、洗手、吃水果**

**★教养提示**

1. 将水果切成薄厚适宜、大小不等的小块，如片状、条状、挖掉核后的牙儿状等，调动幼儿学习选择的积极性。

2. 幼儿吃水果时，教师不要离开，需仔细观察幼儿有无卡噎现象，提醒幼儿细嚼慢咽。

**★实录节选**

刘老师："张老师，你今天切的苹果多像汽车方向盘，妮妮吃完了能再吃一块像月亮的吗？"

张老师："行呀！你们小口咬，慢慢嚼，可别咬一大口，顺嘴流可不好看。""明天，我还切不一样的，你来吃吧！"

**10：05～10：55　户外体育游戏，提醒个别儿童饮水**

**★教养提示**

1. 入园适应阶段（前两周）要备些口味好的水。如秋梨膏水、淡果汁、淡菊花水等有去火功效的水，供幼儿随时多次饮用，保证充足的饮水量。

2. 暂时允许个别幼儿用自备奶瓶，逐渐鼓励其用水杯代替。

3. 把各种口味的水装入消毒好的透明矿泉水瓶内，鼓励幼儿自己倒水喝，瓶盖可选不同形式的，如拧盖的、搬盖的、拔盖的、扎眼儿的等。

**★实录节选**

师："瑶瑶，你喝的是什么味的水呀！让我闻一闻，真好闻。好喝吗？"

师："宝宝干杯。""让我听听你咕咚喝一大口水的声音。"

师："妈妈让我多喝水。我也会用水杯，我小的时候用奶瓶，现在长大了，用水杯。"

**10：55～11：30　午餐**

**★教养提示**

给独立进餐能力较弱的幼儿系上围嘴，使帮班老师便于识别护理对象。

## 11：30～12：00　餐后散步

**★教养提示**

教师组织幼儿在户外玩一些活动量小的游戏，如看看鱼池、花草等。

## 12：00～14：30　午睡

**★教养提示**

1. 教师不要强求全体幼儿午睡环节都同时上床、起床，应顺应、引导幼儿。
2. 可允许幼儿不脱衣服或抱着自己的书包、玩具等物以获得安慰。
3. 对于哭闹厉害的幼儿，教师可以抱抱、拍拍、陪陪，睡着后再放床上。
4. 允许家长提前接幼儿，可由传达室人员转告，教师把幼儿单独送出。

**★实录节选**

瑶：“我不睡，不睡。”

师：“行，不睡。上床躺一会儿。”

瑶：“我不上床。”

师：“行，不上床，刘老师抱一抱。”抱着幼儿走进卧室门口。

……

苗：“老师，我也不睡。”

师：“那你想做什么？”

苗：“我想我妈妈！”

师：“那你搬小椅子坐在我旁边，等瑶瑶睡着了我带你去，好吗？”

苗：“嗯。”

师：“张老师，彤彤想抱着小狗一起睡，行不行？”

张：“行啊！可以搂着小动物，让它陪着你。要是睡不着，就在小床上躺一会儿，休息休息。”

师：“好吧！一会儿你早点叫我们起床。我睡醒了有劲还去玩滑梯呢！”

对提前接走的家长要：

1. 细致交代幼儿在园饮食、活动、情绪等情况（或采用写成纸条等形式）。
2. 提醒早上来园哭闹厉害或拒绝早餐的幼儿家长明天可以晚些来园，或在家给幼儿吃些东西。

# 三、10 月课程安排与指导

## （一）月计划

<table>
<tr><td colspan="2">现状分析</td><td>大多数幼儿情绪基本稳定：能坐下来进餐，能够正确地找到自己的毛巾、水杯、小床，知道午睡醒后安静地接受午检和等待起床。但“十一”长假后部分幼儿会出现情绪波动的现象：如来园时哭闹、拒绝来园等；9 月份已经基本适应的幼儿园生活和养成的作息习惯也会出现反复的现象，如不上床午睡；部分幼儿还会出现不太愿意与老师、同伴交流、玩耍，食欲减弱或消化不良等问题。这时要做好幼儿情绪的疏导工作，在生活中更加悉心地照料幼儿，用多种方式引导幼儿的快乐体验，逐步恢复幼儿在园生活的适应能力。</td></tr>
<tr><td rowspan="2">目标</td><td>生活</td><td>1. 知道使用自己的毛巾、水杯。<br>2. 复习巩固洗手的正确方法，养成爱清洁的习惯。<br>3. 练习自己剥开口的果皮，能从食物中去除果核及不可食用的部分。<br>4. 能安静独立入睡，懂得大小便时要如厕，大便后会请成人帮助清洁身体。<br>5. 午睡时能积极配合成人脱（穿）部分衣服，并放在固定的地方。</td></tr>
<tr><td>游戏</td><td>1. 愿意与同伴一起游戏，体验集体生活的乐趣。<br>2. 能够选择自己喜欢的游戏材料进行游戏，学习收放简单的游戏材料。<br>3. 能够选择自己喜爱的休闲方式。<br>4. 愿意与同伴一起玩装扮游戏，在装扮的过程中积累经验、体验快乐与自信。<br>5. 愿意参与各种游戏活动，喜欢听音乐、对美术活动感兴趣。<br>6. 喜欢与人交流，游戏中能够用语言表达自己的意愿和想法。</td></tr>
<tr><td>目标</td><td>锻炼</td><td>1. 愿意参与各类体育游戏，学做简单的器械操或模仿操。<br>2. 乐于参与各种器械运动，从中体验运动的快乐。<br>3. 乐于学习选择、使用小型游戏器械玩耍，能发现器械、玩具的不同玩法。<br>4. 知道简单的自我保护的基本方法，不去危险的地方，不离开教师，游戏时不碰撞小朋友。</td></tr>
<tr><td colspan="2">指导策略</td><td>1. 对于进餐需要帮助的幼儿，教师应适当给予帮助，同时鼓励幼儿学习自己进餐。<br>2. 对不同的幼儿，教师应采取不同的亲近方式，使幼儿感受教师的关注和爱护。<br>3. 可以给幼儿提供绿豆汤、菊花茶、萝卜水等多种口味的饮品。<br>4. 为幼儿提供富有变化、利于调动多种感官参与活动的玩具材料，引导幼儿选择喜欢的玩具进行游戏，获得快乐体验。<br>5. 加强对幼儿随身物品的检查，户外游戏时应更加关注，保证幼儿安全。</td></tr>
<tr><td colspan="2">教养评价</td><td>1. 基本熟悉新的环境，情绪比较稳定。<br>2. 在熟悉和感兴趣的生活活动中乐于主动参与，有自己的需要和要求。</td></tr>
</table>

## （二）第二周周计划

| 项目 | 目标 | 环境与材料 | 活动内容 |
|---|---|---|---|
| 生活 | 1. 能够高高兴兴来幼儿园，与教师、同伴共同活动。<br>2. 认识自己的毛巾、水杯，用完能放回原处。<br>3. 巩固洗手的正确方法，知道做讲卫生的好孩子。<br>4. 逐步学会用勺子吃饭、喝汤。 | 1. 创设“我是笑脸娃娃”的环境（每天接待来园后，在幼儿照片下贴笑脸娃娃），鼓励幼儿高兴来园，重新适应幼儿园生活。<br>2. 设立“水吧”，鼓励、引导幼儿多喝水。<br>3. 配合洗手步骤图，投放不同香型、颜色的香皂调动幼儿选用的兴趣。 | 1. 儿歌<br>《我会洗手》《小手绢》《甜嘴巴》《大米饭》《吃得多，长得快》**《我会上厕所》**<br>2. 故事<br>《高高兴兴上幼儿园》《我们一起玩》**《怎么办》**《爱吃糖的小老鼠》**《我的勺儿哪儿去了》**《小鸭自己坐便盆》<br>3. 游戏<br>美劳游戏：**棉签点画——七星瓢虫**；玩泥——好吃的棒棒糖；团纸粘贴——好吃的果子<br>手指游戏：小手爬高山<br>生活游戏：吃了几个<br>感知游戏：小动物找家；滚小球<br>综合游戏：彩色小路<br>休闲活动：汽车城<br>4. 锻炼<br>平衡游戏：小猴过河摘果子<br>球类游戏：滚皮球<br>走的游戏：我和圆圈做游戏<br>跑的游戏：追泡泡；小小车儿跑得快<br>5. 音乐游戏：<br>歌曲：《大家好》《小花猫》<br>音乐游戏：《大猫和小猫》《 传球》 |
| 游戏 | 1. 能自己选择喜爱的玩具，知道掉在地上的玩具要捡起来。<br>2. 学习收放简单的游戏材料。<br>3. 喜欢听音乐和歌曲，愿意随音乐做动作。<br>4. 对美术材料感兴趣，喜欢玩色、玩泥的游戏。<br>5. 喜欢看图书，知道爱护图书。 | 1. 提供种类少、数量多的游戏材料。<br>2. 设置明确、直观的玩具分类摆放的标志。创设便于幼儿自己动手收整玩具的条件，如提供整理箱、盒子、低矮玩具架等。<br>3. 在美劳区增加玩色、玩泥、玩纸的材料，提供印章、棉签、海绵棒（短筷子或笔杆上缠海绵）、颜料、各种动物图样或幼儿喜欢的形象，供幼儿自主选择涂抹和表现。<br>4. 根据幼儿的兴趣，适当增设活动区，如汽车城。<br>5. 更换图书，提供画面形象、情节简单的故事书。 | |
| 锻炼 | 1. 喜欢参加户外活动，愿意和老师、同伴共同游戏。<br>2. 喜欢拉小车跑，体验游戏的快乐。<br>3. 喜欢玩球，尝试不同的玩法。<br>4. 知道游戏时不乱跑，和老师、同伴在一起。 | 1. 在场地上布置有不同色彩的五星标记（或动物头像等其他标记），以便幼儿做操使用。<br>2. 自制或购置有声响的适宜幼儿手持的做操器械，使幼儿在玩的过程中达到锻炼身体的目的。<br>3. 教师在游戏中可以戴头饰，增加游戏的趣味性，幼儿最好不戴头饰，以便于活动。<br>4. 游戏材料：纸砖或平衡木，将各种水果图片或纸浆做的水果实物夹在绳上，动物头饰，各色皮球、软垫子等。<br>5. 提供各种推、拉、骑的小车。 | |

（续表）

<table>
<tr><th>项 目</th><th>目 标</th><th>环境与材料</th><th>活动内容</th></tr>
<tr><td>家园共育</td><td colspan="3">1. 利用来园、离园时间与情绪不稳定幼儿的家长交流沟通，共同寻求帮助幼儿克服入园焦虑的办法。<br>2. 采用召开小型家长会、约见家长、讲座或谈话的方式，使家长明确不要着急，接纳幼儿现在的种种表现。<br>3. 主动配合家长，对幼儿的情绪反复不必过度紧张，共同对幼儿每天的进步多鼓励，淡化幼儿的焦虑情绪。<br>4. 在家里为幼儿创造自己动手做事情的机会，如洗手、吃饭、发筷子等。<br>5. 提醒家长给幼儿准备一些幼儿自己穿脱方便且舒适的衣物，如胸前系扣衣物。</td></tr>
<tr><td>指导要点</td><td colspan="3">1. 提供多样、开放的活动，使幼儿愿意随自己的兴趣参与游戏，如倾听故事、操作玩具等。<br>2. 采用不同的方式、手段，吸引、鼓励幼儿坚持来幼儿园，如贴画奖励、挂星星串、翻花瓣等。</td></tr>
</table>

## 儿歌

**儿歌 1　《我会洗手》**

**目标：**知道洗手讲卫生，能掌握洗手的顺序和方法。

**建议：**可在幼儿每日洗手时播放儿歌，利用儿歌提示幼儿在反复听的过程中掌握洗手的顺序和方法。幼儿可以自己边说儿歌边洗手，逐步形成良好的习惯。对于初上幼儿园的幼儿，教师可以提供适当帮助。注重反复练习、多次重复。

**附儿歌：**

用水冲冲，抹抹香皂。
手心手背，搓出泡泡。
龙头一开，泡泡冲掉。
擦干小手，宝宝笑笑。

**儿歌 2　《小手绢》**

**目标：**知道用手绢或纸巾擦鼻涕、擦汗。

**建议：**在活动室内为幼儿提供随手可拿的装有卫生纸的小纸盒，方便幼儿日常生活中使用。每天提示幼儿有鼻涕、有汗用手绢或纸巾擦，不乱抹。也可以安排专门的时间，引导幼儿学习用纸巾擦鼻涕、擦汗。

**附儿歌：**

小手绢，四方方，
天天带在我身上。
擦擦鼻涕擦擦汗，
干干净净真好看。

**儿歌 3　《甜嘴巴》**

**目标：**会正确发音，愿意做有礼貌的孩子。

**建议：**当幼儿在娃娃家抱娃娃玩时，可以请幼儿扮娃娃的爸爸或妈妈，哄娃娃说儿歌，从而在游戏中掌握儿歌内容。还可以引导幼儿练习称呼家中其他成员，如姥姥、姥爷、叔叔、姑姑等。

**附儿歌：**

小娃娃，甜嘴巴，喊妈妈，喊爸爸，喊得奶奶笑哈哈。

**儿歌 4　《大米饭》**

**目标：**知道吃饭不挑食、身体长得壮。

**建议：**此儿歌可以在进餐前使用，可以作为欣赏的儿歌，也可以在游戏中引导幼儿学说这首儿歌。

**附儿歌：**

大米饭，喷喷香，小朋友们都来尝。
吃得饱，长得壮，不把米饭掉桌上。

**儿歌 5　《吃得多，长得快》**

**目标：**喜欢吃各种食物，不挑食。

**建议：**此儿歌可以在吃饭、加餐和吃午点时根据幼儿要吃的食物名称随时变换儿歌内容。如：绿扁豆，黄鸡蛋，吃得多，长得快。大香蕉，甜西瓜，吃得多，长得快。

**附儿歌：**

胡萝卜，大白菜，嫩豆腐，鲜牛奶，
红苹果，绿黄瓜，吃得多，长得快。

**儿歌 6　《我会上厕所》**（见 10 月幼儿用书）

**目标：**能主动学习独立如厕的本领，知道便后要洗手。

**准备：**幼儿用书。

**指导要点：**1. 为幼儿创造宽松的精神环境，当幼儿有上厕所的需求时，微笑答应，并引导幼儿马上去，建立幼儿的安全感。入园初期，不必规定集体如厕的时间，告诉幼儿随时可以去小便。

2. 在厕所相应的位置贴上小脚印，有条件的幼儿园可以在幼儿便池旁安上小扶手。

3. 引导幼儿学会脱裤子，幼儿上厕所时提示脱好裤子。

4. 一旦发现有尿裤子的幼儿，要避开其他幼儿更换衣裤，安抚幼儿，减少幼儿的紧张情绪。

**建议：**1. 活动前或幼儿游戏时间较长时，提醒幼儿上厕所。

2. 户外活动时灵活地放置便盆，提醒幼儿"想小便马上去"。

3. 关注幼儿的个体差异，提醒尿频的幼儿小便，防止他们尿裤子。

**附儿歌：**

小便盆，墙边站，宝宝有尿尿里边。
小便对准小便池，大便踩住小脚印。
脱下裤子蹲下去，抓住扶手不费力。
老师帮忙擦屁股，便后洗手我自己。

## 故事

**故事 1　《高高兴兴上幼儿园》**

**目标：**能够高高兴兴来幼儿园，体验与教师、小朋友在一起生活、游戏的快乐。

**准备：**小猫、小兔子、小鸭子头饰或卡片。

**指导要点：**1. 引导幼儿说一说小动物是怎样来幼儿园的，教师讲故事，请幼儿学一学小动物说的话。

2. 生活中，理解幼儿的不安与哭闹情绪，运用生动、有趣的活动吸引幼儿喜欢来幼儿园。

3. 强化幼儿的积极情绪，及时给予表扬、鼓励。

4. 户外活动时，可以和幼儿一起玩故事中提到的游戏，体验与教师、同伴共同游戏的快乐。

**建议：**1. 使用立体的玩具进行表演或用纸偶表演故事吸引幼儿的注意。

2. 可以用幼儿照片布置环境，在高高兴兴来幼儿园的幼儿的照片下方贴上可爱的笑脸娃娃，积累几天发小奖品，强化幼儿的积极情绪。

**附故事：**

森林动物幼儿园开学了，小动物们都高高兴兴地去上幼儿园。

小猫牵着妈妈的手走进了幼儿园：“老师早！”小猫有礼貌地对老师说。老师笑眯眯地回答：“乖孩子，你早！”

小兔子蹦蹦跳跳地走进幼儿园，见到老师大声地说：“老师早！”老师笑眯眯地回答：“好孩子，欢迎你！”

小鸭一边唱着歌，一边跑到妈妈前面来到了幼儿园，高高兴兴地对老师说：“老师早！”老师笑眯眯地回答：“小鸭你好！”

小动物们都高高兴兴地来到幼儿园。老师和小朋友一起玩老鹰捉小鸡的游戏，小动物们玩得真高兴。

**故事2　《我们一起玩》**

**目标：**喜欢和小朋友共同游戏，体验游戏的快乐。

**准备：**动物图片或木偶（纸偶）。

**指导要点：**
1. 培养幼儿喜欢和同伴一起玩的情感。
2. 引导幼儿说说小动物分别是怎样来幼儿园的，学一学小动物说的话。
3. 鼓励幼儿大胆介绍自己，并学说：“我叫……”
4. 提供各种幼儿喜欢的宠物玩具供幼儿自主选择，进行休闲游戏，逐渐增强幼儿的安全感。

**附故事：**

跳跳虎上幼儿园了。哇！幼儿园里有许多小朋友。跳跳虎心里好害怕呀。

一只小狗跑过来：“汪！汪！汪！我叫小花狗，我们一起玩。”

一只青蛙跳过来：“呱！呱！呱！我叫小青蛙，我们一起玩。”

一只小猫走过来：“喵！喵！喵！我叫小花猫，我们一起玩。”

大家手拉手，玩得真高兴！

**故事3　《怎么办》**（见10月幼儿用书）

**目标：**遇到事情不着急，知道要“等一等”。

**准备：**幼儿用书。

**指导要点：**
1. 指导幼儿看懂画面的内容，说说故事中的小动物在做什么，它们是怎样做的。
2. 生活中的各环节及幼儿遇到争抢玩具或着急的事情时，引导幼儿学说故事中的话：“不急，等一等。”

**附故事：**

大家都想喝水怎么办？“不急，等一等。”

大家都想玩滑梯怎么办？“不急，等一等。”

老师发奖品了，大家都想要怎么办？“不急，等一等。”

爸爸妈妈来接宝宝了，大家都想第一个走怎么办？“不急，等一等。”

**故事 4　《爱吃糖的小老鼠》**

**目标：**喜欢听故事，知道甜食不能多吃，吃完甜食要漱口。

**准备：**故事图片或动物卡片。

**指导要点：**1. 可以用小木偶表演故事，吸引幼儿的注意。

2. 引导幼儿说一说小老鼠的牙为什么会疼，小老鼠以后会怎样做？

3. 引导语：引导幼儿说一说小朋友也喜欢吃糖，应该怎样做？

**附故事：**

小兔和小老鼠到牛阿姨的糖果店玩，牛阿姨请大家吃糖。

小兔剥开糖纸慢慢吃，小老鼠却吃得很快。没有多久，小老鼠的面前就堆起了一堆糖纸。小兔吃完糖后用清水漱口，小老鼠却还在吃。“哎呀！”小老鼠忽然捂着嘴巴叫了起来。

原来是糖吃得太多，牙齿受不了啦！小老鼠，以后你还会吃这么多糖吗？

**故事 5　《我的勺儿哪儿去了》**（见 10 月幼儿用书）

**目标：**知道勺子的用处，喜欢学习用勺子吃饭。

**准备：**幼儿用书。

**指导要点：**1. 可以在幼儿进餐前讲故事，激发幼儿喜欢用勺吃饭的情感。

2. 引导幼儿说出故事中的小动物用勺子做了什么，了解动物喜欢吃什么。

3. 引导幼儿想一想、说一说勺子都能做什么，知道勺子的用处。

4. 吃饭时引导幼儿拿好勺子，别让小勺跑掉。

5. 游戏时，可以多投放一些小勺，供幼儿在娃娃家里练习使用小勺。

**附故事：**

宝宝有一把漂亮的勺子，用它喝牛奶，用它吃米饭。

勺子呢？小猫咪咪说：“这把勺子真漂亮，我用它来吃鱼——哎，不好用。”

勺子呢？小狗汪汪说：“这把勺子真漂亮，我用它来吃肉骨头——哎，不好用。”

勺子呢？小鸡叽叽说：“这把勺子真漂亮，我用它来吃小虫——哎，不好用。”

勺子呢？小羊咩咩说：“这把勺子真漂亮，我用它来吃青草——哎，不好用。”

勺子呢？——“嗬，我的漂亮的勺子又回来啦！我要用它吃一口菜，吃一口饭；再用它吃一口肉，喝一口汤。这回勺子高兴了，张开嘴巴把歌唱！”

**故事6　《小鸭自己坐便盆》**

**目标：**知道憋尿不好，有小便要马上去厕所。

**建议：**将便盆放在固定的地方，引导幼儿有尿随时去。在如厕后注意引导幼儿练习提裤子。

**附故事：**

小鸭在搓豆豆时要小便了，就叫了声：“熊猫老师。”可熊猫老师正在里屋给小猫讲故事，没听见。小鸭想了想，就自己走到了小盆边，用它的小手把裤子往下一拉，就轻轻地坐在了小盆上，它边小便边嘴里念叨着：“有尿就找小便盆，不能尿在裤子里。”这时熊猫老师给小猫讲完故事从里屋走了出来，看到小鸭自己坐在小便盆上在小便，高兴地说：“小鸭，你真棒，有尿会自己坐便盆了。”

## 游戏

**美劳游戏1　棉签点画——七星瓢虫**（见10月幼儿用书“红点点”）

**目标：**喜欢参与美术活动，尝试使用棉签点画。

**准备：**幼儿用书，棉签，颜料，海绵棒（短筷子或笔杆上缠海绵）。

**指导要点：**1. 幼儿知道小红点是瓢虫后，教师可以引导幼儿仔细看看瓢虫的样子。
2. 鼓励幼儿用笔、棉签或海绵棒给白点涂上喜欢的颜色。
3. 幼儿最初点画也许不会按标记，教师可以利用废报纸剪出瓢虫轮廓，引导幼儿从随意点画逐步过渡到能够控制自己的手指按标记点画。
4. 在日常生活与游戏中，还可以引导幼儿点画小花、星星、小蚂蚁等，边点画边说一说是什么，发展幼儿的想象力。

**附故事：**

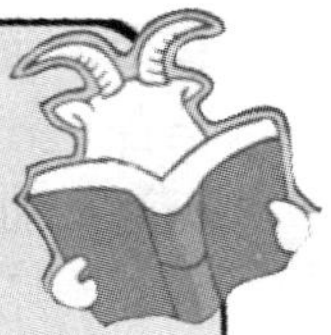

大象在河里洗澡，从小桥上经过的小兔子说："大家快来看哪，大象在脑门上画了一个红点点。"

大象说："我没画。"小兔子惊奇地喊："红点点飞到耳朵上了！""又飞到眼睛下面了！"

大象心里想：红点点怎么会到处飞呢？

后来，红点点落在了大象的鼻尖上，大象扬起鼻子一看：哟，原来是只红色的小瓢虫！

**美劳游戏 2　玩泥——好吃的棒棒糖**

**目标：**喜欢玩泥，能够用团和压的方法制作棒棒糖。

**准备：**两种颜色的彩泥，小棍若干，实物棒棒糖。

**玩法：**1. 出示棒棒糖，引起幼儿操作的兴趣。

2. 和幼儿一起玩彩泥，并说儿歌（ 棒棒糖，真好看，圆的圆，扁的扁，闻一闻，香又甜）。

圆形的棒棒糖——将彩泥团成圆。

扁形的棒棒糖——将彩泥团成圆，再压扁。

**建议：**也可准备用硬纸板做好的棒棒糖轮廓，将彩泥搓成长条，转圈儿贴在纸板上。可以结合角色游戏，引导幼儿将做好的棒棒糖拿到商店里去卖，请买棒棒糖的幼儿说出棒棒糖的颜色，即可买到。

**美劳游戏 3　团纸粘贴——好吃的果子**

**目标：**喜欢参与美术活动，能够用纸团成小球装饰果子。

**准备：**皱纹纸，胶棒，大树轮廓（树枝上挂着果子）。

**玩法：**请幼儿将皱纹纸团小，捏成小球粘贴在树上的果子上。

**建议：**1. 将幼儿作品展示在美术区，提高幼儿参与活动的兴趣。

2. 可以用同样的方法，变换粘贴的形象，如给长颈鹿粘贴好看的花衣裳等。

**手指游戏　小手爬高山**

**目标：**喜欢玩手指游戏，尝试自己卷袖子的方法。

**玩法：**一只小手自转前伸，另一只小手抓住前伸小手的袖子向上爬，边做动作边说儿歌："小手小手转转转，小手小手爬高山。两只小手换一换，袖子卷得快又好。"

**建议：**日常生活中，可以运用游戏的方法给幼儿提要求，帮助幼儿练习卷袖子，养成良好的习惯。

**生活游戏　吃了几个**

**目标：** 能感知3以内的食品数量。

**准备：** 煮熟的枣、藕片或各种豆类食品。

**玩法：** 加餐时，请幼儿自己用小夹子或者勺子把喜欢吃的食品夹到小盘或碗中。引导幼儿拿2个或3个，互相说一说自己喜欢吃什么，拿了几个。

**建议：** 1. 平时可以给幼儿准备一些小食品，在两餐中间发给幼儿，利用发小食品的环节，引导幼儿感知、辨认3以内的数量。

2. 引导幼儿感知食品的数量可以从1~2个逐渐增加到3~4个。不急于要求所有幼儿说出准确的数量，允许幼儿之间存在差异。

3. 还可以引导幼儿观察所取食物的形状及颜色，说出它们的名称等。

**感知游戏1　小动物找家**

**目标：** 能够辨识大小，会帮助小动物找到合适的家。

**准备：** 动物房子，动物卡片，动物轮廓剪纸卡片。

**玩法：** 1. 引导幼儿根据动物的大小为其选择适宜的房子。如：长颈鹿要住在高的房子里。

2. 引导幼儿根据动物的外形特征，一一对应摆放动物。

3. 引导幼儿帮小动物找妈妈，大小对应摆放动物。

**建议：** 可将动物轮廓剪纸卡片放在桌子上的透明桌垫下，幼儿随时可以找对应的卡片，在桌上摆着玩。

**感知游戏2　滚小球**

**目标：** 尝试玩滚球的游戏，体验游戏的快乐。

**准备：** 大小、颜色不同的球，装玩具的小筐；将粗细不同的软管固定在墙壁上。

**玩法：** 幼儿将球从软管的上面放入，用小筐在软管下面接球。

**建议：** 1. 使用不同材料制作管道，如用纸盒制作管道、用透明或不透明的塑料管制作管道。

2. 在管道口设计蚂蚁或其他动物形象，引导幼儿喂小动物吃豆豆，增强游戏的趣味性。

**综合游戏　彩色小路**

**目标：** 1. 会粘贴图形，感知图形的特征。

2. 踩石子走或跳，体验游戏的快乐。

**准备：** 大纸箱打开连接成路，彩色图形即时贴。

**玩法：** 引导幼儿在“路”（打开的纸箱）上粘贴“石子”（彩色图形），说一说自己铺的路上有什么石子，粘好后在“路”上踩“石子”走或跳，自由游戏，体验游戏的快乐。

**建议：** 1. 可以引导幼儿在“路”上找相同形状或相同颜色的“石子”，可让能力强的幼儿数一数有几块相同形状或相同颜色的石子。

2. 可以将纸箱连接的“路”放在活动室适宜的地方，幼儿随时可以在上面进行走、跑、跳等自由活动。

**休闲游戏　汽车城**

**目标：**能按意愿摆放各种车辆，体验游戏的快乐。

**准备：**选择适宜的地方，在地面上用彩色胶纸粘贴出停车场；准备各种小汽车模型。

**玩法：**幼儿可拿小汽车模型在地面上跑来跑去，或将小汽车模型按自己的意愿排列在停车场里。

**建议：**1. 幼儿玩汽车模型时，教师可扮演警察出示红绿灯标志来增加幼儿对游戏的兴趣。

2. 引导幼儿观察，说一说小车有哪些不一样，比一比谁的小车跑得快。

3. 幼儿停好车后，可引导幼儿观察比较哪个停车场的车多。

## 锻炼

**平衡游戏　小猴过河摘果子**

**目标：**1. 喜欢参加户外游戏。

2. 能摘到果子，并说出果子的名称。

3. 能够大胆说话。

**准备：**纸砖或平衡木，夹在绳上的各种水果图片或用纸浆做的水果实物，猴子头饰一个，装果子用的篮子。

**玩法：**教师戴头饰扮演猴妈妈和“小猴子”，一起走过小河（纸砖或平衡木），边走边说儿歌，鼓励“小猴子”勇敢地过小桥，不掉进河里，走到果树下摘果子，摘到果子后说说水果的名称，并把果子放到篮子里，和“猴妈妈”高高兴兴地回家。

**建议：**1. 引导幼儿过桥时不着急，保持身体平衡。平衡木设置的难度可以随幼儿的发展水平而增加。

2. 摘果子时，可以引导幼儿选择自己喜欢吃的果子去摘，也可以教师说哪种果子幼儿寻找着去摘，还可以引导幼儿说出自己摘到的是什么果子、是在哪里摘到的。鼓励幼儿大胆表达自己的想法。

**附儿歌：**

小猴子，过小桥，走得稳，不着急。跳一跳，摘果子，摘到果子笑嘻嘻。

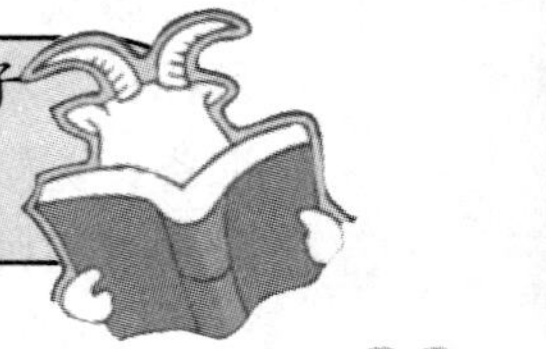

**球类游戏　滚皮球**

**目标：**喜欢和教师、同伴一起玩滚皮球的游戏，体验球的多种玩法。

**准备：**准备各色大皮球；在地面上画出起始线。

**玩法：**教师与幼儿玩滚球游戏。教师说完儿歌把球滚出去，幼儿接到球后把球滚回来。

**建议：**1. 幼儿自由玩皮球时，引导幼儿体验皮球的多种玩法。

2. 引导幼儿在游戏中与同伴交往，体验大家一起玩的乐趣。

**附儿歌：**

大皮球，圆又圆，滚来滚去真好玩儿。

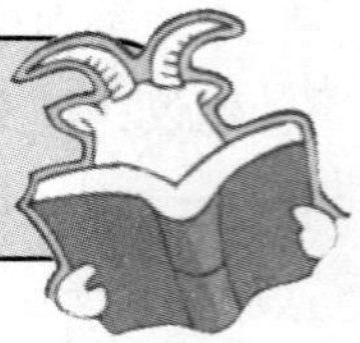

**走的游戏　我和圆圈做游戏**

**目标：**1. 感受与小圆圈做游戏的快乐。

2. 能辨认并找到不同颜色的圆圈。

**准备：**塑料小圆圈。

**玩法：**教师边说儿歌边带着幼儿跨圈走：一二三，三二一，我和圆圈做游戏。跨红圈、跨黄圈，跨来跨去真有趣。引导幼儿走每一步时脚都要跨在圈内，走一会儿自己找个圆圈蹲下来，休息一下，再站起来在圈中跳一跳，比比谁跳得高，也可以跳着到其他圆圈中去串门。当教师说“请到红颜色的圆圈家去做客”时，幼儿要找到红颜色的圈并站在里面。教师变换指令，引导幼儿用走、跑、跳、飞的动作找到不同颜色的家。

**建议：**1. 幼儿跨圈走时圈与圈的距离不能太大，圆圈的数量不宜过多。

2. 当玩找家的游戏时，要增加每种颜色的圆圈数量，以便于幼儿找到家。

**跑的游戏 1　追泡泡**

**目标：**喜欢追跑游戏，玩时能尝试控制方向躲避碰撞。

**准备：**泡泡水，吹管，宽敞而安全的场地。

**玩法：**教师向不同方向吹泡泡，幼儿追逐拍打泡泡玩。

**建议：**1. 有条件的幼儿园可以给幼儿准备一些吹泡泡的玩具，供幼儿户外游戏时玩。

2. 引导幼儿知道避让，注意安全，玩时不撞到小朋友。引导幼儿说一说泡泡的颜色，并观察泡泡的大小。

**跑的游戏 2　小小车儿跑得快**

**目标：**喜欢和老师、同伴做游戏，能够听口令做动作。

**准备：**宽敞而安全的场地，每人一个自制方向盘。

**玩法：**教师拿着方向盘带领幼儿一起玩开车的游戏，边开车边说儿歌：“我的车号103，接送大家上下班。不迟到，不误点，叔叔阿姨都喜欢。”教师说“嘀嘀！

红灯亮了”时幼儿要原地蹲下，等教师说“绿灯亮了”再开车匀速行驶。

**建议：**可以请幼儿带自己喜欢的小汽车在户外游戏时玩，比比谁的车跑得快。玩游戏时，可以带领幼儿熟悉幼儿园的环境，感受在石子地、沙土地和砖石地上汽车跑起来的不同感觉。

## 音乐游戏

**歌曲 1　《大家好》**

**目标：**能伴随音乐学着唱歌，知道见到老师要问好。

**建议：**可以将歌词中的小朋友直接换成班里幼儿的名字演唱。

**附歌曲：**

1＝C　2/4

1 2 3 4 | 5 – | 5 4 3 2 | 3 – | 1 2 3 4 | 5 6 5 |

老 师 您 好， 小 朋 友 好， 我 们 大 家 都 好，

5 4 3 2 | 1 – ‖

大 家 都 好。

**歌曲 2　《小花猫》**

**目标：**喜欢唱歌，愿意做有礼貌的孩子。

**建议：**日常生活中引导幼儿使用礼貌用语，如：早晨来园听到教师说“××好”时会回应向教师问好，当别人帮助做事情时会说“谢谢”。

**附歌曲：**

1＝F　2/4

2 5 | 5 3 2 | 6 1 6 1 | 2 0 | 5 3 2 | 6 1 2 |

两 只 小 花 猫，讲 呀 讲 礼 貌， 见 面 呀，总 是

6 2 6 | 5 0 | 5 2. | 6 5. | 2 5 5 3 | 2 0 ‖

眯 眯 笑，（喵！）（喵！）总 是 眯 眯 笑。

**音乐游戏 1　《大猫和小猫》**

**目标：**能够听出表示大猫、小猫的声音的不同强弱，并会模仿。

**建议：**1. 教师在活动中用夸张的神态引导幼儿表现。

2. 幼儿可以分为两组，分别扮演大猫和小猫，对比声音强弱的不同。

**附歌曲：**

1 = F　4/4

1 1　1 1　5　5 | 3 3　3 3　1　1 | 2　2　6　7 | 1 - - - ‖

我是　一只　大　猫，我　的　声　音　很　大，喵喵喵　喵喵。

我是　一只　小　猫，我　的　声　音　很　小，喵喵喵　喵喵。

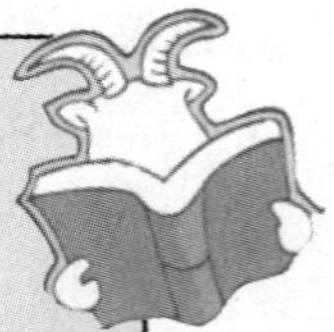

**音乐游戏 2　《传球》**

**目标：** 1. 感知音乐快慢的不同，能用动作表现出来。

2. 懂得遵守共同游戏的规则。

**准备：** 气球或皮球，选择有快慢对比的音乐。

**玩法：** 幼儿围坐成圆圈，听音乐顺时针传球，当听到音乐快时传球的速度要快，听到音乐慢时传球的速度要慢。音乐停了，球在谁的手上，谁就要模仿小动物的叫声、动作或表演节目。

**建议：** 教师要注意引导幼儿辨别音乐的快慢，待幼儿熟悉传球的方法后，可以适当增加球的个数，缩短幼儿等待的时间，提高幼儿游戏的兴趣。

## （三）第三周周计划

| 项 目 | 目 标 | 环境与材料 | 活动内容 |
|---|---|---|---|
| 生活 | 1. 学习洗手前自己卷袖子，知道餐前、便后应该洗净双手。<br>2. 会分辨两三种不同口味的水果，知道吃水果时要把果核吐出来。<br>3. 乐于主动进餐，逐步养成自己吃饭的习惯。 | 1. 在幼儿进餐时播放舒缓的轻音乐，引导幼儿在愉快、轻松的情绪下进餐。<br>2. 各种水果照片或图片展示：包括完整的水果、切开的水果、果核及存放果核的小盒子等。<br>3. 饮水时为幼儿提供多种口味的水：梨水、藕水、苹果水等。 | 1. 儿歌<br>《穿衣歌》《喝水》《拍拍手》《上楼梯》《大伞和小伞》《搭积木》《吃饭》《小汽车》《小果核，我会吐》<br>2. 故事<br>《小宝为什么肚子疼》《小猪变干净了》**《什么味儿》** |

（续表）

<table>
<tr><th>项 目</th><th>目 标</th><th>环境与材料</th><th>活动内容</th></tr>
<tr><td>游戏</td><td>1. 能够选择自己喜欢的休闲方式。<br>2. 愿意尝试玩具的不同玩法。<br>3. 初步理解规则，能和同伴一起友好地玩。<br>4. 能安静倾听简短的故事，喜欢模仿重复出现的语句。<br>5. 喜欢用自己的方式表达对音乐的感受。<br>6. 游戏中能够提出自己的需要和要求。</td><td>1. 提供各种自然材料，引导幼儿在操作中获得各种经验，如大小不同的纸盒、包装盒、瓶身粗细不同的瓶子，里面可以放不同材料来让幼儿感受声音的不同、进行瓶与盖的匹配活动等。<br>2. 投放操作方法简单的小乐器、动物头饰等，满足幼儿自娱自乐地表达、表现的需要。<br>3. 利用各过渡环节播放幼儿喜欢的歌曲或乐曲。<br>4. 自制各种可躲藏或钻爬的纸盒屋、小帐篷，满足幼儿喜欢隐秘性游戏的需要，提供可放松休闲的场地。<br>5. 在装扮活动区增加各类服饰、小包、发卡等，供幼儿游戏时选用。</td><td rowspan="2">3. 游戏<br>美劳游戏：撕纸——我给娃娃做面条；折纸粘贴——小鱼<br>操作游戏：包糖果；蚂蚁吃豆<br>休闲游戏：藏起来<br>拼图游戏：好吃的水果<br>感知游戏：大大小小<br>情境游戏：小熊饮水站<br>4. 锻炼<br>翻滚游戏：小老鼠；压路机<br>器械游戏：滑滑梯<br>球类游戏：扔皮球；玩纸球<br>爬的游戏：小乌龟<br>5. 音乐游戏<br>歌曲：《我是一个大苹果》《我上幼儿园》《小小猫》<br>律动：《爸爸瞧、妈妈看》</td></tr>
<tr><td>锻炼</td><td>1. 喜欢参加钻、滚、爬的游戏活动，体验和教师、同伴共同游戏的快乐。<br>2. 对滑梯、秋千、三轮车等运动器材感兴趣，知道游戏时不推挤、不碰撞其他小朋友。<br>3. 学习简单的器械操，体验参与集体活动的乐趣。<br>4. 能在垫子上随意翻转、爬行。</td><td>1. 将不同的运动器械和材料分类摆放，并在相应的摆放位置上做上明显的标记，便于幼儿的选择和收放。<br>2. 提供钻爬的游戏材料。<br>3. 提供高矮适宜的托班运动器材，发展幼儿的大肌肉动作。<br>4. 提供游戏材料：泡泡器，皮球、滑梯、秋千、三轮车等。</td></tr>
</table>

（续表）

| 项目 | 目标 | 环境与材料 | 活动内容 |
|---|---|---|---|
| 家园共育 | 1. 鼓励家庭中的亲子沟通，帮助幼儿掌握语言表达的方法，在交流中帮助幼儿积累语言经验。如：家长问幼儿问题时要具体并且容易回答，同时还要适当地避开他不感兴趣的话题，使幼儿对交谈有兴趣。<br>2. 向家长介绍最近学过的儿歌，幼儿在无意中吟唱的时候，如能够获得父母的应和，可以更加激发幼儿的积极性和成就感。<br>3. 有计划地邀请家长参加幼儿园的半日活动游戏，使家长有机会了解幼儿在园的活动情况。 | | |
| 指导要点 | 1. 进餐时鼓励幼儿自己动手主动进餐，不随意走动。<br>2. 鼓励幼儿选择自己喜爱的玩具材料进行游戏，如玩娃娃家、搭软体积木等游戏。<br>3. 鼓励幼儿大胆参与各种运动游戏。 | | |

## 儿歌

**儿歌 1　《穿衣歌》**

**目标：** 1. 喜欢唱说儿歌，能够正确发音。

2. 知道穿衣的顺序。

**建议：** 可以在幼儿起床穿衣时用儿歌提示幼儿穿衣的顺序，逐步引导幼儿会自己唱说儿歌，能够边说儿歌边做动作。

**附儿歌：**

小胳膊，穿袖子，穿上衣，扣扣子；小脚丫，穿裤子，穿袜子，穿鞋子。

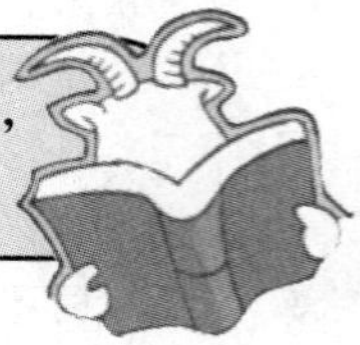

**儿歌 2　《喝水》**

**目标：** 喜欢喝白开水，愿意尝试多种口味的水。

**建议：** 1. 教师可以用多种方式鼓励幼儿多喝水。对不爱饮水的幼儿，可以让他们分着喝或采取在水中添加适量冰糖的方式，鼓励幼儿多喝水；对喝水慢的幼儿，可以用和他碰杯的方式，鼓励幼儿咕噜咕噜咽下水。

2. 提供多种口味的水，引导幼儿尝尝哪种水好喝，用多种方式保证幼儿的饮水量。

3. 创设环境：在幼儿的照片下布置花茎和花瓣。可以采用“浇花”的方式，引导幼儿喝一杯水插一个花瓣，看谁的花朵最先开放，看谁的花朵最多。也可以变换多种形式，鼓励幼儿多喝水。

4. 教师最好与幼儿一起饮水，以榜样行为鼓励幼儿多喝水，并喜欢喝白开水。

**附儿歌：**

小猫喝水，喵！喵！
小狗喝水，汪！汪！
小鸡喝水，叽！叽！
宝宝喝水，咕嘟咕嘟咽下去。

**儿歌 3　《拍拍手》**

**目标：**喜欢和小朋友一起游戏，体验有好朋友的快乐。

**建议：**教师和幼儿一起玩“找朋友”的游戏。可以变换儿歌内容，如：拍拍手，摸摸头；蹲下来，跳一跳等。

**附儿歌：**

拍拍手，点点头，敬个礼，握握手；拍拍手，点点头，笑嘻嘻，好朋友。

**儿歌 4　《上楼梯》**

**目标：**知道注意安全的方法，能够自己上下楼梯。

**建议：**在幼儿上下楼梯时吟说儿歌，鼓励幼儿自己上下楼梯。

**附儿歌：**

一二三，三二一，小宝宝，上楼梯，不用扶，不要抱，跨大步，走上去。

**儿歌 5　《大伞和小伞》**

**目标：**理解儿歌，愿意学说，喜欢和教师、同伴一起做游戏。

**建议：**教师当大伞，幼儿当小伞，玩点小伞的游戏。幼儿说出同伴的特征或穿戴，强调明显特征，请其他幼儿猜猜是谁，增进幼儿的认识。

**附儿歌：**

大树像大伞，蘑菇像小伞，围着大树干，蘑菇坐一片。

**儿歌 6　《搭积木》**

**目标：**学习正确的发音，喜欢玩搭积木的游戏。

**建议：** 教师和幼儿共同玩搭积木的游戏，可以边搭积木边说儿歌。在幼儿熟悉儿歌后，可以根据幼儿搭建的物品，变换儿歌的内容，如“搭房子，住小兔，搭花园，一起玩”等。

**附儿歌：**

大积木，红黄蓝，小宝宝，最爱玩，搭火车，钻山洞，盖高楼，连着天。

**儿歌 7　《吃饭》**

**目标：** 能够较清楚地朗诵儿歌，知道吃饭不挑食。

**准备：** 表现进餐场景的图片。

**建议：** 1. 每天吃饭前，可以介绍或请幼儿猜测今天吃什么，赞美食物好吃、有营养，激发幼儿的食欲。

2. 对幼儿拒绝的食物要慢慢引导，不要强硬要求，鼓励幼儿不挑食。

3. 尽可能提供多种选择，避免单一选择影响幼儿的进餐情绪。

**附儿歌：**

白米饭，粒粒香，坐下来，尝一尝。
吃口饭，喝口汤，自己会，不用帮。

**儿歌 8　《小汽车》**

**目标：** 能够较为完整地唱说儿歌，愿意大胆表演。

**建议：** 可以请幼儿从家中带来自己喜欢的各式各样的汽车一起玩，边玩边说儿歌。在户外游戏时，可以结合儿歌玩开车的游戏，引导幼儿送不同的人去上班。

**附儿歌：**

小汽车，嘀嘀嘀，开过来，开过去，小宝宝，当司机，送妈妈，上班去。

**儿歌 9　《小果核，我会吐》**

**目标：** 知道吃水果时要将果核吐出。

**建议：** 1. 吃水果时请幼儿找找果核在哪里，用儿歌引导幼儿将果核吐出。

2. 收集各种果核，引导幼儿观察并比较其不同点。

附儿歌：

红红枣，黄黄杏，甜甜李子香香梨。
核儿藏在果肉里，吃时别忘吐出去。

## 故事

**故事1　《小宝为什么肚子疼》**

**目标：**喜欢听故事，知道吃东西之前要洗手。

**准备：**玩具男娃娃一个。

**指导要点：**1. 可以利用娃娃讲述故事，增强幼儿聆听的兴趣。

2. 小宝就医的情节，可以转化为幼儿乐于参与体验的互动游戏，帮助幼儿间接地积累积极的就医经验。

3. 突出重点句：吃东西前要先洗手，吃水果要削皮。洗手用香皂，病虫全杀掉。

**建议：**可利用日常生活中的休闲环节把该故事讲给幼儿听，还可以用粘贴、绘画、数码拍照、制图等方式制作成图书或分享阅读的大书等。

附故事：

妈妈把洗干净的苹果放在了桌上的果盘里，小宝刚从外面玩回来，手也没洗就吃了一个。不一会儿，小宝就喊肚子痛。妈妈把他送进了医院。

医生大大摸摸小宝的头——不发烧，看看嘴巴——嗓子不红，按按小宝的肚子——小宝哎呦哎呦地叫起来。医生大大问小宝："你吃了什么不干净的东西吗？"小宝说："干净的，干净的！苹果妈妈洗过了！"医生大大又问："小手也是洗过的吗？"小宝想了想："没洗，没洗手就吃了大苹果。"医生大大点点头说："没洗手就吃东西，就会肚子痛的。以后吃东西要先洗手，吃水果最好削掉果皮！"小宝认真地记着：吃东西前要先洗手，吃水果要削皮。

吃了医生大大开的药，小宝就好了。他搂着妈妈说："妈妈，以后我吃东西一定要记住先洗手了。"妈妈戳戳小宝的鼻子："嗯，还要记住——洗手用香皂，病虫全杀掉！"

**故事2　《小猪变干净了》**

**目标：**学习擦嘴的方法。

**建议：**1. 可引导幼儿模仿小狗是怎样教小猪擦嘴的。通过模仿故事中的情境将经验迁移到自己的生活当中，养成良好的习惯。

2. 餐后幼儿自己擦嘴后，教师可以帮助幼儿擦第二次，引导幼儿感受正确的擦嘴方法。

**附故事：**

有一天，小猪鲁鲁去河边玩。

一条小鱼从水里跳出来，看着小猪哈哈地笑。小猪问小鱼：“你为什么笑我？”小鱼指着它的嘴巴说：“快去照照镜子，看看你的嘴巴！”小猪对着河水一看，水中出现了一个嘴巴脏脏的小猪。小猪不好意思地跑回家，喊：“妈妈，快帮我擦嘴巴！”猪妈妈不在家，小猪急得转圈圈：我自己不会擦，我自己不会擦！

这时，小狗来找小猪玩儿。小狗说：“我会，我会！我教你。”

小狗拿起一块餐巾，边擦边说：“两手拿好，嘴上擦擦。擦擦折折，嘴巴擦得真干净。”小猪学着小狗的样子把嘴擦干净了。

哈哈！小猪学会了自己擦嘴巴！

**故事3　《什么味儿》**（见10月幼儿用书）

**目标**：知道小时候尿床不是一件难为情的事情。

**准备**：幼儿用书。

**指导要点**：1. 此故事可以在幼儿入睡前或起床后讲述。

2. 幼儿入睡前、午睡醒后及玩得高兴时，提醒幼儿有尿随时去。

3. 发现幼儿尿床后，要尽量安抚，减轻幼儿的心理负担。

4. 为尿床的幼儿换裤子时尽量避开全体幼儿。

**附故事：**

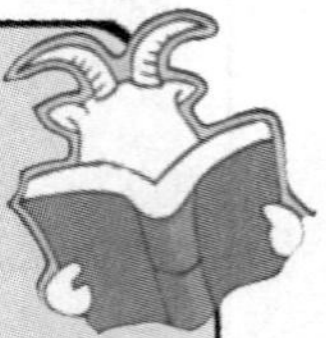

早上，小猫睡醒了。

小刺猬来了，“有股什么味儿？”

小羊来了，“有股什么味儿？”

小狗来了，“有股什么味儿？”

小狗闻来闻去，哈，味儿是从床上来的。哎呀，原来是小猫尿床了。

小猫觉得很难为情，哭了起来。大家说：“别哭，别哭，看，窗外晾着好多床单。”

大家帮助小猫晾床单。小狗说：“我们都尿床的，大了就不会尿床啦。”

# 游戏

**美劳游戏1 撕纸——我给娃娃做面条**

**目标：** 1. 能用自己的方法撕纸。

2. 尝试说出自己撕的是什么或像什么。

**准备：** 各种废报纸或旧画报，娃娃家的小碗。

**玩法：** 幼儿自由撕纸，教师可以引导幼儿把纸撕成长条当面条，也可以引导幼儿把纸撕碎做米饭，撕好后说说自己撕的是什么。

**建议：** 以给娃娃做饭的情境，引导幼儿帮助娃娃用撕纸的方法撕面条或米饭。撕好后，请幼儿进入娃娃家喂给娃娃吃，培养幼儿爱周围人的情感。结合娃娃家游戏，还可以引导幼儿用纸撕出各种食物，如饼干、馅儿饼等。

**美劳游戏2 折纸粘贴——小鱼**

**目标：** 1. 能用对角折的方法折叠或粘贴小鱼的鳞片。

2. 能用语言表达自己粘贴的小鱼在做什么。

**准备：** 正方形的彩纸若干，小鱼图样，胶棒。

**玩法：** 将正方形彩纸对折成三角形，把一面粘在小鱼的身上。

**建议：** 在幼儿折好小鱼的鳞片后，可以引导幼儿使用胶棒进行粘贴，为小鱼穿上漂亮的衣服。为增加幼儿活动的兴趣，在幼儿粘好小鱼鳞片后还可引导幼儿为小鱼添画泡泡。引导幼儿说出自己粘贴的小鱼在做什么，发展幼儿的口语表达能力。

**操作游戏1 包糖果**

**目标：** 能用双手手指完成扭紧“糖果”的精细动作。

**准备：** 小泡沫块（或用其他替代品），糖纸。

**玩法：** 将小泡沫块用糖纸包好，然后将两端糖纸用手拧紧，成为一个小糖果。

**建议：** 布置糖果屋，提供各式各样的包装纸及大小不同的泡沫，供幼儿操作。做好的糖果可以放在娃娃家招待客人。鼓励幼儿说出自己包的糖果的名称和味道。

**操作游戏2 蚂蚁吃豆**

**目标：** 尝试用不同的方法将豆子装在瓶子里。

**准备：** 饮料瓶（瓶盖上制作出小蚂蚁形象），在瓶身上挖出不同大小的洞；勺子，各种豆子。

**玩法：** 1. 根据瓶身上不同大小的洞，选择不同的豆子装入洞里。

2. 尝试用不同的办法装豆子，可以用手捏豆放在洞里，也可以用勺子将豆子从瓶口装入瓶子。

**建议：** 引导幼儿尝试运用多种工具（如小夹子、小漏斗、卡纸制作的小铲子等）把豆子放进洞里。在幼儿操作的过程中，了解幼儿的个体差异，并进行有针对性的指导。

**休闲游戏　藏起来**

**目标：** 放松心情体验快乐情绪。

**准备：** 小帐篷、自制纸箱等。

**玩法：** 幼儿藏在里面，教师问："谁藏在里面?"幼儿回答："是我。我是××小朋友。"

**建议：** 教师可以自己藏起来让幼儿寻找，也可以引导幼儿将自己喜欢的宠物玩具放在小帐篷里，和玩具或小朋友在里面说悄悄话，放松精神，体验愉悦的情绪。

**拼图游戏　好吃的水果**

**目标：** 知道水果的名称，感知水果的特征并进行拼摆。

**准备：** 将不同的水果卡片分割成2~4块的拼图。

**玩法：** 引导幼儿按颜色或形状拼出好吃的水果。

**建议：** 根据幼儿能力的不同，提供水果的图样（完整的水果图、轮廓图或阴影底板），引导幼儿在图样上拼摆。也可以引导幼儿先找到相同的颜色，再进行拼摆。拼图的块数不宜过多，可以有两块、三块和四块的拼图。

**感知游戏　大大小小**

**目标：** 感知大小动作的不同，体验游戏的快乐

**玩法：** 边说儿歌边做动作。

大河马大河马，大大大（两臂张开，手心相对，两脚分开按节奏原地踏步），
小老鼠小老鼠，小小小（两手臂握拳放于胸口，弯腰按节奏做小老鼠动作），
大河马大（两臂张开，手心相对），
小老鼠小（两手臂握拳放于胸口），
大大小小我知道（动作同上两句）。

**建议：** 可以改变儿歌中的内容，同其他动物或常见的物品代替，引导幼儿用动作表现出来。结合日常生活，随时比较观察物体的大小，如：大碗和小碗，大皮球和小皮球，大公鸡和小鸡，大树和小树……

**情境游戏　小熊饮水站**

**目标：** 1. 知道口渴时主动饮水，能分辨不同味道的水。

2. 说出自己的感受，发展口语表达能力。

**准备：** 不同颜色和不同口味的水，如通气的心里美萝卜水、润肺的莲藕水、止咳的橘皮水等。

**玩法：** 将以上水分装在干净的矿泉水瓶子里，用"小熊饮水站"的方式，引导幼儿

自己动手倒水品尝，从中感受不同水的气味和味道，在品尝中说一说自己的发现。

**建议：**在幼儿自由游戏或空闲时，教师可以当送水员，询问谁渴了需要补充水，鼓励幼儿多喝水，愿意品尝各种口味的水。鼓励幼儿用语言表达自己的感受。

## 锻炼

### 翻滚游戏1　小老鼠

**目标：**喜欢翻滚游戏，能够在软垫子上自由翻滚爬行。

**准备：**在场地上画个大圆圈当老鼠的家，圆圈中间放上小筐若干，在大圆圈和小筐之间放软垫子。

**玩法：**教师带幼儿轻轻走到小筐前做偷吃的动作。待教师说儿歌“喵喵喵，猫来了，叽哩咕噜滚下来”时，幼儿在垫子上做自由侧滚翻动作，回到家中。

**建议：**扮演“小老鼠”回家时，可以引导幼儿侧滚翻或爬行回去。

**附儿歌：**

> 小老鼠，上灯台，偷油吃，下不来，喵喵喵，猫来了，叽哩咕噜滚下来。

### 翻滚游戏2　压路机

**目标：**体验自由翻滚的动作及与同伴共同游戏的快乐。

**准备：**软垫子。

**玩法：**幼儿和教师一起边说儿歌边在垫子上做侧滚翻动作。

**建议：**引导幼儿一个跟一个翻滚，保持距离，注意安全。尽量为幼儿提供多种材料的软垫。

**附儿歌：**

> 我是压路机，唱歌嘀嘀嘀，修好大马路，回头笑眯眯。

### 器械游戏　滑滑梯

**目标：**能一个跟一个上滑梯，知道玩滑梯时要注意安全，不推不挤。

**准备：**高度适宜的滑梯。

**玩法：**幼儿玩滑梯时教师可以唱说儿歌，逐步引导幼儿能够自己说儿歌，边说边玩。也可以在幼儿掌握儿歌后去玩滑梯，引导幼儿知道玩时应注意安全。

**建议：**游戏前对幼儿做好安全提醒，滑滑梯时不推、不挤、不着急，上滑梯时要走稳。个别胆小的幼儿，教师可扶着一起滑。

**附儿歌：**

小朋友，滑滑梯，你不推，我不挤，一个跟着一个上，出溜一下滑下去。

**球类游戏 1　扔皮球**

**目标：**喜欢玩球，尝试把球扔进洞里。

**准备：**固定在墙上或树上的不同形象，可以是开口的纸盒或不同的动物形象，如老虎张着大嘴；准备各种小球（如皮球、布球）。

**玩法：**引导幼儿将球扔到盒子里或动物的嘴中。

**建议：**鼓励幼儿尝试球的多种玩法。根据幼儿的身体状况调节他们的活动量。

**球类游戏 2　玩纸球**

**目标：**能用自己的方法玩纸球，愿意体验不同的玩法。

**准备：**旧报纸，水果网制作的纸球。

**玩法：**利用纸球引导幼儿体验纸球的多种玩法。如：拴上绳子拖纸球跑，接抛纸球，踢纸球，投纸球等。

**建议：**1. 注意把握幼儿的运动量，当幼儿微出汗时，注意适当减少活动量。
2. 引导幼儿参加制作纸球的活动，学习用旧报纸团成纸团。

**爬的游戏　小乌龟**

**目标：**喜欢爬的游戏，能学小乌龟爬着运东西。

**准备：**用纸板制的小乌龟，垫子。

**玩法：**幼儿扮演小乌龟爬过垫子运东西。

**建议：**教师扮成乌龟妈妈带着乌龟宝宝一起做游戏，注意幼儿爬行时的安全。

## 音乐游戏

**歌曲 1　《我是一个大苹果》**

**目标：**1. 喜欢唱歌，能够伴随音乐演唱歌曲。
2. 喜欢吃水果，知道多吃水果身体棒。

**附歌曲：**

1 =C　4/4

5 1 1 1 | 3 1 1 – | 5 5 3 5 | 1 2 3 – |

我 是 一 个　大 苹 果，　小 朋 友 们　都 爱 我，

5 5 3 1 | 2 3 2 – | 3 3 2 1 | 6 1 5 – |

又 酸 又 甜　又 好 吃，　皮 上 红 红　好 颜 色，

5 6 5 3 | 2 3 2 1 | 6 5 1 2 | 3 2 1 – ‖

小 朋 友 们　常 常 吃，　　脸 上 也 像　红 苹 果。

**歌曲 2　《我上幼儿园》**

**目标：**喜欢上幼儿园，愿意和教师、同伴一起唱歌。

**建议：**1. 可以在早来园时反复播放歌曲录音，引发幼儿产生快乐的情绪，逐步能伴随音乐跟唱。

2. 也可以专门组织幼儿一起学习这首歌曲。

**附歌曲：**

1 =C　2/4

5 5 3 3 | 5 6 5 | 3 5 6 6 | 5 – |

爸 爸 妈 妈　去 上 班，我 上 幼 儿 园，

3 5 6 | 5 6 3 | 2 5 3 2 | 1 – ‖

我 不 哭，我 不 吵，叫 声“老 师 早”。

**歌曲 3　《小小猫》**

**目标：**能够伴随音乐表现小猫的动作。

**建议：**请幼儿扮演小猫，伴随音乐模仿小猫动作，教师可以带着小猫玩钓鱼等游戏。

**附歌曲：**

1 =C　2/4

5 3 3 | 4 2 2 | 1 2 3 4 | 5 – |

小 小 猫　小 小 猫，我 爱 小 小　猫。

5 3 3 | 4 2 2 | 5 4 3 2 | 3 2 | 1 – ‖

小 小 猫　爱 吃 鱼，唱 起　歌 来　妙 妙　妙。

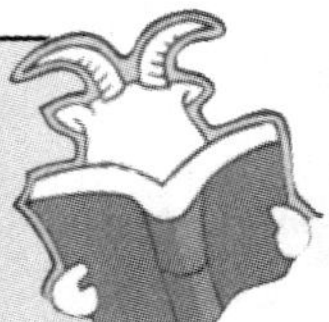

**律动　爸爸瞧、妈妈看**

**目标：**能够伴随音乐节奏表演动作。

**附儿歌：**

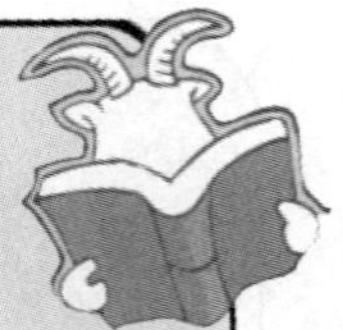

爸爸瞧（伸出左手手臂伸直在胸前，五指分开，立掌手心向前），

妈妈看（伸出右手手臂伸直在胸前，五指分开，立掌手心向前），

宝宝的小手真好看（双手在胸前手臂伸直，立掌手心向前，同时左右摆动双手）。

爸爸瞧（左手上举手心向前，手臂伸直），

妈妈看（右手上举手心向前，手臂伸直），

宝宝的小手看不见（双手手腕边转动边经头上向两侧打开藏到身后）。

爸爸妈妈（伸出左手至侧平举，五指分开，手心向前）

都来看（伸出右手至侧平举，五指分开，手心向前），

宝宝的小手（两手侧平举，五指分开，转动手腕两次）

又出现（双手在胸前手心向上摊开）。

## （四）第四周周计划

| 项 目 | 目 标 | 环境与材料 | 活动内容 |
| --- | --- | --- | --- |
| 生活 | 1. 午睡时能积极配合成人穿脱衣服并放好。<br>2. 能安静独立入睡，大小便时会主动下床如厕。<br>3. 学习辨认衣服的反正。<br>4. 乐于学习餐后漱口的方法。 | 1. 创设温馨、舒适的卧室环境，准备整洁的衣物。<br>2. 在娃娃家提供各种娃娃服装，可以让幼儿帮娃娃挂衣服或叠衣服。<br>3. 在盥洗室布置一组幼儿正确漱口的照片，为幼儿日常的观察、模仿学习提供帮助。 | 1. 儿歌<br>《玩具轮流玩》**《我会玩》**《小星星》《兔兔鞋》《穿袜袜》《洗脚丫》《会叫的鞋子》<br>2. 故事<br>《脱了衣服再睡觉》《小鸭找妈妈》《小白兔过桥》《好乖乖》《风娃娃和花手绢》<br>3. 游戏<br>美劳游戏：**小猴服装店**；粘贴——爱吹泡泡的大象；涂色——蘑菇房<br>感知游戏：敲敲小衣服；猜一猜；找铃铛<br>装扮游戏：穿穿看看<br>操作游戏：盖瓶盖 |
| 游戏 | 1. 喜欢和教师一起唱歌。<br>2. 愿意尝试玩具的多种玩法，体验游戏的快乐。 | 1. 为幼儿营造良好的语言学习环境，有计划地在一日生活中通过播放儿歌及精选睡眠故事磁带、观看短小的动画片、分享阅读看大书等多样的活动，为幼儿提供丰富的语言刺激。<br>2. 创设自然角：水果娃娃舞会。引导幼儿了解水果的名称，感知水果的主要特征。 | |

（续表）

| 项 目 | 目 标 | 环境与材料 | 活动内容 |
|---|---|---|---|
| | 3. 喜欢模仿，愿意学习新本领。<br>4. 愿意与人交流，能够比较清楚地表达自己的想法。<br>5. 知道不争抢玩具，学习轮流玩玩具。 | 3. 墙面布置：大树、各种水果图样（可用粘贴、涂色、印章等方式装饰果树）。<br>4. 变换美术区的材料，增加水果、蔬菜拓印的内容。<br>5. 将幼儿自带的玩具放在宠物区或大整理箱中，鼓励幼儿一起玩玩具。 | 4. 锻炼<br>走跑游戏：藏猫猫；<br>跳的游戏：大皮球<br>投掷游戏：淘气包<br>附：飞盘操；小动物模仿操<br>5. 音乐游戏<br>歌曲：《摇啊摇》《小乌龟》<br>律动：《小兔跳跳》<br>音乐游戏：《开火车》《找房子》 |
| 锻炼 | 1. 喜欢参加球类活动（滚球、接球、投球、踢球、拍球等），体验各种运动技能。<br>2. 对滑梯、秋千、三轮车等运动器材感兴趣。<br>3. 愿意和教师、同伴一起玩，学习双脚跳的方法。<br>4. 能向指定方向走。 | 1. 为幼儿提供安全、适宜的活动器械，教师分工明确，保证幼儿的安全。<br>2. 为幼儿提供可自选的玩具材料，鼓励幼儿玩后收拾玩具。<br>3. 游戏材料：各色纸盒，颜色、大小、质地不同的皮球，滑梯、秋千、三轮车等运动器材。 | |
| 家园共育 | 1. 利用家园联系册的方式，向每个幼儿家长介绍幼儿在情绪、食欲、睡眠、游戏等各方面的情况，帮助适应困难相对较多的幼儿家庭制订具体的共育措施。<br>2. 建议家长在家里鼓励幼儿自己吃饭、自己穿衣服等，有条件的可以拍成照片，放在班级电脑、墙饰专栏中展示。<br>3. 提醒家长给幼儿带擦手油，如果要吃药，在瓶子上写上幼儿的名字，注明服法、服量并亲自交到教师手中。 | | |
| 指导要点 | 鼓励幼儿向成人表达进食、饮水、大小便等需要，提出请求帮助的要求。鼓励幼儿尝试探索玩具材料的多种玩法。鼓励幼儿喜欢和教师、小朋友一起做操、游戏和锻炼。 | | |

## 儿歌

**儿歌 1　《玩具轮流玩》**

**目标：**能理解儿歌内容，知道新玩具轮流玩。

**建议：**教师可以在给室内外投放新玩具材料之前带幼儿学习儿歌，引导幼儿知道新玩具要轮流玩。儿歌的第一句，教师可以根据班里新投放的材料或玩具变换内容，如变成“布娃娃真漂亮”等。当幼儿因玩具发生争执时，儿歌中大宝的名字换成本班小朋友的名字。

**附儿歌：**

玩具汽车嘀嘀叫，我和大宝都想要。
我说大宝你先玩，你玩完了我再要。

**儿歌 2　《我会玩》**（见 10 月幼儿用书）

**目标：** 1. 喜欢参与各种游戏活动，体验游戏的快乐。
2. 能够较为清楚地唱说儿歌。

**准备：** 幼儿用书。

**建议：** 1. 教师是幼儿的玩伴，应了解幼儿的个体差异，进行有针对性的指导。
2. 引导幼儿在游戏中变换游戏或材料的玩法，可以自己边玩边说，体验游戏的快乐。
3. 儿歌可以分为两次活动进行，前四句为室内游戏儿歌，后四句为室外游戏儿歌。

**附儿歌：**

穿珠穿穿，穿出项链。
插片插插，插出小花。
积木搭搭，搭出小门。
拼图拼拼，拼出小鱼。
小车拉拉，运来粮食。
乌龟爬爬，送来水果。
小兔跳跳，拔出萝卜。
小鸟飞飞，我真快乐。

**儿歌 3　《小星星》**

**目标：** 喜欢说儿歌，能够比较清楚地发音。

**建议：** 鼓励幼儿晚上观察天上的星星、月亮。

**附儿歌：**

小星星，亮晶晶，白天睡，晚上醒，不说话，眨眼睛，看宝宝，笑盈盈。

**儿歌 4　《兔兔鞋》**

**目标：** 知道别人睡觉时不打扰。

**建议：** 引导幼儿知道别人休息时要轻轻做事，不吵醒别人。

附儿歌：

绒布鞋，是小兔，
宝宝穿上轻走路。
也不蹦，也不跳，
奶奶正在打呼噜。

**儿歌5　《穿袜袜》**

**目标：** 愿意尝试自己穿袜子。

**建议：** 引导幼儿在娃娃家游戏时边说儿歌边给小娃娃穿袜子。

**附儿歌：**

穿袜袜，像嘴巴，爱吃我的小脚丫。

**儿歌6　《洗脚丫》**

**目标：** 能记住儿歌，知道每天要洗脚。

**建议：** 家园配合，引导幼儿养成睡前洗脚的好习惯。可以将儿歌粘贴在家长园地介绍给家长。

**附儿歌：**

妈妈洗脚丫，我也洗脚丫，好像俩小鸭，跟着鸭妈妈。

**儿歌7　《会叫的鞋子》**

**目标：** 喜欢说儿歌，能正确发音唱说儿歌。

**建议：** 在幼儿掌握儿歌后，可以延伸为猫捉老鼠的游戏。教师装扮成猫，说完儿歌后，教师说："猫来了。"幼儿当老鼠四处躲藏。当"猫"找到"老鼠"时，扮老鼠的幼儿说出自己藏在哪里了。

**附儿歌：**

我的鞋子真好笑，走起路来叽叽叫，小猫把我当老鼠，跟在后面喵喵喵。

## 故事

**故事1　《脱了衣服再睡觉》**

**目标：** 了解常见动物的特征，知道睡觉要脱衣服。

**准备：** 各种动物图片或玩具。

**指导要点：** 1. 可以根据幼儿的喜好和认知经验，适当减少故事中动物的种类。

2. 引导幼儿通过模仿说形容小动物的词，了解动物的特征。

3. 鼓励幼儿午睡时脱了衣服再睡觉。

**附故事：**

妈妈说，脱了衣服再睡觉——我脱——我不脱，因为我扎乎乎，从不脱衣服。小刺猬说。

妈妈说，脱了衣服再睡觉——摸摸我，硬邦邦。小河马说。

妈妈说，脱了衣服再睡觉——摸摸我，滑溜溜。小海豚说。

妈妈说，脱了衣服再睡觉——摸摸我，软绵绵。小羊说。

妈妈说，脱了衣服再睡觉——摸摸我，毛茸茸。小鸡说。

妈妈说，脱了衣服再睡觉——我的身上有个壳，多像结实、漂亮的花屋顶。小乌龟说。

妈妈说，脱了衣服再睡觉——我的身上有鳞片，就像一片片小小的、薄薄的圆树叶。小鱼说。

妈妈说，脱了衣服再睡觉——看我身上的花道道，像不像一小块西瓜皮？小青蛙说。

妈妈说，脱了衣服再睡觉——看我身上的黑白条条，像不像马路上的人行横道？小斑马说。

妈妈说，脱了衣服再睡觉——看我身上的花点点，像不像一个一个黑眼珠？小金钱豹说。

我是乖宝宝，脱衣服睡觉可舒服了，还会做个甜甜的梦。小朋友说。

**故事2　《小鸭找妈妈》**

**目标：** 1. 知道出去玩时不随意离开集体。

2. 了解简单的自我保护的方法。

**指导要点：** 1. 引导幼儿说一说：小鸭是怎样找不到妈妈的？小朋友出去玩时怎样才不会走丢？

2. 告诉幼儿与家长或教师走失时简单的自我保护的方法：在原地等待、请工作人员帮忙等。

3. 请幼儿说说自己是哪个幼儿园、哪个班的小朋友，家住在哪里。如果说不清家庭住址，回去问问爸爸妈妈，并且要记牢。

**附故事：**

有一天，鸭妈妈对小鸭们说："今天，我要带你们出去玩，在外面要跟着妈妈，不要离开。"小鸭们排着整齐的队伍一个跟着一个走。走到小河边，鸭妈妈带领小鸭游水，游呀游，一条金鱼游到一只小灰鸭身边，对小灰鸭说："那边很好玩，我带你去玩。"小灰鸭忘记了妈妈的话，离开了大家，跟着金鱼游走了。

天空出现了乌云，天快要下雨了。小灰鸭跟着金鱼游呀游，忽然天下雨了，风呼呼地吹，雨越下越大。小灰鸭想起了妈妈，大声叫道："妈妈，妈妈！"正在这时，鸭妈妈听见小灰鸭的叫声，就游了过去，鸭妈妈对小灰鸭说："下次出来玩，不可以随便离开大家，要和大家在一起。"小灰鸭点点头说："我一定记住妈妈的话，跟大家在一起，再也不离开大家了。"

小鸭们高兴地排着队，跟妈妈回家了。

**故事 3　《小白兔过桥》**

**目标：**知道做什么事都要专心。

**建议：**通过故事引导幼儿感受做事三心二意产生的不良后果，并知道自己平时做事时要专心。

**附故事：**

小白兔过独木桥时，听到青蛙在唱歌，它也跟着唱起来。"咚"的一声响，小白兔掉到河里去了。回到家里，小白兔把掉到河里的事向兔妈妈说了。兔妈妈说："不管做什么事情都要专心，不能三心二意，知道吗？你再去试一下。"小白兔又来到桥上，青蛙还在唱歌，小白兔好像没有听到似的，终于过桥了。

**故事 4　《好乖乖》**

**目标：**懂得做事情时不影响他人。

**建议：**引导幼儿了解故事内容，并知道在平时做事情时不打扰他人。

**附故事：**

小黄狗睡醒汪汪叫。鸡妈妈跑来说："别吵，别吵，我的宝宝刚睡着。"小猫睡醒喵喵叫。兔妈妈跑来说："别吵，别吵，我的宝宝刚睡着。”小黄狗和小猫到田野玩，吵醒在树下打瞌睡的老爷爷，它们连忙说：“对不起，老爷爷，把您吵醒了。”老爷爷说：“好乖乖，有礼貌，老爷爷不怕吵。”老爷爷和小黄狗、小猫一起玩。

**故事5　《风娃娃和花手绢》**

**目标：**初步感知风能够将物品吹走。

**建议：**引导幼儿说说花手绢可以作为小动物的什么东西用。

**附故事：**

风娃娃真调皮，吹走了小白兔晒在竹竿上的花手绢。风娃娃赶紧去追，可总也追不上。风娃娃追累了，停下来歇了一会儿。花手绢停下来也休息一会儿。

小鸭子来了，嘎嘎嘎，多漂亮的花手绢呀，正好做我的花头巾！风娃娃跑过来，把小鸭子头上的花手绢吹到了树上。

小鸟说：“快来看，我又多了一只花翅膀！”风娃娃趁小鸟不注意，又把花手绢吹走了。

飘呀飘，花手绢飘到了小白兔手里：“哈！风娃娃把我的花手绢送回来了！”

## 游戏

**美劳游戏1　小猴服装店**（见10月幼儿用书）

**目标：**知道叠衣服和裤子的方法。

**准备：**幼儿用书。

**指导要点：**在幼儿学习新本领时，可以创设多种情境，将对幼儿的教育要求转化为幼儿想要做的事情。可以把叠衣服和裤子的方法分别用图片或照片展示在墙上，以便幼儿游戏时看图尝试。

**玩法：**

**叠衣服**

小衣服，躺平了（将衣服按图样平摆），
两扇门，要关好（衣服中间边对齐）。
左弯臂，右弯臂（叠左边袖子、叠右边袖子），
鞠个躬，摆放好（上下对折）。

**裤子变一变**

裤子两条腿（把裤子铺平），

变成一条腿（把一条腿向另一条腿重叠），
折折变短了（对折裤子），
哎呀更短了（再对折），
哈哈叠好了（双手拿起叠好的裤子放好）。

**美劳游戏 2　粘贴——爱吹泡泡的大象**

**目标：** 1. 能按图形轮廓撕纸，掌握撕纸的方法。
2. 在活动中感知、比较圆形的大小。

**准备：** 画好不同大小圆圈的各色彩纸，并将用橡皮纸做好的大象提前粘在活动室的墙面上；胶棒。

**玩法：** 幼儿按画好的圆形轮廓撕出圆形，贴在大象鼻子的周围。

**建议：** 彩纸可用针扎出大小不同的圆形洞眼供幼儿选择，以降低撕纸的难度。在活动中可引导幼儿互相比较谁给大象吹的泡泡大。

**美劳游戏 3　涂色——蘑菇房**

**目标：** 喜欢涂色，尝试给蘑菇房涂上喜欢的颜色。

**准备：** 画有大蘑菇形状的房子的白纸。

**玩法：** 请幼儿边欣赏儿歌，边给小兔子的蘑菇房涂色。

**建议：** 1. 用故事或儿歌吸引幼儿参与美术活动的兴趣。
2. 请幼儿涂色的蘑菇房不宜过大，以免幼儿疲劳。

**附儿歌：**

雨刚停，雷还响，松树底下盖新房；
圆圆柱子，圆圆顶，涂点儿绿，加点儿黄，新房真漂亮；
松树的花粉撒下来，屋里屋外喷喷香。

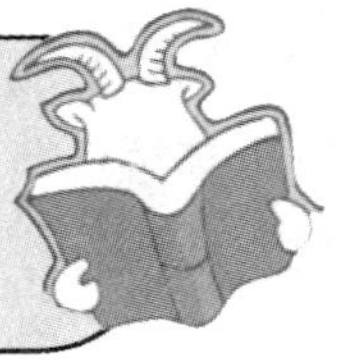

**感知游戏 1　敲敲小衣服**

**目标：** 能够正确辨认衣服的前面和后面。

**准备：** 画有衣服前后两面的图卡若干张，玩具气锤 5 个。

**玩法：** 1. 教师逐一拿出衣服图卡，请幼儿辨认并说出哪是上衣的前面，哪是上衣的后面，哪是裤子的前面，哪是裤子的后面。
2. 玩“敲敲小衣服”的游戏。将图卡摆在地上，请幼儿拿着小气锤，按教师的指令找到相应的图卡，用小气锤敲击图卡。如教师说“上衣的前面”，幼儿找到相应的卡片后，用小气锤敲一敲。

**建议：** 可用照片也可以用实物进行游戏。如用图片，准备的图片画面要精细、形象。

**感知游戏 2　猜一猜**

**目标：** 感知物品的不同特点，并能够用语言表达出来。

**准备：**3～5 件日常用品（如彩笔、小球、小方巾、绒毛兔、积木等），自制布袋。

**玩法：**将物品放在口袋里，请幼儿从口袋里摸一摸感知物品的特性，猜一猜物品是什么，说一说这件物品是做什么用的。

**建议：**1. 选择的物品要和幼儿的生活相关。

2. 设置小奖品，吸引幼儿参与游戏，增加游戏的兴趣。

3. 为让每个幼儿都能成功，可适当降低难度。

4. 鼓励幼儿用语言大胆表达。

**感知游戏 3　找铃铛**

**目标：**能够注意倾听，判断发出声音的位置找到铃铛。

**玩法：**1. 幼儿闭上眼睛，教师摇动铃铛，请幼儿辨别铃铛的位置。

2. 摇动铃铛后将铃铛藏起来，请幼儿去找。

**建议：**可以结合游戏引导幼儿感知声音的大小、远近。

附儿歌：

叮铃铃，叮铃铃，一会儿远，一会儿近。小宝宝，耳朵灵，听铃声，找到铃。

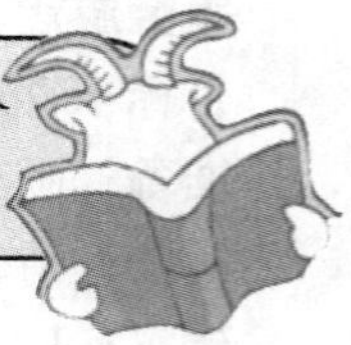

**装扮游戏　穿穿看看**

**目标：**能选择自己喜欢的衣物进行穿戴游戏。

**准备：**小书包、发卡、头饰、蝴蝶翅膀等物品。

**玩法：**幼儿自己选择饰物佩戴好，并到小镜子前去欣赏。

**建议：**1. 可以播放轻松愉快的音乐，引导幼儿装扮后表演，感受快乐的情绪。

2. 游戏结束时，引导幼儿自己将穿戴物品收到整理箱中。

3. 有条件的幼儿园可以给每个幼儿照一张照片，或者教师给每个幼儿画一张照片留做纪念。

**操作游戏　盖瓶盖**

**目标：**1. 能把瓶子和瓶盖对应，并把瓶盖拧上。

2. 能根据图形轮廓找到瓶子。

**准备：**各种各样的瓶子，桌面用胶纸贴出瓶子底或盖的轮廓。

**玩法：**1. 请幼儿帮助瓶宝宝找到合适的帽子。

2. 对应桌面的轮廓找瓶子，将瓶子放在桌面的轮廓上。

**建议：**1. 可以运用儿歌吸引幼儿参与活动的兴趣。

2. 可以将各种瓶子拟人化，在瓶子上贴上不同的表情，引导幼儿在玩的过程中辨认各种表情。

附儿歌：

大瓶子，小瓶子，大盖子，小盖子。
哎呦呦，快盖好，请帮忙，找一找。

## 锻炼

**走跑游戏 1　小司机**

**目标：**能够自由走跑，体验游戏的快乐。

**准备：**用纸板制作方向盘，用纸盒制作车身（幼儿可以挎在身上）。

**玩法：**幼儿拿方向盘扮司机，在室内自由开车，遇到其他小朋友，可以邀请小朋友上车，被邀请的幼儿可以挎上“车箱”，一起游戏。

**建议：**当幼儿频繁在室内跑动时，教师可提示幼儿“车到站了，该加油了”，引导幼儿活动时动静交替，不要过于疲劳。

**走跑游戏 2　藏猫猫**

**目标：**喜欢和教师、小朋友一起游戏，能朝指定方向自然地走或跑。

**准备：**红、黄、蓝三色敞口纸盒子若干。

**玩法：**1. 教师和幼儿一起说儿歌：“我是小花猫，最爱喵喵叫，躲进盒子里，呼噜呼噜睡大觉。”说完儿歌后，让每个幼儿都找一个盒子躲起来。教师边看边问小猫住在什么颜色的盒子里。

2. 教师说：“妈妈睡醒了，来把小猫叫。”一个一个摸幼儿的头，幼儿回到教师身边，再重复进行游戏。

**建议：**1. 可以改变游戏的玩法，教师说出躲在什么颜色的盒子里，幼儿去找相应颜色的盒子躲起来。

2. 引导幼儿向指定方向走或跑。

**跳的游戏　大皮球**

**目标：**喜欢跳的游戏，能够双脚向上跳。

**准备：**在场地上画好大圆圈。

**玩法：**1. 幼儿和教师围成一个大圆圈，幼儿当大皮球。教师念儿歌时，幼儿伴随儿歌节奏做双脚向上跳的动作。

2. 听指令做动作。

教师说：“皮球滚了。”幼儿在场地上四散地走和跑。

教师说：“皮球漏气了。”幼儿原地蹲下。

教师说：“皮球气打足了。”幼儿跑回到教师身边。

**建议：**可灵活地添加一些幼儿熟悉的内容，如给球打气、皮球转个圈等，引发幼儿游戏的兴趣，丰富幼儿的游戏经验。

**附儿歌：**

大皮球，圆又圆，小朋友，一起玩。拍一拍，跳一跳，拍得轻，跳得低，拍得重，跳得高。

**投掷游戏　淘气包**

**目标：** 喜欢玩包，能把包投出去，并用自己喜欢的方式玩包。

**准备：** 人手3～4个沙包或动物豆袋，人手一个小筐。

**玩法：** 1. 教师演示扔包，手中拿2～3个沙包，边念儿歌边把手中的“淘气包”扔给配班老师，配班教师用小筐接住。

2. 鼓励幼儿和同伴一起玩。

3. 教师带着幼儿体验玩包的多种方法。

**建议：** 可为幼儿提供一些自制的投掷玩具（如折纸飞机、报纸团成的纸团、自制沙包、玩具小球等），和幼儿一起玩投掷的游戏。幼儿同样会玩得很开心。

**附儿歌：**

淘气包，举高高，扔出去，它就跑，
跑到东、跑到西，跑到鞋里藏猫猫。

**器械操和模仿操**

**飞盘操**

小飞盘，真有趣（双腿自然立正，两手握飞盘直臂于胸前，头向左右各点一次），

轻轻一抛上天去（双手握飞盘上举，双臂侧平举）。

飞得高，飞得低（两手握飞盘上举，下蹲飞盘触地），

转来转去多欢喜（手握飞盘于胸前，原地小跑步转一圈）。

小飞盘，真有趣（两手握飞盘直臂于胸前，头向左右各点一次），

拿在手里当司机（双臂屈肘于胸前，双脚各向左右点一次）。

开过来，开过去（双臂屈肘转身向左右方向晃动一次），

坐上汽车笛笛笛（手握飞盘于胸前，原地小跑步）。

小飞盘，真有趣（两手握飞盘直臂于胸前，头向左右各点一次），

从我腿中钻过去（弯腰把飞盘从腿缝中钻过）。

蹦一蹦，跳一跳（原地跳四次），

天天和我做游戏（飞盘拍头一次，原地自然走）。

**小动物模仿操**

大公鸡，喔喔啼（左手叉腰，右手四指并拢在头顶点四次头），
天亮叫人早早起（双手拍膝两次后双手上举）。
小动物，站整齐（双手前平举还原再侧平举），
我们大家比一比（双手叉腰，左、右下腰各一次）。
小小鱼，游游游（双手在体后晃动手腕，脚做小碎步），
朋友见面点点头（双手叉腰，左、右点头各一下）。
小蜜蜂，嗡嗡嗡（原地自转一圈同时双臂上下振动），
勤劳勇敢爱做工（双臂屈肘前后振动两次）。
小鸭子，呷呷呷（下蹲同时双手放在嘴前做鸭嘴状），
来到河里捉小虾（双臂在体侧手指向上翘，身体左右晃动）。
小兔子，跳跳跳（双手做兔耳朵状举过头顶向上跳），
跳到草地吃青草（双手叉腰向上跳）。
小动物，来做操（原地踏步），
天天锻炼身体好（原地踏步，说到“身体好”时伸出双手大拇指）。

## 音乐游戏

**歌曲 1　《摇啊摇》**

**目标：**感知音乐表现的安静、甜美的氛围。

**建议：**边听音乐边请幼儿抱娃娃伴随音乐，哄娃娃入睡，体验音乐表现的情绪。

**附歌曲：**

1＝D　2/4

1 3　2 | 1 3　2 | 1 1　2 2 | 3 2　1 ‖

摇啊　摇，　摇 啊　摇，　我 的 娃 娃　要 睡 觉。
小花　被，　盖 盖　好，　两 只 小 手　放 好 了。
摇啊　摇，　摇 啊　摇，　我 的 娃 娃　睡 着 了。

**歌曲 2　《小乌龟》**

**目标：**能积极愉快地参加音乐活动，体验歌曲活泼、欢快的节奏。

**准备：**小乌龟手偶玩具一个，人手一个小背包，《小乌龟》歌曲音乐。

**指导要点：**1. 可以用讲故事的形式导入，引起幼儿的兴趣：“小乌龟爬山坡，它是怎样爬的？它带些什么好吃的？”

2. 请幼儿学小乌龟，背上小背包，把好吃的糖果运回家（伴随音乐边唱边爬）。

**建议：** 1. 在幼儿爬的过程中可以引导幼儿快点爬，把食物送回家；或有些累了，慢些爬。

2. 可以变换不同情节进行引导。

**附歌曲：**

1＝C 2/4

3 3 2 1 2 | 3 4 5 | 4 4 3 2 | 3 3 2 1 |
小 小 乌 龟 爬 山 坡， 嗨 嗨 呦， 嗨 嗨 呦，
3 3 2 1 2 | 3 4 5 | 4. 3 2 3 | 1 – ‖
带 着 面 包 和 糖 果， 嗨 嗨 嗨 嗨 呦。

**律动　《小兔跳跳》**

**目标：** 1. 感知音乐欢快的节奏。

2. 了解小白兔的主要特征。

**附歌曲：**

1＝C 4/4

5 5 5 3 4 | 5 6 5 3 5 – | 3 3 3 2 4 | 5 6 5 2 3 – |
跳 跳 跳，我是 一只小白 兔， 跳 跳 跳，我有 两只长耳 朵，
5 5 5 3 4 | 5 6 5 3 5 – | 3 3 3 2 4 | 5 6 5 2 3 – |
跳 跳 跳，我是 一只小白 兔， 跳 跳 跳，我有 两只红眼 睛，
5 5 5 3 4 | 5 6 5 3 5 – | 3 3 3 2 4 | 5 4 3 2 1 – ‖
跳 跳 跳，我是 一只小白 兔， 跳 跳 跳，我有 一条短尾 巴。

**音乐游戏 1　《开火车》**

**目标：** 1. 能够听音乐开火车一个跟着一个走。

2. 体验游戏的快乐。

**建议：** 幼儿熟悉音乐及玩法后，音乐停时可以用“到站了”的情节，请幼儿说说“你到哪儿下车”。

**附歌曲：**

1＝C 2/4

5 3 3 3 | 5 3 3 3 | 5 5 6 5 | 4 – |
咔嚓 咔嚓 咔嚓 咔 嚓 火车 呜呜 叫，

4 2 2 2 | 4 2 2 2 | 5 5 4 2 | 3 – |
啦啦　啦啦　啦啦　啦啦　我们出发了，
5 5 6 6 | 5 5 3 | 2 1 2 3 | 5 – |
火车　火车　我问你，　开到哪里去？
5 5 6 6 | 5 5 3 | 2 2 3 2 | 1 – ‖
我送　我的　小朋友，　去上幼儿园。

**音乐游戏 2　《找房子》**

**目标：**能够按音乐节奏走路，能听出音乐结束，并迅速作出反应。

**准备：**塑料圈若干（或在地板上画圆圈、贴出圆圈），代表房子。

**玩法：**1. 将塑料圈随意散放在地板上，听音乐引导幼儿按节奏走路。

2. 音乐结束时，引导幼儿迅速找到塑料圈（房子）站好。

**建议：**1. 音乐结束时，用颤音或琶音引导幼儿听辨音乐，快速反应去找房子。

2. 开始时，房子的数量要与幼儿人数一致，逐步过渡，逐渐减少。

**附乐曲：**

1 5 5 1 5 5 | 1 2 3 2 5 – | 5 6 5 4 3 4 3 2 | 1 2 3 – |
1 5 5 1 5 5 | 1 2 3 2 5 – | 5 6 5 4 3 4 3 2 | 6 7 1 – ‖

## （五）活动实录案例与分析

*日期：10 月 8 日　星期一*

**7：00～7：30　接待来园**

那些 9 月已经适应集体生活的幼儿，长假过后会像当初第一次入园那样遇到困难，这就需要教师细心观察，耐心哄劝，用不同方式接待不同特点的幼儿来园，使他们重新在集体生活中感受到安全、有趣。

**★教养提示**

1. 询问家长幼儿假期在家饮食、起居、游戏、睡眠、排便等情况。

2. 要以接待幼儿第一天入园时的耐心和精心，巧妙设计、组织长假后的活动，有效地帮助幼儿重新适应，尽快恢复常态。

3. 接待来园时可给哭闹厉害的幼儿一些开胃的糖果，缓解其思念情绪。

**★实录节选**

十一长假刚过，幼儿第一天来园，大多数幼儿会哭闹着不肯进班，不肯离开家长的怀抱……

师："宝宝不哭了。我带你到门口看看。妈妈要是没在，我们就回来，等她下班来接你。让她跑着来，好不好？"

……

师："桐桐来啦，我都想你啦。呦，这么精神的衣服，跟黑猫警长似的！"

多多爸："这个长假在家待顺了，今天送着特别费劲。"（多多趴在大人肩上不动）

师："多多，这两天吃了好多好吃的吧？让我抱抱，看看是不是又长肉肉了？"（多多还是趴着不动）

多多爸："可不是，胃口可好了，出门之前又吃……"

师："吃好东西了吧？看看我猜得对不对？（摸摸多多的额头、颈部、肚子）这儿是小饼干，这儿是五香蛋，这儿……"

多多："这儿呢！"（小手举起了带来的饼干）

师："呦，鬼脸嘟嘟！还是草莓夹心的！一会儿咱就吃这个！和爸爸再见，让小朋友看看你的鬼脸嘟嘟！"（把多多从家长手中接抱过来）

多多："早接我！"

师："再大声告诉爸爸一次，爸爸就记住了！一下班就来……"

**7：45～8：10　洗手、早餐**

**★教养提示**

对于哭闹厉害的幼儿，可带他到户外玩一会儿，等情绪稳定些再吃早餐。

**★实录节选**

师："吃个小果酱包吧，甜甜的酸酸的……"

幼："不吃。找奶奶。"

师："好吧，吃饱了有劲儿再找奶奶。尝一点点，掰一小半？呦，这里面是什么？是香肠吧？"

幼："不是，香肠我吃过。"

师："那尝尝这是什么？……"

幼："甜的。……我还要那个（果酱包）。"

师："明明吃得真好。我给爸爸打电话，让他下班第一个来接你。"

## 8：10～8：35　餐后室内活动

**★教养提示**

1. 长假后的第一天，安排较随意的活动能降低幼儿的焦虑。例如，引导情绪好的幼儿玩玩具、看书、讲故事；对情绪不好的幼儿，教师可抱着到各角落走走或看看有趣的动画片等。

2. 仔细观察幼儿的情绪变化，对焦虑严重的、家里有自己带孩子的条件的，可与家长联系提前接走。

## 8：35～8：50　户外游戏——参观中大班室外活动区

**★教养提示**

1. 长假后幼儿情绪不稳定，适宜安排新鲜的游戏和活动，以分散他们的焦虑心理，稳定情绪，使他们慢慢地快乐起来。

2. 充分利用园内的资源，既可以开阔幼儿的眼界，又可以丰富他们的交往经验。

**★实录节选**

分头将幼儿分成两三组分别到中大班的户外小剧场、建筑角、超市、餐厅等游戏区参观……

师："张老师，今天我们可要自己开小火车去看节目了，你们一会儿去哪儿?"

张："我们一会儿也出门，我们开着大巴去逛小吃城。"

师："那我们先走了，要是有好吃的给我们带回点来，行吗？谢谢啦。我们先走啦，张老师再见！"（幼儿：张老师再见）

张："再见！你们可慢点，注意安全呀！"

几位教师分当火车头、汽车司机，组织幼儿一个扶一个肩膀乘车"出行"。刘老师的小火车开到大班走廊下的表演区……

师："大班哥哥姐姐好！我们看演出来了。"（幼儿追随问好：哥哥姐姐好）

大班幼儿："给你票，拿好了，坐在这儿……"（给每个托班幼儿发了一张自制的"票"，幼儿按照哥哥姐姐的吩咐坐下）

师："我们也会敲小鼓，哥哥姐姐，给我们点乐器让我们给你们伴奏，行吗?"

大班幼儿看看托班老师想了想说："那好吧！"给七八个看节目的幼儿每人一件小乐器，尽心地教着"攥着这儿，晃晃"，小幼儿满足地操练起来，大幼儿随着音乐表演。小幼儿出神地看着、玩着……

师："谢谢哥哥，我们该回去了，好玩的乐器还给你。咱们该说……再见！"

大班幼儿："欢迎你们再来！"

师："孩子们上车吧！"（回到教室自由饮水、如厕）

## 8：50~9：05 观察活动——“看小鱼”

**★目标**

1. 喜欢观看，知道“小鱼”的名字叫泥鳅。
2. 能听懂简单的问题，愿意回答。

**★教养提示**

1. 托班自然角养殖的动物应该是生命力旺盛、顽强的，避免由于幼儿经验不足造成动物的误死、误伤。

2. 对幼儿动手尝试摸水、抓小鱼的行为不必制止，引导幼儿在实践操作中形成认知经验。

3. 为幼儿创造能够清楚观察的条件，为他们的自由表达、自主体验留下空间。

师唱：“小兔走路蹦蹦蹦蹦跳，小鸭走路摇摇摇摇摇，小乌龟走路慢吞吞，小花猫走路静悄悄。”问：①小动物用什么走路？（脚、腿）②小鱼有脚吗？（没有）③那它怎么走路？（游）

事先将自然角的小泥鳅放到大盆里端到户外（3个大盆，每个盆里放1~2条鱼），幼儿自由地跟随喜欢的教师或保育员围蹲在盆边观察小鱼，发表自己的意见。

师：“小泥鳅，你好！我们看你来啦。”

幼儿附和着问好，并围蹲成三个圈儿，看着游来游去的小泥鳅。胆子大的幼儿把手伸向水中，泥鳅快速地游动溅起了水花，幼儿吓了一跳。来园时情绪不稳定的桐桐胆子大，下手想把泥鳅抓住……泥鳅扭动着，快速在盆底转圈游……

师：“你抓住小鱼了吗？”“为什么它不让抓？”

幼：“没有。”“它害怕。”“不喜欢。”

师：“噢，原来小泥鳅害怕，它不喜欢被桐桐抓走。哈哈，小泥鳅，滑溜溜，不喜欢，被抓走。”

其他两位教师慢慢地和着刘老师的语言节奏，带着幼儿跟说：“小泥鳅，滑溜溜，不喜欢，被抓走。”

师：“看看小泥鳅长的什么样子呀？张老师，你们的小泥鳅长的和我们这里的一样吗？”

幼：“长长的。”“有小毛毛。”“一甩一甩的。”“像划船的东西。”“有瘦一点的，还有胖一点的。”……

师：“你们真棒！小泥鳅，我们小朋友表扬你了，你听听我们说得对不对：小泥鳅的身体长长的，嘴巴边上有小胡须，游水的时候尾巴一甩一甩的，身体两侧的鱼鳍就像划船的船桨一样一摆一摆的……有的小泥鳅小一点身体短，还有点瘦，有的小泥鳅个子大，身体长一些、胖一些，像一根小圆棍棍……我们说得对不对？要是说对了，你就游一圈吧！”（教师轻轻叩叩盆边，小泥鳅果然活跃地游了起来）

幼：“说对了！”“对了！”“小泥鳅表扬我们聪明啦！”“也表扬刘老师了！”……

师：“嗯，我昨天刚学了一首好听的小鱼歌，唱给你们听听吧。”

张：“好吧，也请小泥鳅听听。”

师：“一条鱼，水里游，孤孤单单没朋友；两条鱼，水里游，摇摇尾巴点点头；三条鱼，水里游，高高兴兴做朋友……”

张老师慢慢地和着刘老师的歌声重复唱，并问：“刘老师，咱们的盆里有几条鱼呀？”

师：“有几条？我们数数就知道了……我们也学小泥鳅游一游，游回座位歇会儿喽。小泥鳅再见！”

### 9：10～9：20　音乐律动——“玩具转转转”

**★教养提示**

1. 托班幼儿对自己带来的玩具看得很紧，不愿给同伴玩，说教效果不明显，通过组织游戏，可以引导他们积累分享玩具的经验。

2. 托班幼儿常会把自带的玩具给教师玩，最初教师可以通过交换玩的方式，使他们知道玩具还可以有轮换玩的方法。

**★实录节选**

师：“今天我们玩一个有趣的游戏，每个小朋友拿着自己的玩具随音乐一起跳舞，也可以像小泥鳅那样游呀游。音乐停了，就跟别人换换手里的玩具，玩儿下音乐响了，再换回来。”

### 9：20～9：50　如厕、洗手、吃水果

**★教养提示**

1. 鼓励幼儿自己剥带皮水果，学着把果皮放在垃圾桶里。

2. 把香蕉洗净带皮切成长短不同的小段，让幼儿学着自己按需选择。

3. 提醒幼儿吃东西时，细嚼慢咽，咽完嘴里的食物再取一份。

**★实录节选**

师：“张老师，你看，我把香蕉皮剥成三瓣小花的样子。”

张：“我也会剥，看我的像小鸟的两只翅膀。”

师：“今天我要一小口一小口地吃，要不嘴巴鼓鼓的，咽不好又该吐了。”

张：“别害怕。咬小口，慢慢嚼，就行了。”

师：“那好吧！我吃完还想要。”

张：“没问题，想吃可以自己再拿。想吃大的拿大的，要吃小的有小的。”

……

## 9：50～10：15　参观厨房

### ★教养提示

1. 组织幼儿到厨房参观，使其知道厨房是给小朋友做饭的地方。

2. 告诉厨房老师班里的小朋友最喜欢吃的饭菜，问问今天吃什么。

3. 教师也可提前准备一两样常见蔬菜（最好选当日吃的菜），教幼儿认识后一起送到厨房，请厨师老师给做成好吃的。

师："张老师，你拿的是什么呀？"

张："你不认识？谁知道？"

幼："菜菜！"

张："真棒！这是油菜心。我给厨房送去，请他们做成好吃的！"

师："厨房在哪儿？能带我们一起去吗？"

张："行啊！可是你去了也得告诉厨师老师你在家里吃过什么好东西。"

师："好吧！让我们帮您干点活吧。"

张："行，帮我拿着菜菜吧，一人拿一棵！"

师："我闻见香味了，是肉肉味，你们闻见了吗？"

刘老师："李叔叔好！我们是托大班的小朋友，您能告诉我们今天吃什么香香饭吗？"

李："今天有酱翅根、糖醋香芹末、菠菜蛋花汤……"

张："李叔叔，这是我们带来的油菜心，您能帮我们炒炒吗？"

李："没问题！清炒还是放香菇？你们爱吃什么样的？"

张："那得问问我们班小朋友……"

……

幼："谢谢李叔叔！"

## 10：15～11：00　户外自选活动、自由饮水、如厕、分组游戏（玩沙土）

### ★教养提示

1. 户外沙坑小，教师可组织幼儿分成两组轮流玩。事先准备小盒子、小瓶子、中药丸、小球等，鼓励幼儿挖坑埋藏、寻找，增加游戏的趣味性，增进幼儿之间的交流。

2. 活动结束后，组织幼儿用肥皂认真洗手，防止患沙土性皮炎。

### ★实录节选

一组教师和幼儿跪、坐在沙坑里……另一组幼儿在中院玩户外自选玩具游戏。

师边说边做："我看见动画片里的小松鼠把松果埋到土里去了，我也把小球埋起来。（拍拍、踩踩，挖呀挖呀）唉呀，小球呢？谁帮帮我？"

幼儿动手……"刘老师！"

师：“谢谢！看，这儿有这么多宝贝（点数1，2……），咱们把它埋起来，让豆豆他们来找！”（幼儿自由埋藏、玩耍……）

师：“埋好了吗？咱们出来。我去请豆豆他们来，看能不能帮咱们把藏的宝贝都找出来！”（一组幼儿走出沙坑）

师：“张老师，我们藏了好多宝贝，你们能帮我们找出来吗？”

张：“没问题！豆豆，咱们去找宝贝，看谁挖得多。”（一组幼儿到中院玩户外小型器械，另一组幼儿进入沙坑游戏……20分钟后两组会合）

张：“这就是我们找到的宝贝，看看是谁丢的？”

刘：“你们真棒！谢谢你们，孩子们拥抱一下吧！”

**11：00～11：30　如厕、洗手、午餐**

**★教养提示**

1. 调动幼儿的积极情绪，从回顾为厨房送菜，到念叨清炒菜心，议论自己爱吃的食物，调动良好的进餐情绪。

2. 有意识地避开幼儿的敏感话题如找妈妈、不睡觉等，淡化焦虑，用夸张的声势出示饭菜，转移注意力，如：“卖饭了，红肉肉！绿菜菜！快来买呀！”对食欲低下的幼儿要不露声色地关注，避免幼儿产生心理上的紧张感。

**★实录节选**

师：“珍珍姐姐，你吃得真香！我都想吃了。”

张：“这菜心真脆，谁的牙这么厉害？我都听见咯吱咯吱嚼的声音了。”

柔柔（不动）：“我不吃菜菜。”

师：“嗯！咱吃点菜菜汤，我给你拌拌；再嚼一个菜菜渣，呦，也能咯吱咯吱响！”

张：“你看，乐乐也会像你一样低头接着碗吃。”

**11：30～11：50　餐后散步——大小同乐**

**★教养提示**

1. 教师可提前与大班教师沟通，请大班幼儿餐后来陪托班弟弟妹妹，缓解幼儿上床前的焦虑感。

2. 大小幼儿共同散步，教师鼓励他们互相交流假期中的有趣事情，促进幼儿语言和交往能力发展。

**★实录节选**

师：“哥哥姐姐，你们放假的时候有什么好玩的事情，给弟弟妹妹讲讲吧！”

大班幼儿：“我奶奶家有一条小狗特好玩，认识叔叔的拖鞋。叔叔下班，小狗会给叔叔把拖鞋叼过去。”

师："呦，小狗可真棒。

师："娟子，快把你跟妈妈在动物园看见的动物告诉哥哥姐姐吧！"

**11：50～12：00 如厕、准备午睡**

**★教养提示**

1. 休假期间，多数幼儿因各种原因午睡不规律，节后第一天来午睡比较困难，教师应给予理解，可允许幼儿不睡或晚睡。

2. 幼儿上床后，教师可给幼儿轻声细语地讲几段故事。内容选择情节简单、对话浅显易懂的，结尾最好自然落在动物乖乖午睡的祥和情境中。

**点评**

长假后重返幼儿园，幼儿面临着一个个的挑战。教师应对简单就是小鸟入笼，处理巧妙就能收到小鸟归林的效果。

当幼儿面对重新适应的困难时，我们看到了教师出神入化的点拨：入园伊始对幼儿分离焦虑的理解化为"再大声告诉爸爸一次，爸爸就记住了！一下班就来……"；面对拒绝早餐的幼儿，只是一句"是香肠吧"的"痴话"，就打开了幼儿紧闭的嘴巴；参观大班表演区一个"让我们给你们伴奏，行吗"的建议，巧妙地使观光的托班幼儿主动活跃起来；观察活动中对幼儿零散表达的巧妙梳理加上让小泥鳅"要是说对了，你就游一圈吧"的效果配合，又一次让幼儿们由衷地体验到了成功；户外沙坑游戏中一个"请豆豆他们来，看能不能帮咱们把藏的宝贝都找出来"的巧妙轮换方式，让那些被动退出游戏的幼儿也能充满期盼的喜悦！点拨中，教师关注的核心是儿童有效地学习。

这就是教育艺术，在这样氛围中长大的幼儿是快乐的，在与幼儿这样交流的相处中的教师是幸福的！

## 四、11月课程安排与指导

### （一）月计划

| | |
|---|---|
| 现状分析 | 幼儿能愉快来园，能够较好地适应日常生活的作息时间及活动安排。大多数幼儿能大声地向成人问好和再见，能随教师和同伴一起游戏。此时，应进一步加强对幼儿良好行为习惯的培养，如：幼儿洗手时，常对玩水、玩肥皂感兴趣，有时袖子会淋湿，还需要成人在游戏中进一步积极引导；部分幼儿独立进餐时还有困难，如端碗、用勺稳定性差，需要教师格外关心和帮助。可以通过调整操作材料，如开展"盛豆喂小动物""买饮料"等游戏，提高幼儿的手眼协调能力。<br>随着天气渐凉，教师要多鼓励幼儿参与户外活动，培养幼儿积极向上、不怕冷的勇敢精神。 |

（续表）

| | | |
|---|---|---|
| 目标 | 生活 | 1. 能愉快地来园，能主动与教师和同伴打招呼。愿意做有礼貌的孩子，在成人的引导下会说简单的礼貌用语“你好”“再见”。<br>2. 在成人的帮助下学习卷袖子，巩固正确的洗手方法。<br>3. 愿意喝白开水，知道多喝水不生病。<br>4. 喜欢吃不同的水果，知道它们的名称及味道。<br>5. 愿意接受多种食物，知道细嚼慢咽对身体好。<br>6. 能积极配合成人穿、脱衣服，会把衣服放在固定的地方。<br>7. 愿意学习做事，对自己有信心。 |
| | 游戏 | 1. 在教师的引导下愿意与同伴交往，体验集体生活的乐趣，能够选择自己喜爱的游戏材料进行游戏。知道玩具大家玩，体验共同游戏的快乐。<br>2. 喜欢尝试运用感官感知冷暖变化。愿意大胆地表达自己的想法。<br>3. 感知玩具材料的大小、颜色、形状等明显特征。<br>4. 对玩色、玩纸、玩泥的活动感兴趣，愿意参加动手操作活动。<br>5. 喜欢看图书，能够将看过的图书按标记放回原处。 |
| | 锻炼 | 1. 喜欢参加集体游戏，愿意在教师的引导下做简单的器械操或模仿操。<br>2. 乐于在教师的带动下参与各种游戏活动，能自然地走、跑、爬行、双脚跳。<br>3. 能够选择自己喜欢的球类活动，尝试不同的玩法，愿意和教师诉说。<br>4. 玩时能注意安全，知道不远离教师和本班的活动场地。 |
| 指导策略 | | 1. 调整玩具材料，为幼儿创造与同伴游戏的条件。如：在室内和室外投放小巧的帐篷，便于多个幼儿同时嬉戏、躲藏，促进幼儿形成积极、良好的情绪。<br>2. 邀请幼儿帮助成人做一些简单的事情，树立信心，如收拾玩具等。<br>3. 对不爱饮水的幼儿，教师可以采用游戏的形式加以引导并和幼儿一起喝。<br>4. 利用加餐环节，为幼儿提供种类多样的食品，供幼儿自己选择。鼓励幼儿品尝并认识各种食物，发展幼儿的语言和认知能力。<br>5. 为幼儿提供多种玩具，分类、平行摆放，鼓励幼儿自己选择和调换。对情绪波动较大、不会选择的幼儿，教师可以带着他们一起游戏。<br>6. 户外活动时，教师要有意识地和幼儿一起玩，满足幼儿追随成人游戏的愿望，体验游戏的快乐，促进幼儿形成积极的情绪情感。 |
| 教养评价 | | 1. 喜欢教师和同伴，愿意参加室内外的集体游戏，在群体生活里经常表现出积极、稳定的情绪。<br>2. 掌握初步的自我服务能力，会收图书和玩具，会洗手，能自己喝水、吃饭、睡觉等。 |

## （二）第一周周计划

<table>
<tr><th>项目</th><th>目标</th><th>环境与材料</th><th>活动内容</th></tr>
<tr><td>生活</td><td>1. 逐步学会简单的礼貌用语。如来园离园时，能在家长、教师的带动下大方地问好和再见等。<br>2. 在成人的帮助、提醒下学习洗手时自己卷袖子。</td><td>1. 在盥洗室张贴“洗手卷袖子”步骤图。<br>2. 游戏背景音乐。<br>3. 在自然角投放秋季的水果娃娃。<br>4. 录制生活儿歌磁带，随环节活动播放，增添相关的儿歌图片或照片若干，渗透养成教育。</td><td rowspan="3">1. 儿歌<br>《有礼貌》《小树苗》《宝宝长得快》《晒太阳》《我是小司机》《吃果果》<br>2. 故事<br>《小鸭有礼貌》《老师好》《好朋友》《大家玩》<br>3. 游戏<br>玩色游戏：小手印<br>手指点画：运果子的小刺猬<br>生活游戏：我有一双小香手<br>休闲游戏：喂喂小动物<br>4. 锻炼<br>走跑游戏：捡皮球；小鸟找食；滑滑梯（复习10月内容）<br>原地跳游戏：小猫吃鱼<br>适合托班的大型玩具<br>5. 歌曲<br>《秋天》《向前向上》</td></tr>
<tr><td>游戏</td><td>1. 对听故事、唱歌等活动感兴趣。<br>2. 喜欢按照自己的兴趣选择饰物进行装扮游戏。<br>3. 喜欢添画、玩色等活动。<br>4. 学习从前往后一页一页地翻看图书。</td><td>1. 结合故事内容提供相应的大图片。讲故事时，幼儿最好围坐在教师的周围。<br>2. 在音乐区安装大镜子和软地面，以备幼儿表演使用。准备适合的幼儿熟悉的音乐，提供装扮发卡、小包、手铃、服装等。<br>3. 为幼儿提供红、黄、绿三种常见的颜色，引导幼儿产生玩色的愿望，可以在墙上设置三只小刺猬运果子的情境，引导幼儿直接把不同颜色的果子画在小刺猬身上，参与环境的创设。同时，提供各种夹子或透明袋子以展示幼儿的作品，帮助幼儿树立信心。<br>4. 创设舒适的看书环境，如软地面、大坐垫等。可把书架和书对应地做上标记，使幼儿养成良好的取放习惯。</td></tr>
<tr><td>锻炼</td><td>1. 能听懂游戏指令，按指定方向走或自然地跑，体验集体游戏的快乐。<br>2. 在教师的鼓励下，能双脚向前行进跳。<br>3. 喜欢玩适合托班的大型玩具，能注意安全。愿意在成人的帮助下尝试新游戏，克服困难。</td><td>1. 教师扮演角色或设置情境和幼儿一起参与游戏活动，在与幼儿同玩、同乐中营造宽松而和谐的游戏氛围。<br>2. 天凉了，根据气温变化增减衣物，培养幼儿勇敢、不怕冷的精神。<br>3. 教师兜里随身装卫生纸，及时帮助有需要的幼儿。鼓励幼儿自己把纸扔进垃圾箱。<br>4. 游戏材料：各色皮球，宽皮筋圈若干；在皮筋上缝好尼龙粘扣的一面，小布鱼若干，并在布鱼的身上缝上尼龙粘扣的另一面。</td></tr>
</table>

（续表）

| 项目 | 目标 | 环境与材料 | 活动内容 |
|---|---|---|---|
| 家园共育 | 1. 请家长提前为幼儿准备棉背心和帽子，为帮助幼儿熟悉自己的个人物品，也可给棉背心和帽子做上小标记。<br>2. 天气渐凉，家长可在早晚洗手洗脸后为幼儿或让幼儿自己抹护肤霜，有过敏史的幼儿要选用适宜的品牌，为了方便幼儿识记和使用，可以贴上标记或写名字。<br>3. 可利用入园和离园的机会与家长交换意见，为有特殊需要的幼儿制订出有针对性的家园同步的教育方案，以便相互配合共同实施教育。 | | |
| 指导要点 | 1. 关注有特殊需要的幼儿，帮助他们建立信心，掌握必备的生活技能，如独立睡眠、进餐等。<br>2. 通过贴小花、夸宝宝等方式，鼓励和强化幼儿在早晚来园、离园时主动回应教师及家长的问候。 | | |

## 儿歌

**儿歌 1　《有礼貌》**

**目标：**会说礼貌短语，愿意做有礼貌的好宝宝。

**建议：**1. 为幼儿提供生动的图片，以便于幼儿观察、学习。在幼儿来园或离园前说儿歌，强化礼貌教育，鼓励幼儿坚持来幼儿园。

2. 教师平时主动与幼儿、家长打招呼，为幼儿树立榜样。

**附儿歌：**

公鸡叫，太阳笑，宝宝来园有礼貌；
见面问声老师好，老师夸我好宝宝。

**儿歌 2　《小树苗》**

**目标：**理解儿歌内容，知道多喝水对身体有好处。

**建议：**在饮水环节，教师尽量和幼儿一起喝水，也可用干杯、买水等游戏方法鼓励幼儿多喝水。结合自然角给动植物换水、浇水。

**附儿歌：**

小树苗，喝水吧，喝饱了，快长大，长大了，快开花，结果子，甜又大。

**儿歌 3　《宝宝长得快》**

**目标：**喜欢说儿歌，能自己吃饭，不挑食。

**建议：**在餐前说儿歌，鼓励幼儿不挑食。创设与进餐相适应的墙饰。

**附儿歌：**

小狗爱吃肉，小兔爱吃菜。
宝宝吃肉又吃菜，个子长得快。

**儿歌 4　《晒太阳》**

**目标：**愿意和教师、同伴一起参与户外活动。

**建议：**配上与儿歌相对应的图片，以便于幼儿理解和记忆。随着幼儿日益熟悉儿歌，可以鼓励幼儿说说还有谁愿意晒太阳，晒太阳有什么好处。

**附儿歌：**

小草晒太阳，身穿绿衣裳。
花儿晒太阳，真呀真漂亮。
小朋友晒太阳，长呀长得壮！

**儿歌 5　《我是小司机》**

**目标：**喜欢说儿歌，激发幼儿扮演小司机的情感。

**建议：**用小椅子当“汽车”，引导幼儿和教师一起边玩边说儿歌。待幼儿熟悉儿歌后，可以把“妈妈”换上其他亲人的称呼。这首儿歌也可以用在室内外的过渡环节上。

**附儿歌：**

小汽车，嘀嘀嘀，开过来，开过去，小宝宝，当司机，送妈妈，上班去。

**儿歌 6　《吃果果》**（见 11 月幼儿用书）

**目标：**愿意看图指认说话，知道有吃的大家一起分着吃。

**准备：**幼儿用书。

**建议：**鼓励幼儿在日常生活中注重对看、听、说、尝、触摸等多种方式的运用，了解身边常见的事物。还可以通过自然角环境的创设，引导幼儿体验秋天丰收的快乐。认识多种水果，发展幼儿的感知能力和语言能力。

附儿歌：

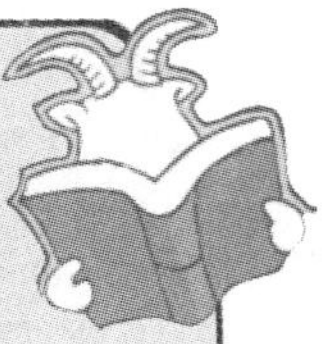

这是一个大苹果。
这是一个大鸭梨。
这是一个大盘子。
盘子里面装果果。
你一个，我一个，
大家一起真快乐！

## 故事

**故事1　《小鸭有礼貌》**

**目标：** 1. 学习使用“你好”“再见”等礼貌用语。
2. 愿意和同伴一起玩。

**建议：** 结合故事配上大图片，使幼儿在观察的基础上产生看图说话的愿望。可结合幼儿来园和离园的情境，鼓励幼儿说出“老师好”“小朋友好”“再见”等礼貌用语。待幼儿熟悉故事后，可以请幼儿说出对话部分，反复强化问好和再见用语。日常来园时，教师主动问幼儿和家长好，以身作则。离园前，可以有意识地提醒幼儿说再见。

附故事：

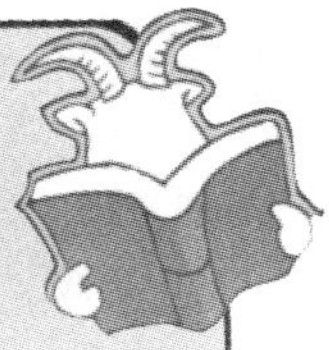

一天早上，小鸭拿着皮球出去玩，鸭妈妈对小鸭说：“你出去玩，看见小朋友要向它们问好。”小鸭一出门，看见小兔，小鸭说：“小兔你好！”小兔说：“小鸭你好！”小鸭和小兔一起玩皮球。玩好了，小鸭对小兔说：“小兔再见！”小兔说：“小鸭再见！”

“喵，喵！”小猫来了。小鸭说：“小猫你好！”小猫说：“小鸭你好！”小鸭和小猫一起玩皮球。玩好了，小鸭对小猫说：“小猫再见！”小猫说：“小鸭再见！”

“汪，汪！”小狗来了。小鸭说：“小狗你好！”小狗说：“小鸭你好！”小鸭和小狗一起玩皮球。玩好了，小鸭对小狗说：“小狗再见！”小狗说：“小鸭再见！”

小鸭高高兴兴地回家了。

**故事2　《老师好》**

**目标：** 来园时愿意向教师和同伴问好。

**建议：** 在幼儿来园的门口贴上图片，为幼儿创设讲礼貌的环境。同时，教师要在幼儿来园时主动向家长和幼儿问好，以自身的榜样行为影响幼儿。

**附故事：**

早晨起来，小红的妈妈带着小红上幼儿园，妈妈对小红说："到了幼儿园，见到老师要有礼貌，要问老师好。"小红到了幼儿园，看见老师就很有礼貌地说："老师好！"大家都说小红是个懂礼貌的好孩子。

**故事3　《好朋友》**

**目标：**认识故事里的动物，会模仿它们的叫声或动作。

**建议：**引导幼儿观察图片，学习故事里的简单对话。当幼儿熟悉故事后，可以引导幼儿想想：还愿意和什么动物一起玩？它们是怎么叫的？会说什么？引发幼儿活跃思维，发展幼儿的语言能力。

**附故事：**

草地上有三个好朋友，小鸡、小鸭和小兔，它们在一起唱歌、跳舞做游戏，玩得真高兴。小鸡说："叽叽叽，我们一起拍皮球。"小鸭说："呷呷呷，我们一起来跳舞。"小兔蹦蹦跳跳高兴地说："我们大家一起玩，我们都是好朋友！"

**故事4　《大家玩》**

**目标：**引导幼儿知道有了玩具大家玩，体验一起玩的快乐。

**建议：**请幼儿看图说说小朋友在干什么，培养幼儿的观察能力，激发幼儿说的愿望。

**附故事：**

幼儿园里有图书、有积木，还有许多漂亮的大皮球，小朋友都很喜欢。小红喜欢看书，明明和强强来了，小红就把图书拿给他们，大家一起看书。强强喜欢玩积木，明明和小红走过来，强强就把积木分给了明明和小红，他们一起玩。要到外边玩了，明明喜欢大皮球，他把皮球分给小红和强强。他们一起拍球，一起踢球，一起滚球……玩得真高兴。

老师看见了，说："你们真是好孩子，好玩的玩具大家玩。"

## 游戏

**玩色游戏　小手印**

**目标：**喜欢玩色，学习用手印进行作画，有良好的卫生习惯。

**准备：**垫有海绵的彩色颜料，大画纸，抹布。

**玩法：**让幼儿穿好围裙，将手蘸上颜料，在画纸上任意进行印画，教师应鼓励其大胆操作。

**建议：**活动前提醒或帮助幼儿撸好袖子。可以进行分组活动，三名教师分别带一组幼儿，边玩边引导幼儿大胆印画。过程中鼓励幼儿说出颜色，引发幼儿的想象，并引导其学习使用抹布。活动后和幼儿一起清洁双手，组织幼儿欣赏自己的作品，感受色彩游戏带来的快乐。可在室内环境画出或制作一棵大树，让幼儿用小手印蘸色印染当树叶。

**手指点画　运果子的小刺猬**

**目标：**认识红色，练习手指点画。

**准备：**画有刺猬的图片若干，垫有棉花或海绵的红颜料，抹布，带有各种夹子的挂绳。

**玩法：**出示小刺猬的图片，请幼儿帮忙用手指给小刺猬印出果子（幼儿进行手指点画）。

**建议：**鼓励幼儿点果子，可引导幼儿：点得越多，小刺猬越高兴。引导幼儿把作品夹在绳上，可互相欣赏。还可以引发幼儿利用已有经验进行思考：小刺猬还能背什么果子？它是什么颜色的？还可以把这些材料放到美工区，供幼儿自主选用。

**生活游戏　我有一双小香手**

**目标：**知道洗手后要抹手油，能找到自己的护肤品，用完后能放回原处。

**准备：**擦手油一盒或幼儿从家自带，擦手油上有自己的标记或名字。

**玩法：**请幼儿找到自己的擦手油，用手指轻轻地从油盒里蘸点油抹在手背上、手心上，然后两个手背对在一起蹭一蹭，手心相互搓一搓。

**建议：**结合洗手环节进行此活动。开始时教师引导幼儿学习抹油，当幼儿熟悉后教师提醒或幼儿自己来抹油。教师可以随时闻一闻幼儿的小手香不香，一方面检查幼儿的抹油情况，另一方面加强和幼儿之间的个别交流，增进师幼感情。

**附儿歌：**

小手小手洗洗，小手小手擦擦，小手小手抹油，小手小手变香了。

**休闲游戏　喂喂小动物**

**目标：** 1. 知道小动物的名称及爱吃的东西。

2. 能选择适宜的工具把动物爱吃的食物放进嘴里。

**准备：** 在瓶子上装饰上幼儿熟悉的小动物形象（如小兔、小鸡和小猫），棉布制作的萝卜、虫子和小鱼，勺、夹子等。

**玩法：** 让幼儿自己选择勺、夹子等，把食物放进小动物的嘴里或放进瓶子里。

**建议：** 鼓励幼儿边喂边说，发展幼儿的语言。给小动物的食物可以随幼儿的兴趣变化，如提供纸团、海绵块、蚕豆等。

## 锻炼

**走跑游戏 1　捡皮球**

**目标：** 理解游戏的规则，能向指定方向自然地走或跑，能按教师的要求把球放进筐里。

**准备：** 每名幼儿一个皮球，球筐。

**玩法：** 教师和幼儿站在场地一端。说完儿歌“大皮球，圆又圆，捡起放到筐里边”，教师将皮球向前方滚出，待球停稳后，请每名幼儿捡一个放回筐里。

**建议：** 引导幼儿按教师的口令向指定方向走或跑，在教师的引导下说出球的颜色、数量。随着幼儿对游戏的熟悉，教师可以变化儿歌内容：捡起一个红色皮球放到筐里边。待幼儿熟悉游戏后，教师可以准备几个筐，鼓励幼儿把球放进一样颜色的筐里。也可以请幼儿说说颜色，帮助检查看看放得对不对。

**走跑游戏 2　小鸟找食**

**目标：** 喜欢和老师一起玩走、跑游戏，能按要求做动作。

**准备：** 小鸟的胸饰。

**玩法：** 教师扮演小鸟妈妈，幼儿扮小鸟，边说儿歌边做动作。“鸟妈妈”飞得慢（走），“鸟宝宝”也飞得慢；“鸟妈妈”飞得快（小跑），“鸟宝宝”也飞得快。同时，双臂上下摆动模仿翅膀飞；“鸟妈妈”发现食物了，“鸟宝宝”也蹲下来吃食。鼓励“鸟宝宝”不怕冷、要勇敢。

**建议：** 找来《小鸟飞》的音乐，提高幼儿游戏的兴趣。也可以鼓励幼儿大胆猜想，模仿小鸟的动作。

**附儿歌：**

小鸟和妈妈，一起去玩耍，飞来又飞去，锻炼本领大。

**原地跳游戏　小猫吃鱼**

**目标：** 1. 喜欢和教师一起做游戏。

2. 能坚持原地跳。

**准备：** 宽皮筋圈若干，在皮筋上缝好尼龙粘扣的一面；小布鱼若干，并在其身上缝尼龙粘扣的另一面。

**玩法：** 教师把带有小鱼的宽皮筋圈分别套在自己的两只胳膊上，教师抬起双臂，幼儿跳起抓小鱼。

**建议：** 教师注意变化的方向、高度，针对幼儿情况随机调节，使幼儿有跳跃后抓到鱼的成功感。三名教师同时参与游戏，满足幼儿游戏的愿望。

## 音乐游戏

**歌曲 1　《秋天》**

**目标：** 能和教师一起学唱歌，知道秋天时树叶会落下来。

**建议：** 提供秋天树叶落下的图片，引导幼儿伴随音乐模仿小树叶飘的动作，感受音乐的优美。

**附歌曲：**

1 = C　2/4

5 3 6 | 5 3 1 | 2 2 4 4 | 3 3 5 | 2 2 4 4 |

秋 天 呀　秋 天呀，　树 叶 到 处　飞 呀 飞，　树 叶 到 处

3 2 1 | 5 3 6 | 5 3 1 | 2 4 3 2 | 1 – ‖

飞 呀 飞。秋　天 呀　秋　天 呀，秋 天　多 么　美。

**歌曲 2　《向前向上》**

**目标：** 能随音乐节奏做动作，知道上下、前后的方位。

**建议：** 引导幼儿先和教师一起学说歌词做动作，再随音乐演唱。鼓励幼儿边唱边做动作。

**附歌曲：**

1 = C　2/4

5 5 5 3 5 | 5 i 6 5 5 | 6 5 6 5 3 2 | 3 2 1 1 2 |

向 前　向 上　双 手 背 在 后，向　前　向 上　双 手 背 在 后，

1 3 3 3 3 3 | 3 5 2 5 5 | 2 3 2 3 5 6 5 2 | 3 2 3 2 1 ‖

上 边 转 个 圆 圈，下 边 转 个 圈，拍 拍 手 儿 转 一 个　大　圆　圈。

## （三）第二周周计划

| 项目 | 目标 | 环境与材料 | 活动内容 |
|---|---|---|---|
| 生活 | 1. 掌握正确的洗手方法，并能打开毛巾自己擦干。<br>2. 睡觉时能够积极配合成人脱掉外衣，并放好。<br>3. 认识自己的棉背心，能说出是什么颜色的。 | 1. 提供大小不同的彩色皱纹纸供幼儿团搓使用，准备小勺和挂在墙上的大嘴娃娃。<br>2. 橘子、苹果、梨、香蕉等常吃水果的谜语图片。<br>3. 消毒干净的碗和勺。<br>4. 活动的箱、架，以备分组放棉背心，并做上幼儿熟悉的标记。 | 1. 儿歌<br>《切萝卜》《梨》《剥橘皮》《橘子》《我和毛巾是朋友》<br>2. 故事<br>**《一起去锻炼》**《好乖乖》《树叶被》<br>3. 游戏<br>团纸粘贴：彩色果子<br>印章画：秋天的叶子<br>生活游戏：香蕉娃娃；小小服装店<br>4. 锻炼<br>走的游戏：小天鹅<br>跑的游戏：快乐针<br>双脚跳的游戏：过小河<br>室内体育游戏：长高了，变小了<br>5. 音乐游戏<br>歌曲：《小鸡》《小猫》<br>歌表演：《小猪噜噜》 |
| 游戏 | 1. 提供开放式的书架，将图书按大小、种类进行摆放，并做上标记。引导幼儿了解图书的摆放方法，活动结束后指导幼儿摆放图书。<br>2. 每天有计划地利用过渡环节为幼儿朗读故事，通过说书名、找图书等游戏，吸引、鼓励幼儿自己翻看熟悉的书。<br>3. 依据幼儿的能力和水平更换、调整玩具，使幼儿对玩具材料保持新鲜感。 | 1. 软积木、绒毛玩具、涂画板、小帐篷等温馨环境。<br>2. 大穿珠、瓶盖、拼图、故事书等。<br>3. 自制纸箱、各类服饰、小包、头饰等。 | |
| 锻炼 | 1. 愿意尝试踮起脚尖走路，体验运动的快乐。<br>2. 喜欢在户外游戏，在教师的引导下不怕困难，如能坚持双脚向前跳一段距离。<br>3. 能勇敢地在适宜的托班大型玩具上进行探索体验活动，体验成功和自信，培养勇敢精神。 | 1. 在户外树上或铁丝上悬挂些高矮不一的能发出声响的塑料玩具，使幼儿跳一跳能够得着。营造游戏的环境，增加游戏的趣味性。<br>2. 游戏材料：用彩绳或彩纸摆成两组间距分别为 10 厘米、15 厘米的平行线做小河，鼓励幼儿大胆尝试跳跃。<br>3. 提供适合托班的大型玩具。 | |

（续表）

| 项目 | 目标 | 环境与材料 | 活动内容 |
|---|---|---|---|
| 家园共育 | 1. 建议家长在日常生活多给幼儿提供自己做事的机会，激发幼儿做事的信心，促进幼儿动作进一步协调发展。<br>2. 天气逐渐转凉，鼓励幼儿一起外出锻炼，不怕寒冷。家长可引导幼儿认识自己的棉背心颜色或绣好的名字。鼓励幼儿一起外出锻炼，不怕寒冷。<br>3. 建议家长为幼儿提供方便活动的着装和鞋，如袖口及裤腰的松紧要适度易换、好脱，不穿紧身衣裤和系鞋带的皮鞋等。 | | |
| 指导要点 | 1. 增加幼儿自主选择游戏的时间，为幼儿创造相互交往、平行游戏的机会。<br>2. 培养初步的规则意识，如会看标记按类收放、能安全使用玩具材料等。 | | |

## 儿歌

**儿歌 1　《切萝卜》**

**目标：**边说儿歌边做模仿动作，感受游戏的快乐。

**建议：**在角色游戏中提供相应的物品，使幼儿在切、捏的基础上感受不同的动作。

**附儿歌：**

切萝卜、切萝卜、切——切——切，
包饺子、包饺子、捏——捏——捏，
好孩子、好孩子、顶——呱——呱，
呱呱呱、呱呱呱、呱——

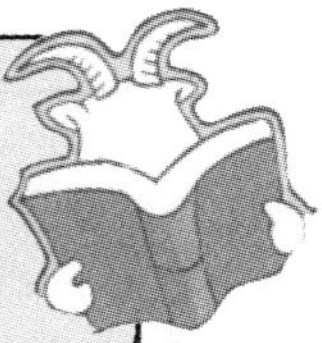

**儿歌 2　《梨》**

**目标：**认识梨的外形特点，知道多吃水果不生病。

**建议：**可结合自然角环境的创设，有意识地收集几种外形、口味不同的梨，通过观察、品尝等方式拓展幼儿的视野。

**附儿歌：**

梨儿梨儿水真多，
宝宝吃得笑呵呵。
多吃梨儿不生病，
保护嗓子唱起歌。

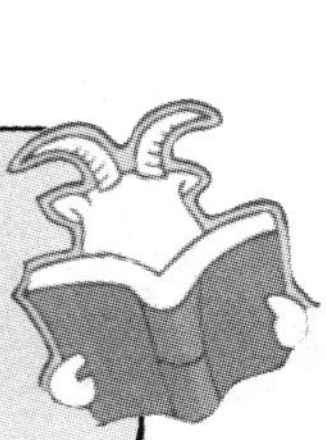

**儿歌 3　《剥橘皮》**

**目标：**愿意学习自己剥橘皮，知道一瓣一瓣地吃。

**建议：**在午点或加餐时自然引入儿歌，放慢语速边说边做，能吸引幼儿专心聆听。

**附儿歌：**

吃橘子，要剥皮。两只小手齐用力。
橘子上面有小坑，一个手指抠开皮。
脱掉它的黄外衣，一瓣一瓣吃嘴里。

**儿歌 4　《橘子》**

**目标：**认识橘子，能说出其外形和味道。

**建议：**在幼儿学会儿歌后，还可以把儿歌改编成谜语，引导幼儿根据谜面描述的特点猜出谜底。

**附儿歌：**

橘子橘子红又红，
真像一个小灯笼，
小灯笼，圆又圆，
它的味道酸又甜。

**儿歌 5　《我和毛巾是朋友》**

**目标：**知道洗手后要用自己的毛巾把手擦干。

**建议：**可通过摘摘、挂挂、叠叠的游戏方式复习儿歌，引导幼儿养成良好的习惯。

**附儿歌：**

小毛巾，好朋友，
天天帮我擦干手。
用完把你送回家，
干干净净不乱丢。

## 故事

**故事 1　《小动物去锻炼》**（见 11 月幼儿用书）

**目标：**喜欢参与户外游戏，能像小动物一样勇敢、爱锻炼。能说出常见小动物的名称、叫声等。

**准备：** 幼儿用书。

**建议：** 可结合故事画出图片让幼儿观察，以了解不同动物的锻炼方式。活动前，提醒幼儿自己拿马甲并在教师的协助下穿好。在户外锻炼时，鼓励幼儿学动物做动作。还可以扩展至其他的动物，说出其名字、模仿其叫声和动作，唤起幼儿的已有经验。

**附故事：**

小动物，真勇敢，一起去锻炼。
小鸡说："走走就不冷啦。"
小狗说："跑跑就不冷啦。"
小兔说："跳跳就不冷啦。"
小乌龟说："爬爬就不冷啦。"
小朋友，真勇敢，一起去锻炼。

**故事2　《好乖乖》**

**目标：** 了解故事内容，知道睡觉时要安静，不影响他人。

**建议：** 结合故事配好图片，也可以自制相关的小书，供幼儿在活动区自选。待幼儿熟悉故事后，可以把图片贴在睡眠室。

**附故事：**

小黄狗睡醒汪汪叫。鸡妈妈跑来说："别吵，别吵，我的宝宝刚睡着。"小猫睡醒喵喵叫。鸡妈妈跑来说："别吵，别吵，我的宝宝刚睡着。"小鸭睡醒嘎嘎叫。鸡妈妈跑来说："别吵，别吵，我的宝宝刚睡着。"小黄狗、小猫和小鸭到草地上玩，再也吵不到别人。鸡妈妈知道了，高兴地说："你们都是好宝宝！"

**故事3　《树叶被》**

**目标：** 认识秋天树叶的颜色，能关心、爱护小动物。

**建议：** 请幼儿说说小树叶还能帮助谁。带幼儿到户外拾树叶，认识黄、绿、红等常见颜色，比较树叶的大小，按叶子的颜色归类，还可以用树叶进行粘贴游戏等。

**附故事：**

妞妞捡起一片美丽的树叶。嗨，一只小虫正躺在树叶底下睡觉呢。"哦，树叶是小虫的被子。"妞妞连忙放下树叶，给小虫盖上。一阵风儿吹过来，卷走了那片树叶。"没有树叶，小虫会感冒的。"妞妞急得到处找树叶。妞妞见到一片更大的树叶，轻轻地给小虫盖上。哈哈，这下小虫不会感冒了！

## 游戏

**团纸粘贴　彩色果子**

**目标：** 喜欢粘贴游戏，能把彩色果子粘到相应的位置上。

**准备：** 剪好的彩色果子，胶棒，彩色皱纹纸球，湿毛巾等。

**玩法：** 请幼儿将彩色皱纹纸球粘在彩色果子上，变成彩色果子。

**建议：** 用两面都有颜色的纸制作果子，让幼儿认识并说出颜色，说出同类颜色的果子的名称。鼓励幼儿多吃水果。可以在墙上做一列水果火车，每一节车厢都有不同的水果标记，鼓励幼儿把粘好的果子放进相应的车厢里。

**印章画　秋天的叶子**

**目标：** 喜欢玩色，会使用印章，愿意用印章在纸上反复印出图案。

**准备：** 用彩色纸剪出树的形状、印章、印油、湿毛巾等。

**玩法：** 幼儿把带有印油的印章印在树上，把树上添满红、黄不同颜色的树叶。

**建议：** 鼓励幼儿说出使用的颜色。在幼儿装饰后，把他们的作品进行展示，培养他们的自信心。

**生活游戏 1　香蕉娃娃**

**目标：** 尝试自己剥香蕉皮，愿意做力所能及的事。

**准备：** 每人一根香蕉。

**玩法：** 教师和幼儿每人拿起一根香蕉，教师说："看我的香蕉宝宝会变。"说着就把香蕉皮剥开成像花瓣一样，说："剥剥剥，变变变，变成喇叭花，好吃又好看。"鼓励幼儿学着剥香蕉皮。

**建议：** 最好能把香蕉头切掉或先掰个口，以便幼儿剥。也可以给幼儿半个香蕉。鼓励幼儿说出香蕉的颜色、味道。引导幼儿说出其他水果的名称，并知道吃水果对身体好。

**生活游戏 2　小小服装店**

**目标：** 1. 认识自己的背心和帽子。

2. 知道天气冷了，到户外游戏要穿衣戴帽。

**准备：** 棉背心和帽子。

**玩法：** 以卖衣服的方式作为游戏的开始。如教师依次拿起一件件背心对幼儿说："谁来买这件有小兔子的粉色背心呀？""这件有条纹的黄色背心呢？"……幼儿指着自己的背心说："我买。"……游戏依次进行，卖完背心和帽子后，引导幼儿学穿背心、戴帽子。

**建议：** 当幼儿熟悉游戏后，可请幼儿自选衣帽。鼓励幼儿自己试着穿戴，有困难时再找教师。为了避免取放衣物过于集中，建议一组一个盒子并做上标记，这样幼儿自取时既方便又及时。

## 锻炼

**走的游戏　小天鹅**

**目标：**能用前脚掌走路，坚持走到家。

**准备：**把幼儿的椅子围成圈状作为“家”，在一把椅子背上贴好天鹅图片作为“家”的标志。

**玩法：**幼儿和教师站在家的对面3～5米处，边说儿歌边用前脚掌走。

**建议：**注意穿合适的鞋。教师和幼儿一起走，鼓励幼儿坚持、不怕困难。可根据幼儿的需要延长距离。

**附儿歌：**

小天鹅，真美丽，走起路来真神气。抬起头，挺起胸，一二一二回家去。

**跑的游戏　快乐针**

**目标：**喜欢和教师一起游戏，能较灵活地跑。

**准备：**锥形软积木一个。

**玩法：**教师手拿锥形软积木，和幼儿一起说完儿歌后，追逐幼儿，被追上的幼儿要被打“快乐针”。

**建议：**教师要多换方向，放慢速度，给幼儿躲闪的时间，使他们更多地体会到游戏的快乐。

**附儿歌：**

我是快乐针，喜欢到处跑，如果扎到你，请你哈哈笑。

**双脚跳的游戏　过小河**

**目标：**1. 练习原地跳过10厘米宽的障碍。

2. 初步学习双脚跳起，轻轻落地，激发幼儿游戏的愿望。

**准备：**用彩绳或彩纸摆成两组宽分别为10厘米、15厘米的平行线作为小河。

**玩法：**教师和幼儿一起先说儿歌，再跳过河。

**建议：**1. 由于幼儿的活动能力有差异，因此教师最好能准备不同宽度的小河，如10

厘米宽、15 厘米宽，请幼儿自己选择小河，从中获得成功的体验。当幼儿跳过小河时，教师要及时鼓励幼儿，帮助他们树立信心。

2. 当幼儿熟练后，可以抬高线或利用低矮的平衡木练习双脚跳。

**附儿歌：**

小河水，哗啦啦，小宝宝，要回家，
双脚跳，轻轻落，本领大，人人夸。
小河水，哗啦啦，跳过去，到家啦！

**室内体育游戏　长高了，变小了**

**目标：** 听口令做游戏，体验和教师一起游戏的快乐。

**准备：** 宽敞、安全的场地。

**玩法：** 教师说："长高了，像大树一样高。"幼儿站起来跳一跳。教师说："变小了，变成小蘑菇了。"幼儿蹲下。

**建议：** 1. 游戏中可引导幼儿学着高个子跑跑，学着小矮人走走，增加游戏的多样性。

2. 教师和幼儿一起说说自己是怎么长高的，鼓励幼儿按时吃饭、喝水、做游戏、睡觉等。

## 音乐游戏

**歌曲 1　《小鸡》**

**目标：** 喜欢音乐活动，能在音乐的伴奏下模仿小动物的叫声。

**建议：** 鼓励幼儿说出熟悉的小动物名称并能模仿其叫声。

**附歌曲：**

1 = C　4/4

| 3 4 5 – | 3 4 5 – | 5 6 5 3 | 2 3 1 – ‖

小鸡叫，　小鸡叫，　叽叽叽叽　叽叽　叽。

**歌曲 2　《小猫》**

**目标：** 喜欢小动物，愿意在音乐的伴奏下学唱歌。

**建议：** 鼓励幼儿说出熟悉的小动物及其特征，在教师的引导下能把歌词替换为其他动物的名称。班里可添加"小猫钓鱼"的玩具材料。

**附歌曲：**

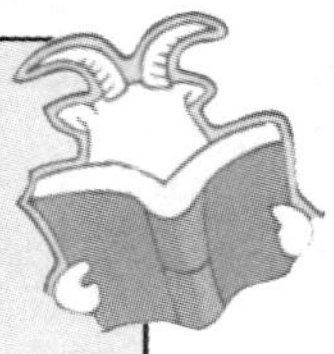

1＝D　2/4

| 5.3　5.3 | 2　3　2 | 5.3　5.3 | 2　3　2 |
喵　喵　小 猫 叫，喵　喵　小 猫 叫，
| 1　1　2　3 | 2　– | 5　3　2　3 | 1　– ‖
小猫　要吃　鱼，　我 来　喂 喂　你。

**歌表演**　**《小猪噜噜》**

**目标：** 1. 了解小猪的主要特征，能跟随教师做模仿动作。

2. 喜欢用动作有节奏地表现音乐。

**准备：** 音乐磁带。

**玩法：** 听音乐跟教师做动作。

“小猪吃得饱饱”：挺着肚子学小猪，双手拍肚子。

“闭着眼睛睡觉”：双手合拢放耳边，头枕手做睡觉状。

“大耳朵在扇扇”：两手放在耳边，上下扇，学猪耳朵。

“小尾巴在摇摇”：两手放身后做尾巴，身体前倾，摇动身体。

“咕噜噜噜噜噜，咕噜噜噜噜噜，咕噜咕噜”：双手放嘴两边，手心相对，做吹气状。

“小尾巴在摇摇”：同上。

**建议：** 教师用夸张的动作带着幼儿进行模仿，培养幼儿的节奏感，引导其体验音乐游戏的快乐。做动作时也可以用语言进行提示。

**附歌曲：**

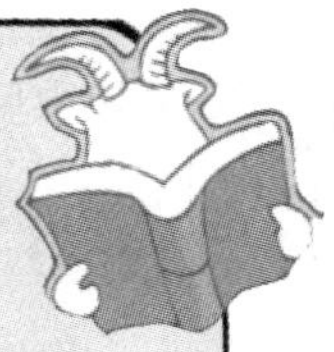

1＝D　2/4

| 3 5　3 5 | 1̇　5 | 3 5　3 5 | 1̇　5 | 6 1̇　1̇ 6 | 5　3 |
小 猪　吃得　饱　饱，闭着　眼睛　睡 觉，大耳朵在　扇　扇
| 6 1̇　1̇ 6 | 5　3 | 5 5 5 5 1̇ 1̇ | 5 5 5 5　1̇ 1̇ | 5 1̇　5 3 |
小尾巴在　摇　摇　咕噜 噜噜 噜噜 咕噜 噜噜　噜噜 咕噜 咕噜，
| 5　1̇　5 3 | 5 1　3 2 | 1　1 ‖
咕 噜　咕噜，小尾　巴在　摇 摇。

## （四）第三周周计划

<table>
<tr><th>项 目</th><th>目 标</th><th>环境与材料</th><th>活动内容</th></tr>
<tr><td>生活</td><td>1. 乐于品尝新认识的水果、蔬菜，愿意接受多种食物。<br>2. 喜欢自己用杯子接水喝。<br>3. 知道在室外玩耍时不独自离开成人和集体。</td><td>1. 分组放棉背心的活动架子或盒子。<br>2. 适温的白开水和干净的矿泉水瓶或水具。<br>3. 在自然角设立“果蔬篮”，收放幼儿参与收集的秋季果蔬。<br>4. 绒毛玩具若干。</td><td rowspan="3">1. 儿歌<br>《眼睛》《柿子红》《小鞋朋友》《玩具回家》<br>2. 故事<br>《跟着妈妈不乱跑》<br>3. 游戏<br>泥工游戏：好吃的太阳饼<br>撕纸游戏：漂亮的围巾<br>感知游戏：乌龟爬；插鱼鳞<br>4. 锻炼<br>小天鹅（复习）<br>跳的游戏：小鸡吃米；小兔和大灰狼<br>室内活动性游戏：跟着老师走，跟着铃鼓走<br>5. 音乐游戏<br>音乐游戏：《小老鼠》<br>歌表演：《小金鱼》</td></tr>
<tr><td>游戏</td><td>1. 喜欢尝试运用感官感知冷暖变化，知道冬天快要来到了。<br>2. 喜欢听故事，愿意模仿故事中的语言。<br>3. 对玩橡皮泥游戏感兴趣。</td><td>1. 在美工角提供撕纸和彩色橡皮泥。<br>2. 在音乐角提供各种小动物的头饰和相应的音乐。<br>3. 带幼儿观察户外落叶。</td></tr>
<tr><td>锻炼</td><td>1. 在教师的鼓励下能尝试踮起脚尖走路。<br>2. 喜欢和教师、同伴一起游戏，会双脚跳。<br>3. 喜欢参加各类活动，能说出自己喜欢玩的游戏名称和玩具材料。<br>4. 愿意和教师、同伴一起在室内玩活动做游戏。</td><td>1. 为幼儿准备人手一份的玩具材料，以满足幼儿求同游戏的需要。<br>2. 鼓励幼儿自选玩具材料。<br>3. 游戏材料：塑料圈若干作为兔子洞分散在场地四周，各色大皮球。<br>4. 引导幼儿说出自己喜欢的游戏名称，并在教师的引导下一起游戏。<br>5. 准备一面铃鼓。<br>注意：在室内游戏时，要把桌椅靠边摆放，椅子要插到桌子下方，不要扣在桌子上，以免对幼儿造成伤害。</td></tr>
<tr><td>家园共育</td><td colspan="3">1. 建议家长休息日多带幼儿到户外一起活动，保证适量的户外游戏时间，提高幼儿的运动兴趣和抗病能力。<br>2. 建议家长每天坚持和幼儿一起看书，在交流中促进他们的语言发展。<br>3. 鼓励幼儿把自己喜欢的玩具、图书等带到幼儿园，引导幼儿学习分享，体验友爱的快乐。</td></tr>
</table>

（续表）

| 项 目 | 目 标 | 环境与材料 | 活动内容 |
|---|---|---|---|
| 指导要点 | 1. 有意识地增加分享阅读图画故事的机会，鼓励幼儿谈论故事中的人物、情节、对话等。<br>2. 组织幼儿欣赏自带玩具，鼓励他们在交换玩中尝试分享。<br>3. 在游戏中引导幼儿大胆尝试不同的游戏方式和方法，鼓励幼儿积极动手动脑。 | | |

## 儿歌

**儿歌 1　《眼睛》**

**目标：**知道眼睛的作用，爱护眼睛，讲卫生。

**建议：**对爱护眼睛的幼儿及时表扬。引导幼儿在游戏后主动闭眼休息。

**附儿歌：**

小眼睛，亮晶晶，
样样东西看得清；
小朋友，要爱护，
不用脏手揉眼睛。

**儿歌 2　《柿子红》**

**目标：**认识柿子，知道它是水果。

**建议：**充分利用周边的自然资源，最好能让幼儿观察树上的柿子，体验采摘、分享的快乐。

**附儿歌：**

柿子红，柿子黄，
柿子熟了甜似糖，
柿子柿子长树上，
摘下柿子大家尝。

**儿歌 3　《小鞋朋友》**

**目标：**认识自己的鞋子，愿意练习穿，能区分反正。

**建议：**用录音机为儿歌配乐，在游戏结束时播放，能起到积极的引导作用，收到良好的效果。

附儿歌：

两只小鞋，一对朋友。
穿错吵架，生气歪头。
穿对和好，碰头拉手。

**儿歌 4　《玩具回家》**

**目标：** 能遵守必要的游戏规则，会按类收放玩具。

**建议：** 密切家园之间的协作，持之以恒地鼓励、培养，幼儿就能够养成良好的收放整理习惯。

附儿歌：

录音机，唱歌啦，
小玩具，要回家。
一件件都送回去，
老师妈妈把我夸。

## 故事

**故事　《跟着妈妈不乱跑》**

**目标：** 知道游戏时要和教师、家长在一起，不随便离开，不和陌生人走。

**建议：** 在户外游戏时，教师扮鸭妈妈的角色，幼儿扮鸭宝宝的角色，引导“鸭宝宝”和“鸭妈妈”在一起游戏，不乱跑。

附故事：

有一天，鸭妈妈对宝宝说：“今天，我要带你出去玩，在外面跟着妈妈，不要离开。”

小鸭子，嘎嘎叫，跟着妈妈不乱跑。

有一天，狗妈妈对宝宝说：“今天，我要带你出去玩，在外面跟着妈妈，不要离开。”

小黄狗，汪汪叫，跟着妈妈不乱跑。

有一天，猫妈妈对宝宝说：“今天，我要带你出去玩，在外面跟着妈妈，不要离开。”

小花猫，喵喵叫，跟着妈妈不乱跑。

有一天，小宝宝的妈妈对宝宝说：“今天，我要带你出去玩，在外面要跟着妈妈，不要离开。”小宝宝，长大了，跟着妈妈不乱跑。

## 游戏

**泥工游戏　好吃的太阳饼**

**目标：** 1. 喜欢参与泥工活动，愿意动手操作。

2. 学习泥工技巧——团和压。

**准备：** 橘黄色的彩泥。

**玩法：** 教师和幼儿一起边说：“揉啊揉，揉成一个圆球球。”先把泥揉成圆，再将泥压扁变成太阳饼。

**建议：** 给幼儿的泥要柔软，最好是多种形状的。为幼儿准备展示的小盘。引导幼儿想象并说出其他圆形的东西。引导幼儿点数自己做的太阳饼。

**撕纸游戏　漂亮的围巾**

**目标：** 喜欢参加美劳活动，能把碎纸片粘贴在围巾上。

**准备：** 各种彩色的碎纸片，围巾范例图片一张，胶棒，各种毛绒玩具；在毛绒小狗的脖子上戴上一条纸做的围巾。

**玩法：** 鼓励幼儿选择自己喜欢的围巾，并用碎纸片粘贴进行装饰。

**建议：** 1. 在活动区为幼儿提供纸张，一起玩撕纸游戏“给小动物吃饼干”。

2. 鼓励粘贴完的幼儿给小动物戴围巾，帮助他们树立信心。

3. 此活动也可以结合幼儿的实际发展水平改为添画或涂色。

**感知游戏 1　乌龟爬**

**目标：** 喜欢探究，对操作游戏感兴趣。

**准备：** 在衬衫盒的边缘对称打好两个小洞，在盒子上面画上乌龟，两头通过小洞拴一条线。

**玩法：** 让幼儿将绳子左右一拉，乌龟就会爬了。

**建议：** 制作时盒子大小不同，动物也可以不同，以满足不同幼儿的需要。游戏时可边说儿歌边玩。

**附儿歌：**

小乌龟，真有趣，我来和你做游戏，拉一拉，爬一爬，爬一爬，回家去。

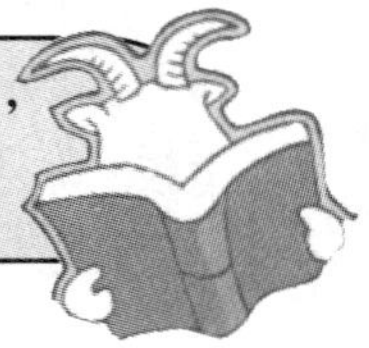

**感知游戏 2　插鱼鳞**

**目标：** 愿意认真做事，能把鱼鳞准确地插到鱼的身上。

**准备：** 用硬纸板或糠醛做鱼，鱼鳞处用小刀划小口，用硬纸板剪成圆形的鱼鳞片状，鱼鳞片的直径与口子大小相等放在纸盒里。

**玩法：**让幼儿将鱼鳞插入鱼身的小口内，给鱼装鳞片。

**建议：**幼儿的小肌肉容易疲劳，每条鱼身上的鳞片要适中。可以把鱼和鱼鳞的颜色相对应，便于幼儿认色和归类。也可以用小插片做鱼鳞。为幼儿提供展示的地方，帮助幼儿树立自信。

## 锻炼

### 跳的游戏1　小鸡吃米

**目标：**能勇敢地迈过或跳过15～20厘米宽的“小河”，喜欢和教师一起做游戏。

**准备：**母鸡头饰，有口袋的围兜，用纸自制鸡食（米、菜叶、虫子），草坪，宽窄不同的“小河”三条。

**玩法：**教师扮母鸡，幼儿扮小鸡，“母鸡”带领“小鸡”跨过“小河”，在草地上找食吃，“小鸡”可把食物放进自己的围兜中。

**建议：**教师带领幼儿游戏时，要始终有游戏情节。活动中的走和跳，可通过教师的语言和准备的材料设置情境来引导，让幼儿反复练习。

**附儿歌：**

小鸡小鸡叽叽叽，跟着妈妈去找食。
东找找，西找找，找到虫子和小米。
你也吃，我也吃，吃成一个大肚皮。

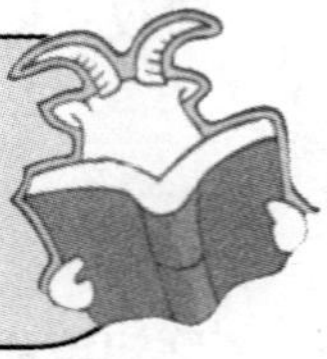

### 跳的游戏2　小兔和大灰狼

**目标：**练习双脚向前跳，能随着游戏情节进行游戏，体验和教师、同伴一起游戏的快乐。

**准备：**塑料圈若干，作为兔子洞分散在场地四周；两名教师一起配合。

**玩法：**将套圈分散摆放在场地上，一个圈就是一个小山洞（小兔子的家）。教师和幼儿边说儿歌边做双脚向前跳的动作：小白兔，真可爱，蹦蹦跳跳上山来，上山要去做什么，去吃萝卜和青菜。请配班老师扮大灰狼，当“大灰狼”去抓“小兔”时，“小兔”要跑回圈里。

**建议：**
1. 幼儿双脚跳易疲劳，教师注意圈之间的距离在3～5米之间。
2. 教师在抓“小兔”时要有意放慢速度，让“小兔”能找到家，最好不要捉住他们。尤其是刚开始玩时，幼儿比较当真，抓住后有的会真害怕。
3. 待游戏熟练以后，可以抓住1～2只“兔子”并点数。然后，“小兔”等“大灰狼”睡觉后，在“妈妈”的带领下去救“小兔”，在游戏中获得成功的体验。

**室内活动性游戏　跟着老师走，跟着铃鼓走**

**目标：**能按指令做动作，有较好的倾听习惯。

**玩法：**幼儿分散站在教师的周围。边说儿歌边跟随教师按指令做。

**建议：**随着幼儿对游戏的熟悉程度变换儿歌的节奏，增加游戏的难度。游戏时不骤停，过渡自然，动静交替。也可以变化不同的动作，如跑跑、跳跳、爬爬等，提醒幼儿注意听教师的口令。教师在变化处要放慢、拉长声音或降低声音，引起幼儿的关注。

**附儿歌：**

铃鼓铃鼓敲一敲，小朋友们走一走。
铃鼓铃鼓快快走，小朋友们快快走。
铃鼓铃鼓慢慢走，小朋友们慢慢走。
铃鼓铃鼓没声了，小朋友们不动了。

## 音乐游戏

**音乐游戏　《小老鼠》**

**目标：**喜欢在音乐的伴奏下学唱歌曲，愿意和教师一起做游戏。

**建议：**准备与歌曲相关的图片。请配班教师扮演猫，主班教师和幼儿当老鼠，随音乐做游戏。唱到“叽里咕噜滚下来”时，幼儿坐在椅子上，也可以随地躺下，保持各种姿势。

**附歌曲：**

1＝C　2/4

5 5 3 | 5 5 3 | 5 5 3 | 5 6 3 | 1̇ 1̇ 1̇ | 1̇6 1̇ 5 |
小老 鼠，上灯 台，偷油 吃，下不 来，喵喵喵，猫来 了，
55 53 23 | 1 － ‖
叽里咕噜 滚下 来。

**歌表演　《小金鱼》**

**目标：**理解音乐内容，乐于和教师、同伴一起做模仿动作，在游戏中体验音乐游戏的快乐。

**准备：**音乐伴奏带，宽敞的活动场地。

**玩法：**师幼同玩，幼儿学教师模仿金鱼游。

第一段：幼儿自己单独学金鱼游（双手放身后，身体前倾学鱼摆尾状）。

第二段：两个幼儿手拉手，做点头状。

第三段：幼儿集体交流，自由学金鱼游。

**建议：**鼓励幼儿观察自然角中金鱼的动作姿态，自由想象，和教师一起做模仿动作。教师可以用语言启发幼儿思考：为什么一条鱼游不开心？激发幼儿参与集体游戏的兴趣。

**附歌曲：**

1＝D 2/4　　　瞿希贤/曲　　　放平/词

3 23 | 1 - | 5 56 | 5 - | 66 53 | 2 23 | 1 - ‖

一 条 鱼　水 里　游，孤孤 单单 在　发　愁。

两 条 鱼　水 里　游，摇摇 尾巴 点　点　头。

三 条 鱼　水 里　游，快快 活活 做　朋　友。

## （五）第四周周计划

| 项 目 | 目 标 | 环境与材料 | 活动内容 |
|---|---|---|---|
| 生活 | 1. 乐意动手学习做事，对新掌握的本领感到兴奋和满足，如穿脱背心、擦手、抹油等。<br>2. 对关心、帮助自己的成人会表示感谢。<br>3. 基本养成餐后漱口的卫生习惯。 | 1. 在低矮墙饰上增添“我的新本领”照片。请家长提供幼儿在家学习自我做事和自我服务的照片，张贴在矮墙上，表扬、鼓励幼儿在家在园一个样。<br>2. 鼓励幼儿参与收集、撕贴涂染的秋天水果图片，来装饰小火车。 | 1. 儿歌<br>《吃水果》《小饭碗》《橘子船》《学系扣》《手绢变变》《看图书》<br>2. 故事<br>《我爱小椅子》《送宝贝》<br>3. 游戏<br>手指点画：小手套<br>绘画游戏：笔宝宝跳舞<br>操作游戏：挂果果；站起来的小动物<br>手指游戏：唱着歌儿走回家 |
| 游戏 | 1. 乐于尝试用不同的材料进行游戏。<br>2. 愿意跟教师一起整理玩具材料。<br>3. 喜欢看书，知道爱护图书。<br>4. 愿意听音乐模仿小动物的声音、动作，体验模仿游戏的快乐。<br>5. 喜欢自己选择服装装扮自己，乐于长时间尝试穿脱衣服，愿意获得大家的称赞。 | 1. 丰富游戏材料，如提供卫生、安全、便于穿戴的常见物品和服饰，吸引幼儿选择使用。如：色彩鲜艳的成人大背心，形状、长短各异的围巾，材质、大小各不相同的包和袋等，为幼儿的自主选择提供支持。<br>2. 提供各种美术材料供幼儿选择。 | |

（续表）

| 项　目 | 目　标 | 环境与材料 | 活动内容 |
|---|---|---|---|
| 锻炼 | 1. 喜欢户外活动，跑步平稳，动作自然。<br>2. 愿意参加球类活动，喜欢和教师一起学习球的多种玩法。<br>3. 喜欢玩适合托班幼儿玩的大型玩具，体验游戏的快乐。 | 1. 在场地上做好红色、绿色两个大圆圈的标记，圈上可以间隔地画上小星星，供幼儿游戏时使用。<br>2. 游戏材料：各色大皮球，适合托班幼儿玩的大型玩具。 | 4. 锻炼<br>走跑游戏：小树叶飘呀飘<br>跳的游戏：采蘑菇<br>大皮球（复习）<br>骑车游戏：三轮车<br>室内体育游戏：我是一条毛毛虫<br>5. 音乐游戏<br>歌曲：《叫声》<br>音乐游戏：小动物来了；小兔和乌龟 |
| 家园共育 | 1. 共同培养幼儿做事有秩序的好习惯，鼓励家长教育幼儿爱护玩具，玩完后鼓励幼儿和成人一起收放好。<br>2. 建议家长为幼儿创设独立睡眠的条件，培养幼儿独立入睡的好习惯。<br>3. 季节交替天气干燥，要保证幼儿的饮水量，保持适当的户外锻炼，才能增强抗病能力。 | | |
| 指导要点 | 1. 鼓励幼儿到户外锻炼，乐于尝试球、车等不同玩具的玩法。<br>2. 通过丰富多样的活动，引导幼儿积极地参与，稳定情绪。 | | |

## 儿歌

**儿歌 1　《吃水果》**

**目标：**喜欢说儿歌，认识常见的水果，能说出常见水果的名称和味道。

**建议：**引导幼儿观察、品尝各种水果。在自然角投放实物或图片水果，帮助幼儿认知。

**附儿歌：**

黄香蕉，弯又弯，吃到嘴里软又甜。
红苹果，圆又圆，吃到嘴里酸又甜。
绿鸭梨，长又圆，吃到嘴里脆又甜。

**儿歌 2　《小饭碗》**

**目标：**喜欢说儿歌，养成不浪费的好习惯。

**建议：**饭前说儿歌，鼓励幼儿自己进餐，不浪费。

附儿歌：

小饭碗，真可爱，里面盛着白米饭，
吃得干净不浪费，宝宝养成好习惯。

**儿歌 3　《橘子船》**

**目标：**能大胆地说儿歌。

**建议：**鼓励幼儿自己剥食水果，说出水果的名称和味道。

附儿歌：

剥个橘子瓣儿，
像只小黄船儿。
小船开到哪儿？
妈妈嘴里边儿。

**儿歌 4　《学系扣》**

**目标：**理解儿歌的内容，愿意动手学做事。

**建议：**利用接说、对说的方式复习儿歌，能增添幼儿说儿歌的兴趣。

附儿歌：

小扣扣，圆溜溜，
好像眼睛找朋友。
小洞洞，忙招手，
欢迎扣扣进洞口。

**儿歌 5　《手绢变变》**

**目标：**学习叠手绢，能在折叠中发现有趣的变化。

**建议：**可以延展学习内容，引导幼儿发现正方形折折能有不同的变化。

附儿歌：

小手巧巧，手绢铺好。
对齐折折，越变越小。
藏进兜里，手绢没了！

**儿歌 6　《看图书》**

**目标：** 知道要爱护图书，看完会收放回原来的地方。

**建议：** 教师可将食品盒改制成活动书盒，既方便幼儿使用，又利于分类收存。

**附儿歌：**

图画书，真好看，
认真瞧，轻轻翻。
看完书，放回去，
图书是我好伙伴。

## 故事

**故事 1　《我爱小椅子》**

**目标：** 爱护小椅子，知道轻轻拿、轻轻放。

**建议：** 托班幼儿有独占独霸的特点，会不让别人碰自己的东西。教师可以结合幼儿的特点为幼儿准备贴画，请他们自选并粘在小椅子上，帮助他们认识自己的椅子。待幼儿熟悉了，可把贴画取掉。

**附故事：**

在森林幼儿园里，又来了两个新朋友：小白兔和小公鸡。小动物们高兴地拍手欢迎它们，熊猫老师把画着红花的小椅子给小白兔，把画着一辆汽车的小椅子给了小公鸡。熊猫老师对小白兔和小公鸡说："小椅子多好看啊，你们可以坐在小椅子上吃饭、唱歌、做游戏。你们要轻轻拿轻轻放。"小白兔和小鸡听懂了老师的话，就轻轻拿起小椅子，又轻轻放下，坐在小椅子上看书、做游戏。熊猫老师笑着点点头说："你们真是乖孩子。"

**故事 2　《送宝贝》**（见 11 月幼儿用书）

**目标：** 愿意为别人做事，体验做事的快乐。

**准备：** 幼儿用书。

**建议：** 结合幼儿用书，引导幼儿观察，表达对图片的理解。在日常生活中鼓励幼儿做自己喜欢的、力所能及的事情，在多次重复练习中学习表达对亲人的关爱，增进亲情，树立自信。

**附故事：**

亮亮有许多好玩的、好吃的东西。他总愿意把这些宝贝送给别人。看，亮亮拉着鸭子车把自己喜欢的小汽车送给了爷爷。爷爷笑着亲亲亮亮说：“亮亮是个好孩子！”亮亮拉着鸭子车把好吃的苹果送给了奶奶。奶奶笑着亲亲亮亮说：“亮亮是个好孩子！”亮亮拉着鸭子车把自己喜欢玩的皮球送给了爸爸。爸爸笑着抱起亮亮说：“亮亮是个好孩子！”亮亮拉着鸭子车把自己喜欢的毛绒玩具送给了妈妈。妈妈笑着抱起亮亮说：“亮亮是个好孩子！”

## 游戏

**手指点画　小手套**

**目标：** 1. 能选择自己喜欢的颜色用手指点画。
2. 说出颜色的名称。
3. 遇到问题时愿意寻求教师的帮助。

**准备：** 画好的小手套、颜料、湿毛巾、各种小夹子。

**玩法：** 引导幼儿用小手指蘸一下颜料在画好的小手套上点画。

**建议：** 鼓励幼儿用自己喜欢的颜色点画，说出常见颜色的名称，把作品用小夹子夹好或放到指定地点。

**绘画游戏　笔宝宝跳舞**

**目标：** 1. 喜欢参与绘画活动。
2. 学习握笔，大胆画画。

**准备：** 画有笔宝宝图案的绘画纸，每人一盒油画棒，节奏欢快的音乐。

**玩法：** 鼓励幼儿选择自己喜欢的颜色笔进行绘画。

**建议：** 知道并说出自己使用的笔的颜色，能大胆地在纸上画画。鼓励幼儿把完成的作品放在自己的袋子里或指定位置。

**操作游戏1　挂果果**

**目标：** 能把彩色珠子挂在树上，能想象并说出熟悉的水果名称。

**准备：** 用电线做好的小树模型、拴好绳的彩色木珠。

**玩法：** 请幼儿将彩色木珠挂在小树枝上，成为彩色的果子。

**建议：** 鼓励幼儿挂一个果子说一下它的颜色，能说出：我挂了一个红（绿）色的果子。

**操作游戏 2　站起来的小动物**

**目标：** 1. 能用夹子把小动物立起来。

2. 喜欢小动物并能说出名称。

**准备：** 准备各式夹子若干、塑封好的小动物。

**玩法：** 请幼儿将小夹子夹在小动物身下，使小动物站起来。

**建议：** 能说出动物的名称，了解动物的叫声和简单的习性。

**手指游戏　唱着歌儿走回家**

**目标：** 培养节奏感。

**建议：** 鼓励幼儿边说边做动作。

**附儿歌：**

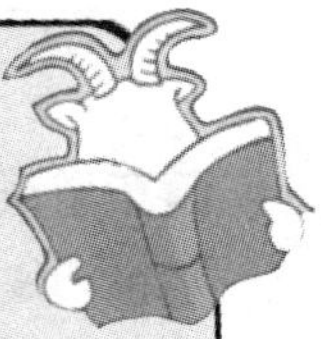

小手拍拍，“啪啪啪”（做拍手动作，“啪啪啪”拍三下），
小脚走路，“踏踏踏”（双手伸展食指和中指，指尖朝下，交替向前移动，像走路的样子）。
“啪啪啪”“踏踏踏”（“啪啪啪”动作同第一句，“踏踏踏”动作同第二句），
唱着歌儿走回家（左手立掌，掌心朝外，指尖朝上。右手掌心朝里，指尖朝下。两拇指相交，随节奏变换双手的上下位置）。

## 锻炼

**走跑游戏　小树叶飘呀飘**

**目标：** 1. 能听指令做动作。

2. 愿意和教师、同伴一起游戏。

**准备：** 平整的场地。

**玩法：** 1. 教师和幼儿边说儿歌边做走的动作：秋天到，秋天到，小树叶飘呀飘，飘到哪儿？……飘到……（教师结合周围环境发出指令）幼儿根据教师的指令跑到指定地点。

2. 可根据幼儿情况调整跑的距离，最好走跑交替进行。

**建议：** 1. 在听指令时，教师可以发出飘到上、下、里、外等不同地点的指令，培养幼儿的倾听能力。

2. 注意活动时的动静交替，走、跑、停相结合。

3. 当教师说“小树叶飘到妈妈身边来”时，引导幼儿蹲下来休息。

**跳的游戏　采蘑菇**

**目标：**能坚持双脚向前跳，体验游戏的快乐。

**准备：**带有宽皮筋的可背小筐，泡沫蘑菇或卡片蘑菇若干。

**玩法：**教师当兔妈妈，带领幼儿背上小筐跳到已准备好的草地上采蘑菇，采完蘑菇后走回家。

**建议：**采蘑菇时教师可鼓励幼儿说出蘑菇的颜色、大小等，及时夸奖幼儿爱劳动，帮助幼儿树立信心。

**附儿歌：**

小兔子，采蘑菇，红蘑菇、绿蘑菇，采了满满一大筐，高高兴兴带回家。

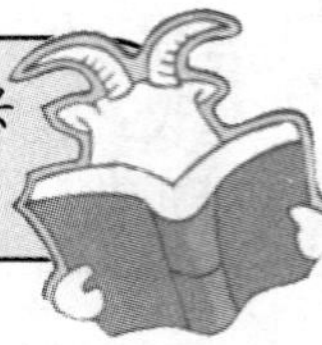

**骑车游戏　三轮车**

**目标：**会骑三轮车，动作协调，愿意在教师的引导下游戏。

**准备：**三轮车若干；4 个装树叶的盒子，放在不同的角落。

**玩法：**引导幼儿边说儿歌边拾地上的落叶，并把它们运回盒子里。

**建议：**车辆有限，可以分组游戏。把该活动和其他活动分开场地，注意安全。如果能画上车道更好。在游戏时可以添上红绿灯，引导幼儿注意倾听或看标志。可以通过擦车、加油、打气等方式帮助幼儿调节活动量。可以用拖拉的盒子当小车进行游戏。

**附儿歌：**

秋天到，树叶掉，装上车，跑跑跑。

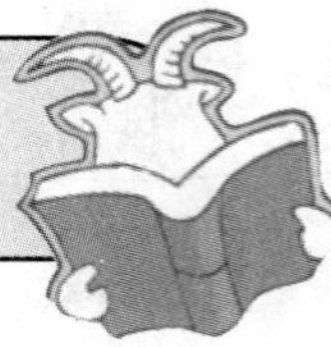

**室内体育游戏　我是一条毛毛虫**

**目标：**能手脚曲膝朝前钻爬，喜欢模仿毛毛虫的动作。

**准备：**桌子、替代食物。

**玩法：**1. 两张桌子合起来成为一条“长隧道”，幼儿随意地在“隧道”里往前钻爬。

2. 教师在“隧道”口放上一些“食物”，诱导幼儿爬出洞口来找食物吃。幼儿则一边爬一边说：“我是一条毛毛虫。”

3. 幼儿可以将拿到的食物放在自己的头上或背上爬“隧道”，待爬出洞口后，找一个地方休息。

**建议：**“隧道”的距离以 1.2 米左右为宜。可用多种材料替代食物。爬时要注意安全，可多提供些桌子。地面上最好有出发的标记以避免碰撞。此活动也可以在户外进行。

## 音乐游戏

**歌曲**　《叫声》

**目标：**1. 愿意在音乐的伴奏下学习唱歌。

2. 知道常见动物的名称及其叫声。

**建议：**提供与歌曲相关的图片，使幼儿能看图学唱。鼓励幼儿唱出自己喜欢的动物。待幼儿熟悉后，可以只请幼儿模仿动物的叫声，感受分唱的乐趣。

**附歌曲：**

1＝C　4/4

12　32　31 | 5　5　5　－ | 56　54　3　1 | 2　2　2　－ |

小黄 狗在 门口　汪 汪 汪，　小鸭 子在 水里　呷 呷 呷，

12　32　31 | 6　6　6　－ | 56　54　3　1 | 2　2　2　－ ‖

小喜 鹊在 树上　喳 喳 喳，　小山 羊在 草地　咩 咩 咩。

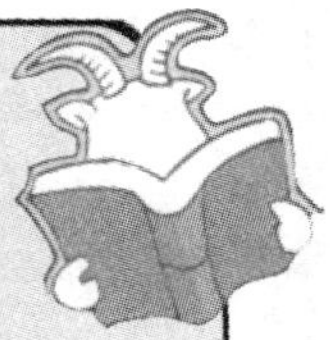

**音乐游戏 1　小动物来了**

**目标：**1. 学习模仿各种小动物的动作和声音。

2. 体验游戏的快乐。

**准备：**钢琴伴奏；小动物的图片。

**玩法：**教师每说到一种动物，幼儿便学小动物的叫声并做动作。

**建议：**教师带着幼儿一起进行模仿动作，鼓励幼儿说出自己认识的其他动物的名称及叫声，并唱出来。激发幼儿的想象。

**附歌曲：**

1＝D　2/4　　任诗章/词曲

师白：小鸡 1　3　5　3 | 1　3　5　3 | 1　3 | 2　－ ‖

幼唱：　叽叽　叽叽　叽叽　叽叽　叽　叽　叽

幼白：小鸡小鸡叽叽叽。

师白：小鸭 1　3　5　3 | 1　3　5　3 | 1　3 | 2　－ ‖

幼唱：　嘎嘎　嘎嘎　嘎嘎　嘎嘎　嘎　嘎　嘎

幼白：小鸭小鸭嘎嘎嘎。

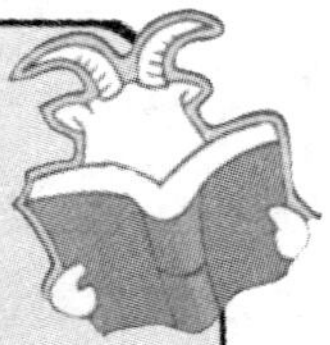

**音乐游戏 2　小兔和乌龟**

**目标：**喜欢听音乐做动作，能随音乐的快慢表现小兔和乌龟的动作。

**建议：**能随音乐的快慢表现出小兔和乌龟的动作。鼓励幼儿想想还有什么动物的动

作和小兔、乌龟相关。

**附乐曲：**

1＝F 2/4 欢快

5 3 | 5 3 | 5 3̇ | 1̇ - | 5 6 7 1̇ | 2̇ 1̇ 7 6 | 5 6 | 5 - ‖

1＝C 2/4

5 3 | 5 3 | 5 3̇ | 1̇ - | 2̇ 1̇ 7 6 | 5 6 7 1̇ | 3̇ 2̇ | 1̇ - ‖

## （六）活动实录案例与分析

*日期：11 月5 日　星期四*

**14：00～14：45　午检、起床、盥洗、午点（喝奶）**

**★教养提示**

1. 天气凉了，可要求幼儿起床后在卧室停留几分钟，适应温度。

2. 午检时，不仅摸幼儿的额头，也要摸摸颈后，并帮出汗幼儿擦干汗后再安排其起床。

3. 鼓励幼儿自己摸摸身上是否有汗并主动告诉教师。

4. 及时提醒家长尽量不要给幼儿贴身穿三保暖衣物，避免穿其午睡而出汗，造成起床后受凉。

**14：50～15：10　整理衣物，如厕，稍做休息、调整，请义工家长进班**

**15：10～16：00　外出远足**

**★教养提示**

1. 向义工家长介绍远足的安排：时间（1 小时），地点（皇城根遗址公园），路程（锡拉胡同到妇产医院路口），内容（练习自由走与跑），幼儿数（19 名），准备用品（沙包，玩具小汽车、湿纸巾、有独立包装的小零食等），分组情况（每名成人主要照顾 3～5 名幼儿）。提醒义工家长不要只照顾自己的孩子。

2. 给幼儿穿戴好保暖衣帽，交代外出地点，介绍来参加活动的家长是谁，提醒幼儿问好。

3. 进出幼儿园大门口时，引导幼儿跟传达室人员打招呼，说明去向。

4. 远足结束时，鼓励幼儿收拾好自己的玩具，并把用过的纸、食品包装等废弃物投入垃圾箱。

**★实录节选**

义工家长来了，幼儿早已准备好了去遗址公园，两人一组手拉手。

幼："阿姨好。""奶奶好。""妈妈——"

师："我们要出门了，在路上要注意什么事情？"

群幼："路上有车，不能乱跑。""不能撒手，到公园再松手。"……

幼儿纷纷说出自己的经验。出发时，刘老师领着最前边一组幼儿的手，另外两名教师分别在队中和队尾，家长们插在队伍中间，每人领一组孩子。一路上，家长小心呵护着幼儿，就像对自己的孩子一样。

很快就到了皇城根遗址公园，刚进入公园，幼儿就开始捡拾落叶，边捡边比较谁的叶子大、谁的叶子小，我们几个成人则不断通过问题调动幼儿的积极性。

刘："呀，前边有黄叶子！"

张："看，那几棵树的叶子快变红了……"

幼儿沿着甬道自然地走跑交替，一程一程兴奋地向前进……在小空场上，刘老师和明明几个用叶梗玩起了"拔根根"的游戏。其他幼儿有的跟着自己组的老师玩，有的跟家长一起追跑，还有的和同伴一起玩手里的玩具，高兴极了。玩累了，幼儿就自己坐在路边的小石碓上休息……

张："刘老师，大家都走累了，我们吃点好东西吧。"

刘："可我的小手脏了，怎么办？"

幼："洗洗。""擦擦。""我妈妈有湿纸巾。"

张："真棒！都说对了，我带着呢！来……"

幼儿擦了手，选了果丹皮或山楂片高兴地吃起来，同时没有忘记请大胜奶奶和辉辉妈妈品尝零食、分享快乐。最后，每名幼儿都认真地把自己的食品包装送进了果皮箱的嘴巴中……

刘："孩子们，咱们回去喝点水吧，我的嗓子都干了。"

幼儿依依不舍地边往回走边跟小花、小树、小石碓说着再见。回到幼儿园门口。刘老师提醒幼儿……

刘："今天，辉辉妈妈和大胜奶奶跟咱们一起去公园玩儿，她们都有点累了，我们跟她们说点什么呀？"

幼："谢谢阿姨。""奶奶再见。""老师，下次我让妈妈也来……"

刘："张老师，今天我妈妈没时间跟我一块儿去公园，我也不哭。"

张："你真懂事，你妈妈下次有时间一定会来。"

## 16：00～16：35　如厕、洗手、饮水

**★教养提示**

1. 秋季天气干燥，可请厨房工作人员为幼儿准备煮好的莲藕水（或萝卜水）降燥润肺。最初，幼儿可能会因水有异味拒绝喝，教师可多引导或与幼儿同饮。

2. 如厕、洗手等环节，尽量少帮忙而多提醒，鼓励幼儿自己做，养成好习惯。

3. 将认识藕（或萝卜）的品尝活动自然地融入这个环节中，体现托班渗透教育的课程特点。

**★实录节选**

两名教师分别用透明的杯子接好莲藕水（或萝卜水）和白水，请幼儿观察颜色，激发饮水的愿望。

刘："张老师，你闻闻我的水有什么味儿？"

张："我感冒了，闻不出来，你还是请聪明的小朋友们帮忙吧！"

幼："这个是白色的，像牛奶。""我没喝过。"

刘："孩子们，你们想喝我这样的水吗？我的水可神奇了，它是用蔬菜煮出来的。"

张："噢——，我真想现在就尝尝，我一尝就知道了。"

刘："谁想尝，到我这来买吧。你要什么味的水？"

**★延伸游戏**

在幼儿品尝后，引导他们说出水的名称、味道，教师出示新鲜、完整的莲藕和萝卜，让分吃煮熟的藕片或萝卜片。事先，可把不能食用的鲜藕根、节部分（带一些孔洞）切成小段，把萝卜头、根切成小段当印章，请幼儿蘸上颜料（较稠的）或印油，在纸上玩玩印印、看看说说，感受两种蔬菜的特征。

## 16：35～16：55　户外自选游戏

**★教养提示**

1. 季节交替，鼓励幼儿自己学习穿脱棉背心，回来后收好。

2. 提醒幼儿身体不舒服时主动告诉大人。

**★实录节选**

刘："我看见哥哥姐姐都会自己穿棉背心，你们想学吗？"

张："我也会穿。就这样，两只手抓住领子往后一甩，披在肩上再穿袖子，最后系拉锁。"

刘："来，咱们也学张老师的好办法。看着身后没人再甩背心，别碰到小朋友。"

幼："我不会。"

张："别着急，我们穿完了就来帮助你。"

**16：55～17：30　如厕、洗手、晚餐**

**★教养提示**

1. 协助幼儿卷、放袖子，擦护手霜等。

2. 鼓励幼儿自己送餐具，练习擦嘴的正确方法。

**17：30～18：00　幼儿离园**

**★教养提示**

1. 协助幼儿整理衣物，请幼儿自己取出外衣和书包等物品。

2. 向家长交代幼儿情况时，多以鼓励、表扬为主，对于今后需要重视的问题要婉转表达，并避开幼儿交谈。

**★实录节选**

**建议家长给幼儿提供动手做事情的机会**

家长："老师，萌萌的衣服呢？我去拿。"

师："在里屋柜子里。萌萌会自己拿，今天早上就是她自己放的。"

家长："真的？这么能干呀？平时都是妈妈帮忙的。"

师："萌萌来。我们去拿衣服和书包让妈妈看看。萌萌回家也学着自己收拾东西啊。妈妈有什么事也可以请萌萌帮忙呢！"

家长："好的。"

**婉转地向家长转述幼儿不恰当的行为**

师："君君，你帮老师把毛巾摘下来好吗？我告诉妈妈你今天帮我收球的事。"

家长："去吧！君君。妈妈在这儿等你。"

师："平时，君君在幼儿园常帮老师和小朋友做事情。他的生活自理能力强，爱帮助别人。"

家长："他在家也爱管事。"

师："今天他想帮小朋友擦桌子。人家不让。两人抢毛巾，结果他把小朋友手指咬了。"

家长："呦，真对不起。回去我得说他。"

师："您不要严厉批评他。不然会强化他的偶然做法。他这个年龄段的孩子语言表达能力有限，一着急就动手了。咱们得从正面引导。我们在园多关注，您回去可以利用能互相帮忙的事情，教他学说些简单的交际语言。比如'让我帮你……''我想……行吗'……"

**点评**

这个下午的半日活动设计平实而精彩，为我们描画出了如何通过丰富而有趣的日常活动吸引幼儿融入群体生活，从而形成信任与归属感的生动场景。

说它平实，是因为它从起床午检到离园与家长的沟通交流，都关注到了低龄幼儿日常生活中最寻常而重要的细节。说它精彩，是因为它非常好地体现出托班生活即教育的课程特点：无论是出行前跟传达室人员打招呼、说明去向，在遗址公园中拾落叶、拔根根，还是主动邀请义工家长品尝零食、分享快乐，自觉地将生活垃圾放入回收箱，教师都在通过隐性的课程积极而有效地向幼儿传递着社会文明的生活规则，促进幼儿亲社会行为的形成。特别是两位教师对幼儿“下次让我妈妈也来”的细腻回应，不由地令人起敬。而在家园共育中，教师提出的“向家长交代幼儿情况时，多以鼓励、表扬为主，对于今后需要重视的问题要婉转表达”的观点，则通过实录节选从操作层面为我们做出了生动、具体的诠释，引人深思。

## 五、12月课程安排与指导

### （一）月计划

| | | |
|---|---|---|
| 现状分析 | | 到了12月，大多数幼儿不仅能够高兴地来园，而且能主动和教师、同伴打招呼。但个别幼儿还需要在成人的引导下向教师和同伴问好。部分幼儿基本掌握了简单的生活技能，如能独立进餐、入睡、如厕，有自己选择游戏和玩具的经验等。由于冬季天冷，衣物穿得多，生活环节中还需要成人特别的关注。如洗手时帮助幼儿挽袖子，提醒擦干手再抹油、便后整理好内衣裤等。进入冬季，幼儿易患呼吸道疾病，可引导幼儿认识五官，学习自护方法，运用多种感官感知、认识周围的事物。会主动提出一些问题，有表达的愿望，喜欢与同伴交流。 |
| 目标 | 生活 | 1. 尝试剥开果皮，区分不同水果的味道，并剔除不可食用的部分。<br>2. 逐步掌握餐后擦嘴、漱口的正确方法。<br>3. 乐于接受多样的食物，能说出所吃食物的名称和味道。<br>4. 能听从成人有关安全的要求和建议，不摸危险物品，不将异物放在耳、鼻、口中。<br>5. 能自己学习穿脱（或配合成人）棉背心，并将其放在固定的地方。 |
| | 游戏 | 1. 积极感知玩具材料的大小、颜色、多少、长短等明显的不同。<br>2. 喜欢按自己的兴趣选择饰物装扮，在游戏中体验游戏的快乐。<br>3. 懂得爱自己的亲人、老师和同伴，能友好地对待他们。<br>4. 喜欢听音乐，愿意唱歌和跳舞，能随音乐做简单动作。<br>5. 认识各种感官并喜欢尝试运用感官感知冷暖变化和风、雪等自然现象。<br>6. 对美术活动感兴趣，乐于尝试用不同的材料进行游戏，初步掌握材料的简单使用方法。 |
| | 锻炼 | 1. 喜欢到户外玩，不怕冷。<br>2. 能向指定方向跑，掌握跑的速度。<br>3. 能骑乘小三轮脚踏车。<br>4. 能够选择自己喜欢的玩具材料，尝试不同的玩法。 |

（续表）

| | |
|---|---|
| 指导策略 | 1. 对于独立进餐困难的幼儿可采用两把小勺同时用的方式，幼儿一把教师一把，既让幼儿得到锻炼，同时又使幼儿在教师的帮助下吃到热的饭菜。<br>2. 进行安全教育，运用多种感官认识事物。应做到：活动有趣、说做同步、要求明确，使幼儿看得懂、记得住、做得到。<br>3. 餐前介绍食谱，餐间播放轻柔的背景音乐，餐后夸厨师，使幼儿经常保持着稳定、积极、愉快的进餐情绪。 |
| 教养评价 | 能适应集体生活中重要的常规要求，遇到困难和问题的时候，能尝试表达、求助或接受他人的帮助。 |

## （二）第一周周计划

<table>
<tr><th>项 目</th><th>目 标</th><th>环境与材料</th><th>活动内容</th></tr>
<tr><td>生活</td><td>1. 能剥开橘子、香蕉等果皮，会吐出子儿，放在指定的地方。<br>2. 喜欢吃蔬菜，不挑食。<br>3. 原意听从成人有关安全的提示。</td><td>1. 准备清洁、干爽的固定容器，供幼儿放置果皮、果核。<br>2. 在活动时可以创设一面关于幼儿进餐的评价墙饰。<br>3. 安全小挂图、食谱贴画。<br>4. 为幼儿提供固定的地方放棉背心和手套，注意应有利于幼儿的取放。</td><td rowspan="3">1. 儿歌<br>《小橘子》《大公鸡》《我爱吃》《冬天》<br>2. 故事<br>《两双拖鞋》《谁不怕冷》《一只手套》《我们都是好朋友》《奇怪的事》<br>3. 游戏<br>感知游戏：比一比 看一看；奇妙的口袋；找家<br>操作游戏：小手套找朋友；小袋鼠找妈妈<br>生活游戏：我爱吃水果<br>美劳游戏：粘贴——小帆船；绕毛线——给小羊穿衣服<br>手指游戏：我有一双小小手<br>4. 锻炼<br>投掷游戏：小沙包<br>跑的游戏：小马跑；小鸡回家；追树叶<br>平衡游戏：走钢丝过小桥；骑童车<br>5. 音乐游戏<br>歌曲：《玩具大家玩》《滑滑梯》《大家好》<br>音乐游戏：高人走、矮人走</td></tr>
<tr><td>游戏</td><td>1. 积极感知物体的多少、大小、长短、颜色等明显特征。<br>2. 懂得爱自己的亲人、老师和小朋友，能友好地对待他们。</td><td>1. 提供不同特征的玩具材料，引导幼儿操作比较。如：在娃娃家投放大小、颜色不同的餐具，引导幼儿在游戏中对物体的特征进行比较。<br>2. 提供与季节相关的美术材料。如可供幼儿装饰的半成品：雪娃娃、围巾、帽子、手套等轮廓图片。</td></tr>
<tr><td>锻炼</td><td>1. 跑步平稳，掌握跑的速度。<br>2. 能骑乘小三轮脚踏车。<br>3. 喜欢投沙包和球。</td><td>1. 为幼儿提供多种户外手头玩具，避免幼儿的争抢。<br>2. 游戏材料：沙包、球、三轮脚踏车等。<br>3. 为玩骑车游戏设计好路线，以免分散活动时发生碰撞现象。</td></tr>
</table>

（续表）

| 项 目 | 目 标 | 环境与材料 | 活动内容 |
|---|---|---|---|
| 家园共育 | 1. 对于偏食、体弱的幼儿，教师和家长不要当面述说幼儿的弱点、缺点，要多表扬幼儿的进步，使其从中受到鼓励，从而愿意做得更好。<br>2. 冬季，幼儿的穿着学问大，既要保暖又要保证生活、运动的灵活与方便。特别要做好年轻父母的育儿参谋，切忌给幼儿穿短款时装，使其明白穿着合体能增强幼儿生活的舒适感。<br>3. 向家长提出居家安全教育建议，让幼儿了解必要的常识，知道哪些东西有危险、不能动。 | | |
| 指导要点 | 1. 学习自己穿棉背心。<br>2. 乐于和同伴一起游戏、玩玩具。 | | |

## 儿歌

**儿歌 1　《小橘子》**

**目标：**喜欢自己做事情，能够剥开橘皮。

**建议：**可以利用加餐环节自然进行。

**指导要点：**1. 先鼓励幼儿找一找橘子的“肚脐”，说一说形状、颜色等。
2. 可以帮助幼儿把橘子的“肚脐”处弄出一个小孔。
3. 活动结束后，将“橘皮花”放在小瓶、花盆等地方展示或放在暖气上闻一闻它释放的香味。

**附儿歌：**

好宝宝，快快瞧，橘子“肚脐”找到了。先用手指抠一抠，再用小手拉一拉，小小橘子开了花。

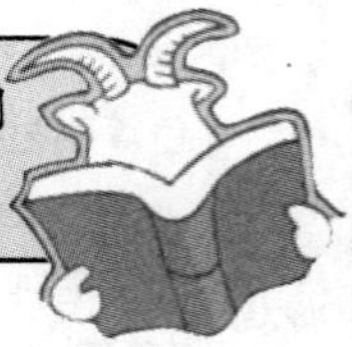

**儿歌 2　《大公鸡》**

**目标：**说唱儿歌，养成早起的好习惯。

**建议：**可以利用早餐后点名环节鼓励按时来园的宝宝，也可以利用晚离园环节鼓励宝宝明天早早起床，不做赖床的“小懒虫”，还可以把儿歌贴在家长园地，使家长熟悉儿歌内容，以利于家园配合。

**指导要点：**1. 开始时，教师说唱儿歌要慢，可用肢体动作引起幼儿的兴趣。在幼儿熟悉之后，可引导幼儿打节奏说唱儿歌。
2. 在生活中引导幼儿当小公鸡，叫爸爸妈妈起床，幼儿会更有兴趣。

**附儿歌：**

大公鸡，真美丽，红红的鸡冠花花衣，每天清早喔喔啼，它叫我们早早起。

**儿歌 3　《我爱吃》**（见 12 月幼儿用书）

**目标：**喜欢吃多种蔬菜，不挑食。

**准备：**幼儿用书。

**建议：**1. 第一首儿歌可以让幼儿在每日自由活动时间唱说。在图书区、娃娃家等区域，采用个别或小组的形式，利用师生共读的方式进行。在吸引幼儿看书兴趣的同时，引导幼儿学说儿歌，做个不挑食的好孩子。

2. 第二首儿歌可以结合进餐环节进行。也可以将儿歌贴在家长园地，引导家长在家也要鼓励幼儿不挑食、不剩饭。

**指导要点：**1. 教师在引导幼儿看图书说儿歌时，除有意激发幼儿对图书中食品的喜爱之外，还可以引导幼儿说一说自己喜欢吃的其他蔬菜和食品。

2. 第二首儿歌使用在进餐环节时，可以把第一句儿歌内容（香菇、木耳、柿子椒）换成幼儿即将要吃的饭菜名称，这样更有利于激发幼儿的进餐兴趣。

3. 餐前、餐后或进餐过程中可引导幼儿说一说吃到的蔬菜的感觉，如脆脆的、滑滑的、有咯吱咯吱的声音等。

**附儿歌 1：**

胡萝卜，大白菜。黄瓜、土豆我都爱。嫩豆腐，鲜牛奶。吃得多，长得快。

**附儿歌 2：**

香菇、木耳、柿子椒，样样都对身体好，宝宝大口吃下肚，哈哈！个子长得高又高。

**儿歌 4　《冬天》**

**目标：**不怕寒冷，外出时穿棉袄或棉背心。

**建议：**在每天的外出前，教师可以边说儿歌边引导幼儿穿好自己的棉袄或棉背心，并鼓励幼儿帮助其他小朋友穿好。

**指导要点：**1. 讲述儿歌时放慢语速，引导幼儿正确发音。

2. 说儿歌时引导幼儿自己动手穿背心。

**附儿歌：**

冬天到，天气凉，树木小虫都睡觉，小朋友穿棉袄，跑跑跳跳身体好。

## 故事

**故事1　《两双拖鞋》**

**目标：** 能够关心、关注他人的情感。

**建议：** 可以在一些过渡环节给幼儿讲此故事，如午睡前、进餐前等环节。

**指导要点：** 1. 可以结合本班中的具体事例引出此故事。

2. 讲述时，不同的形象应采用相差较大的语气，更富有情趣性。

3. 讲述之后，应结合目标有针对性提问，使幼儿了解、感受自己东西被别人拿走后的心情。

**附故事：**

宝宝在家门口放了两双拖鞋，等爸爸妈妈下班回来穿。

两只小小熊说："嗨，这两双鞋子真好玩！"两只小小熊把拖鞋穿走了。熊妈妈告诉小小熊："这是宝宝给爸爸妈妈穿的鞋子呀！"两只小小熊急忙把拖鞋送回宝宝家。

这时候，宝宝的爸爸妈妈刚回家，他们穿上小小熊送回来的拖鞋，好舒服好舒服啊！

**故事2　《谁不怕冷》**

**目标：** 感受下雪现象，喜欢参加户外锻炼。

**准备：** 户外自然景象图片，绒毛小动物若干。

**建议：** 可结合雪天进行故事讲述，也可以在日常生活中的任意环节进行故事讲述。要有生有色地讲述，以吸引更多幼儿的注意力。听完故事后，可结合目标引导幼儿进行简单的小讨论。

**指导要点：** 1. 讲述故事时放慢语速，便于幼儿听清楚并理解词汇和短句，可引导幼儿学习说一些短句。

2. 讲述故事时引导幼儿不怕冷，鼓励幼儿在日常生活中不睡懒觉，做个爱运动的好宝宝。

**附故事：**

小白兔清早起床，推开窗户一看，咦！下雪了，外面的世界变成白色的了！小白兔可高兴了，马上出来喊道：“下雪啦！下雪啦！大家快出来玩呀！”

小花猫和小黄狗听到了喊声，从家里跑了出来，和小白兔一起堆雪人、打雪仗、捉迷藏，玩得可高兴了。

小猪也听到了小白兔的叫声，它想：下雪天多冷呀，还是躺在被窝里舒服。于是，小猪翻了一个身又睡了。

第二天该上幼儿园了，小兔、小猫自己背着书包，唱着歌，高高兴兴地向幼儿园走去。可小猪昨天的懒觉睡得太长了，头昏昏的，难受极了，去不了幼儿园。

山羊老师知道了，打来电话说：“下雪了空气好，锻炼锻炼不生病。”

小猪不好意思地说：“谢谢老师，我知道了。以后我再也不睡懒觉了！”

**故事3　《一只手套》**

**目标：**了解手套的作用。

**准备：**各种手套若干副。

**建议：**在户外活动前进行故事讲述。

**指导要点：**1. 听完故事后，可以鼓励幼儿拿出自己的小手套看一看、比一比、戴一戴。

2. 户外活动前，鼓励幼儿自己戴上手套。

**附故事：**

冬天到了，大灰狼捡到了一只手套。

“这是什么？噢，是穿在脚上的吧！”大灰狼把手套当成袜子，穿在脚上。可是，这样走路太不方便了，大灰狼扔掉了手套。大毛狗捡到了这只手套。“这是什么？噢，这是戴在头上的。”可是，手套老往下掉，大毛狗扔掉了手套。小猴捡到了它，大声问：“这是什么呀？”一个小姑娘走来了：“这是手套，戴在手上的。”“噢，原来这是小姑娘掉了的手套。”小猴把手套还给了小姑娘。小姑娘说：“你喜欢，就送给你吧！”就这样，小猴戴上了这副漂亮的手套。

**故事4　《我们都是好朋友》**

**目标：**关注身边的小朋友。

**准备：**背景图及小狗、小猫、小鸡、小猴子插图卡片。

**建议：**可以把图片放在图书区引领幼儿看图讲述。

**指导要点：**可以结合日常生活中幼儿出现的一些行为表现，引导幼儿讨论怎样关心身边的小朋友。如：在玩游戏的时候，看到小朋友摔倒怎么办？小朋友哭了怎么办？引导幼儿明白得到别人的帮助应懂得感激，知道说“谢谢”。还可以进一步引导幼儿体验怎样与同伴共同分享。如，讨论：大家都想玩一个玩具怎么办？当你和同伴都想看一本书的时候怎么办等？……但要注意一次讨论的问题不要太多。

**附故事：**

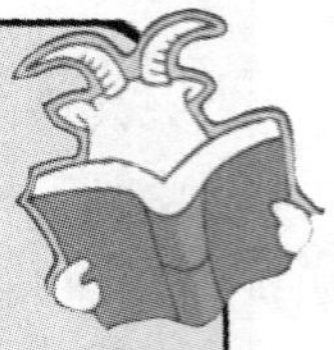

小动物的爸爸妈妈早早地把小动物们送到幼儿园，有小狗、小猫、小鸡、小猴子……在玩游戏的时候，小鸡摔倒了，小猫、小猴子从它身边蹿过去，继续玩。小狗急得汪汪叫：“快回来，快回来，快把小鸡扶起来。我们都是好朋友，快来帮帮忙。”小猫、小猴子赶快跑了回来，它们三个一起把小鸡扶了起来，小鸡连忙说：“谢谢你们。”几个小动物齐声说：“不用谢，我们都是好朋友。”

**故事5　《奇怪的事》**

**目标：**了解雪的明显特征，体验雪天的快乐。

**准备：**故事图片、头饰等。

**建议：**可以结合雪天进行故事讲述，也可以把图片贴在墙上或放在活动区中随时和幼儿共同进行看图讲述。

**指导要点：**当幼儿觉得故事很有趣时，可以反复讲给他们听，还可以根据幼儿的兴趣引导幼儿装扮故事中的小动物进行表演。

**附故事：**

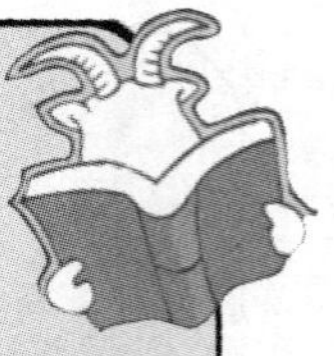

一天清晨，奇怪的事情发生了。树上白了，房上白了，路上也白了。小猫走出门，舔舔爪子说：“喵，喵，喵，天上下面了。”小狗走出门，摇摇尾巴说：“汪，汪，汪，天上下盐了。”小朋友走出门，拍拍小手说：“真好，真好，天上下白糖了。”小猫、小狗和小朋友找来一个大口袋，装呀装，装呀装，他们要把天上下的面、盐和白糖拿到屋里做蛋糕吃。大家用力抬呀抬，好不容易回到温暖的屋子里，快快打开大口袋。咦？小猫说：“面呢？”小狗说：“盐呢？”小朋友说：“糖呢？”口袋里流出的全是清水，冰冰凉。

小朋友们，这到底是什么呢？

## 游戏

**感知游戏 1　比一比　看一看**（见 12 月幼儿用书）

**目标：**引导幼儿看图区分物体的多少、大小、长短及颜色的不同。

**准备：**幼儿用书。

**建议：**在幼儿自选游戏时抓住时机以个别或小组的形式引导幼儿进行看图比较。

**指导要点：**教师也可以利用生活中幼儿熟悉的物体进行观察、比较。

**感知游戏 2　奇妙的口袋**

**目标：**尝试感知物体的多少、大小、长短、颜色等明显特征。

**准备：**在一个口袋里放置大小和多少不同的两小袋玩具或班内有的东西、两种能比较长短的教具，还有多种颜色的玩具。

**玩法：**幼儿在操作区玩娃娃家时，教师可以以一个角色出现（如送货员或圣诞老人），神秘地从口袋里拿出不同特征的玩具材料问幼儿，幼儿答对了就送给他们玩。

**建议：**口袋里的东西既可以是班里有的，也可以是班里没出现过的，但要选择幼儿熟悉的。

**感知游戏 3　找家**

**目标：**感知物体的大小、多少及颜色。

**准备：**数量、大小、颜色各异的动物或汽车轮廓板以及对应的嵌板。

**玩法：**鼓励幼儿观察轮廓板都有什么，帮助幼儿认识各种物体，然后用游戏的口吻，请幼儿帮助各种动物找到它们的家。

**操作游戏 1　小手套找朋友**

**目标：**能找出相同颜色、图案的手套。

**准备：**幼儿自戴手套若干双，小夹子若干只。

**玩法：**引导幼儿找出相同大小、相同颜色、相同图案的手套，并用小夹子夹在一起。

**操作游戏 2　小袋鼠找妈妈**

**目标：**体验操作的乐趣，感知物体的多少。

**准备：**在方形纸盒的侧面贴上袋鼠妈妈形象，把纸盒当做袋鼠妈妈的口袋，在纸盒上面扎几个小洞；制作数只小袋鼠卡片，粘贴在筷子上。

**玩法：**鼓励幼儿逐一把小袋鼠卡片插进袋鼠妈妈的“口袋里”（纸盒上面扎的洞洞），还可以鼓励幼儿与同伴比赛，比一比谁快。

**生活游戏　我爱吃水果**

**目标：**喜欢吃各种水果。

**准备：**将切成块的苹果、梨、香蕉、橘子等拌成沙拉待用；每人一套小碗和勺。

**玩法：**先请幼儿猜猜吃什么水果，引起幼儿的兴趣后，让幼儿品尝水果丁。

**建议：**在加餐或午点环节进行。

**指导要点：**品尝前，可以让幼儿猜一猜沙拉里面都藏了哪些水果。教师和幼儿一起品尝，并引导幼儿说一说自己都吃到了什么水果。

**美劳游戏1　粘贴——小帆船**

**目标：**对粘贴感兴趣，锻炼手指灵活性。

**准备：**梯形和三角形的彩色纸及长方形的图画纸若干，胶棒、棉签、小擦布等。

**玩法：**引导幼儿用梯形做船身，用三角形做船帆，粘贴小船。

**建议：**可在每天的幼儿自选游戏时间分组进行。

**美劳游戏2　绕毛线——给小羊穿衣服**

**目标：**1. 喜欢参与操作活动。

2. 把毛线缠绕在小羊身上。

**准备：**小羊图样的纸板，将毛线固定在板的一端，再投放在美工区。

**玩法：**请幼儿把毛线缠绕在小羊的身上。

**建议：**可在每天的自选游戏时间分小组或个别进行，这样既尊重幼儿的选择，又有利于对幼儿的个别指导。

**手指游戏　我有一双小小手**

**目标：**喜欢玩手指游戏，感知手指的粗与细、长与短的不同。

**玩法：**边说儿歌边做动作。

**建议：**开始玩时一定要放慢速度。

**附儿歌：**

我有一双手（双手打开手心、手背各向前伸两次），
十个手指头（双手握拳放开两次）。
指头有长短（分别伸出长与短的手指），
还有粗和细（分别伸出粗和细的手指）。
一二三四五（一只手的手指一个一个向下弯），
六七八九十（另一只手的手指一个一个向下弯）。
十指做游戏（双手交叉在一起两次），
吃饭和穿衣（双手交叉在一起两次）。
团结在一起（双手交叉在一起两次），
永远不分离（双手交叉握在一起）。

## 锻炼

**投掷游戏　小沙包**

**目标：**1. 对投掷感兴趣。
2. 尝试向前投掷。

**准备：**在场地上画上横线，小沙包若干。

**玩法：**1. 教师和幼儿站在线上，说完儿歌后投沙包："小沙包，手里拿，我要用你投远啦。一、二、三——"
2. 教师和幼儿一起说儿歌后拿回沙包站回横线上："小朋友，快快跑，快把沙包送回家。"

**建议：**引导幼儿自然地向前方投。可以设置一些投掷目标，吸引幼儿反复投掷的兴趣。

**指导要点：**教师和幼儿一起共同玩游戏，来吸引幼儿的模仿兴趣。不要过分纠正幼儿的投掷动作。

**跑的游戏 1　小马跑**

**目标：**1. 喜欢和教师一起游戏。
2. 听信号向指定方向走和跑。

**准备：**小马尾巴或头饰。

**玩法：**教师戴头饰和幼儿说儿歌："小马小马真勇敢，跑一跑呀看一看，小马小马快快跑，追到我呀真能干。"教师说："驾！快快追到××小朋友。"幼儿由场地一端跑到另一端。

**建议：**可以替换的儿歌："小马小马真聪明，跑一跑听一听；马儿马儿慢慢走，看谁耳朵听得清。吁，休息休息。""小马小马本领大，什么困难都不怕，走过小桥翻过山，我们已经长大了。"

**跑的游戏 2　小鸡回家**

**目标：**1. 感受一起游戏的快乐。
2. 能够听信号向指定地点跑。

**准备：**小鸡头饰，皱纹纸卷成的虫子；在场地一侧分散摆放与幼儿人数相等的塑料圈作为小鸡的家。

**玩法：**教师当鸡妈妈，幼儿当鸡宝宝，"鸡妈妈"带"鸡宝宝"离开"家"，走到场地中间四散找虫吃。这时，另一名教师头戴老鹰头饰"飞进"场地。"鸡妈妈"喊："老鹰来了，宝宝们快回家！""鸡宝宝"跑回圈中。"鸡妈妈"指导"鸡宝宝"选圈回家。

**建议：**开始进行游戏时，"老鹰"等每只"鸡宝宝"都回家，假装没有抓到"鸡宝宝”。待幼儿对此游戏的玩法都熟悉后，“老鹰”可以抓一只或几只“鸡宝宝”，鼓励“鸡宝宝”看到“老鹰”出来后，能快快跑回家。

**跑的游戏 3　追树叶**

**目标：**能够平稳地跑，不碰撞小朋友。

**玩法：**教师牵着绸布制作的“大树叶”在前面轻跑，幼儿和教师一起说儿歌追逐“大树叶”。

**建议：**教师可以制作几种不同颜色、不同形状的“大树叶”。游戏时，教师应依据幼儿的实际情况调节“大树叶”飞的高度、幼儿跑的方向及速度。

**指导要点：**跑之前，教师可引导幼儿讨论怎样跑不会撞到别人。

**附儿歌：**

大风吹，树叶飘，我和树叶来赛跑。红树叶，黄树叶，片片飞得高又高。

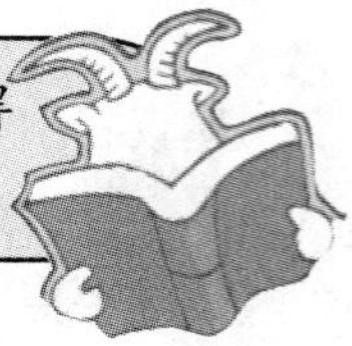

**平衡游戏 1　走钢丝过小河**

**目标：**能控制身体的平衡尝试踩着绳索走。

**准备：**3 米长的绳索。

**玩法：**将绳索拉直放在地上，引导幼儿从一端走到另外一端，保持身体平稳，尽量每一步都踩在绳索上。

**建议：**绳子可以变成不同的形状让幼儿走。待幼儿熟悉活动后，还可以请幼儿头顶物品行走，提高难度。

**平衡游戏 2　骑童车**

**目标：**对骑三轮脚踏车感兴趣并大胆尝试。

**准备：**三轮脚踏车及场地。

**玩法：**说完儿歌后，幼儿一个跟着一个骑小三轮车。

**建议：**在熟练后，可分小组一起骑或绕障碍物。利用比赛激发幼儿的兴趣。

**附儿歌：**

脚踏车，三个轮，
骑在上面真有趣。
手握紧，脚蹬起，
又快又稳记心里。

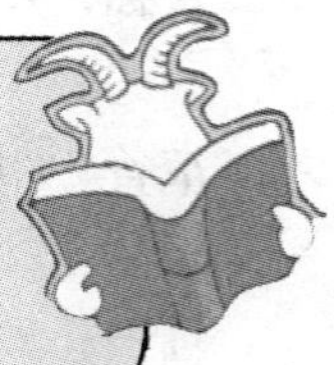

## 音乐游戏

**歌曲 1 《玩具大家玩》**

**目标：**1. 喜欢听歌或唱歌。

2. 知道幼儿园的玩具是大家的，不争抢玩具。

**建议：**可利用日常过渡环节或在分散游戏之前带幼儿学唱本首歌曲。

**附歌曲：**

1 = D 3/4

5 3 5 3 | 2 3 2 – | 1 3 3 3 |
玩具玩具 大 家 玩， 你 也 玩 呀，
1 2 2 2 | 1 3 2 3 | 1 – 0 ‖
我 也 玩 呀，大 家 一 起 玩。

**歌曲 2 《滑滑梯》**

**目标：**1. 喜欢唱歌。

2. 体验大家在一起游戏的快乐。

3. 知道玩滑梯时要排队。

**建议：**可在户外游戏时经常边唱边引导幼儿排队玩滑梯。

**附歌曲：**

1 = C 2/4

5 6 5 | 3 2 1 | 5 6 5 4 | 3 2 1 |
排 好 队，滑 滑 梯，你 不 推 我 不 挤，
1 2 3 4 | 5 6 5 | 6 6 5 3 | 2 3 | 1 – ‖
一个 一个 慢 慢 上，高 高 兴 兴 做 游 戏。

**歌曲 3 《大家好》**

**目标：**体验大家互相问好或互相称赞的快乐。

**建议：**可作为问好歌，也可作为夸赞歌，在日常活动中运用。

**附歌曲：**

1 = C 2/4

1 2 3 4 | 5 – | 5 4 3 2 | 3 – | 1 2 3 4 | 5 6 5 |
老师 您 好， 小 朋 友 好， 我们 大家 都 好，

5 4 3 2 | 1 - ‖
大家 都 好。

**音乐游戏　高人走、矮人走**

**目标：**尝试随着音乐节奏用脚尖走和蹲走。

**玩法：**第一段：前两个八拍做高人走的动作（双脚踮脚尖走，双手举过头顶做招手动作），后两个八拍做矮人走的动作（双手叉腰，双腿曲膝随乐曲节奏半蹲走）。

第二段：前两个八拍做高人转圈的动作，后两个八拍做矮人绕线的动作。

第三段：前两个八拍做高人点头的动作，后两个八拍做矮人抱肩的动作。

**建议：**1. 可以通过小组活动吸引全班幼儿参加。

2. 待幼儿熟悉音乐后，可根据幼儿的兴趣改编出各种动作引导幼儿随乐曲节奏进行活动。

**附乐曲：**

3 1 3 1 | 3 5 5 3 1 | 2 2 2 2 | 7 2 2 7 5 |
3 1 3 1 | 3 5 5 31 | 2 2 5 5 | 1 1 1 1 0 ‖

## （三）第二周周计划

<table>
<tr><th>项 目</th><th>目 标</th><th>环境与材料</th><th>活动内容</th></tr>
<tr><td>生活</td><td>1. 乐于接受各种食物，知道食物的名称和味道。<br>2. 不摸危险物品，不将异物放在耳、鼻、口中。</td><td>1. 美食盘，用来张贴三餐食谱图片。还可将幼儿品尝食物的味道时的表情拍下来，贴在墙上。<br>2. 五官可以移动的大头娃娃。</td><td rowspan="2">1. 儿歌<br>《小雪花》《宝宝不怕冷》《幼儿园真好玩》《拉链小火车》<br>2. 故事<br>《大家玩》《推雪球》《魔术香蕉》《贝贝与菲菲》《淘气的小乐乐》<br>3. 游戏<br>生活游戏：猜猜今天吃什么<br>手指游戏：一家人<br>美劳游戏：粘贴——花围巾；涂色——小帽宝宝<br>操作游戏：五彩项链<br>感知游戏：看谁指得快<br>建构游戏：我帮动物造房子；一列火车长又长<br>平衡游戏：运手绢</td></tr>
<tr><td>游戏</td><td>1. 感知玩具材料的多少和长短。<br>2. 乐于参加美术活动。<br>3. 对搭建活动感兴趣，逐步会延长、垒高。</td><td>1. 在建筑区投放各种积木可引导幼儿在操作中感知积木的多少、长短等。另外，可提供一些辅助材料吸引幼儿的搭建兴趣，如小动物玩具。<br>2. 为幼儿创设玩色的大展板和各种颜料以及围裙，让幼儿充分感知快乐。<br>3. 大串珠、大穿扣等。</td></tr>
</table>

（续表）

| 项 目 | 目 标 | 环境与材料 | 活动内容 |
| --- | --- | --- | --- |
| 锻炼 | 1. 锻炼幼儿平稳的跑、跳能力。<br>2. 能骑乘小三轮脚踏车。<br>3. 喜欢投沙包和球。 | 1. 充分利用自然资源（如太阳），使幼儿了解影子。<br>2. 在场地上做好标记线，以保证幼儿游戏的安全。<br>3. 游戏材料：小镜子，用废报纸及彩色糖纸剪出的“小雪花”，沙包，球，小三轮脚踏车及路线场地。 | 4. 锻炼<br>跳的游戏：小兔运萝卜；小雪花<br>平衡游戏：小司机运果果<br>跑的游戏：捉阳光<br>投的游戏：投篮<br>5. 歌曲<br>《哈巴狗》《拉拉手》 |
| 家园共育 | 1. 建议家长利用休息日多带幼儿接触大自然，多到户外游戏、踏雪、玩冰车，让幼儿感觉冬天风的寒冷和阳光照在身上的温暖。<br>2. 天气逐渐转凉，建议家长给幼儿穿舒适、保暖的衣物。<br>3. 冬天天气干燥，建议家长给幼儿适量饮些萝卜水、冰糖梨水等润肺清燥。 | | |
| 指导要点 | 1. 丰富游戏材料，使幼儿对多种游戏感兴趣，愿意选择参与活动，如装扮、搭积木、听故事等。<br>2. 愿意和同伴共同进行游戏。 | | |

## 儿歌

**儿歌 1**　**《小雪花》**（见 12 月幼儿用书）

**目标：**喜欢学说儿歌，感知雪的主要特征。

**准备：**幼儿用书。

**建议：**可以在图书区以小组的形式边看书边学说儿歌，当多数幼儿学会之后，可以带领幼儿在过渡环节练习打节奏说儿歌。还可以进行分组儿歌表演。

**指导要点：**1. 可以让幼儿猜一猜把雪花抓在手里会怎样。

2. 抓住下雪的时刻，和幼儿一起玩雪的各种游戏。如：为幼儿准备一些小工具和教师一起玩堆雪人的游戏，引导幼儿在愉快的兴趣体验中感受雪的基本特征。

**附儿歌：**

小雪花，飞呀飞。小娃娃，追呀追。
抓在手里看一看，雪花变成滴滴水。

**儿歌 2**　**《宝宝不怕冷》**

**目标：**喜欢锻炼，不怕冷。

**指导要点：** 1. 讲述儿歌时放慢语速，便于幼儿听清楚并理解。

2. 引导幼儿回忆自己外出游戏的情景，鼓励幼儿像儿歌里的宝宝一样不怕冷，做勇敢的孩子。

**建议：** 在户外游戏时，可带幼儿说说这首儿歌。

**附儿歌：**

北风北风呼呼，雪花雪花飘飘。
小球小球拍拍，小脚小脚跳跳。
一二一二跑跑，不怕冷呀宝宝。

**儿歌 3 《幼儿园真好玩》**

**目标：** 产生爱幼儿园的情感。

**建议：** 可以在日常生活中抓住各种契机，鼓励幼儿感受幼儿园生活的快乐，引导幼儿喜欢幼儿园、喜欢老师、喜欢小朋友。

**附儿歌：**

幼儿园，真好玩，滑滑梯，转转椅。
小朋友在一起，唱歌跳舞笑嘻嘻。

**儿歌 4 《拉链小火车》**

**目标：** 1. 有节奏地唱说儿歌。

2. 尝试自己拉拉链，学习穿脱棉背心。

**建议：** 可在幼儿穿马甲准备户外游戏前或之后进行，也可放在娃娃家进行。

**附儿歌：**

小拉链，变火车，插铁轨，上山坡，奇卡奇卡开上山，穿好马甲笑呵呵。

小拉链，是火车，轰隆隆，下山坡，向下开回火车站，拔出铁轨停好车。

## 故事

**故事 1 《大家玩》**

**目标：** 能够友好相处，有了玩具大家玩。

**建议：** 可在“故事小屋”进行讲故事活动。

**附故事：**

我们幼儿园里有娃娃、有大皮球，还有许多漂亮的积木，小朋友都很喜欢。强强拿了很多积木，他一个人在玩。这时候明明和小红走过来，强强把积木分给了明明和小红。明明、小红和强强一起搭房子，搭汽车……玩得真高兴。老师看见强强、明明和小红在一起玩积木，夸他们是好孩子。老师说："幼儿园里的玩具要大家一起玩。"

**故事 2**　**《推雪球》**（见 12 月幼儿用书）

**目标：**关注身边的小朋友。

**准备：**幼儿用书。

**玩法：**可先把故事讲给全班幼儿听，讲完后再引导幼儿看书。也可以在图书区和幼儿一起边看书边讲述故事。

**指导要点：**可以设计一些简单问题发起幼儿的谈话。如引导幼儿猜一猜：小动物为什么要帮助小兔子推雪球？谁帮你做过事？你帮助过别人吗？……

**建议：**可放在"故事小屋"进行讲故事活动。

**附故事：**

下雪了，山上滚下来一个大雪球，堵住了小兔的家门。兔妈妈和兔爸爸使劲推，推不开。兔宝宝从窗户跳出去，请好朋友来帮忙。小松鼠来帮忙，推呀推，推不动。小黄狗来帮忙，推呀推，推不动。小鹿看见跑过来，一二三，一二三，骨碌碌、骨碌碌，雪球滚下山去了。爸爸、妈妈出来了。大家拍手笑哈哈。

**故事 3**　**《魔术香蕉》**

**目标：**对操作活动感兴趣，尝试用香蕉皮摆画。

**建议：**平时吃香蕉时引导幼儿说说香蕉像什么，可用香蕉皮玩摆画游戏。

**附故事：**

我有一根魔术香蕉。看，神气的喇叭手来了。我的鼻子比小象的鼻子还要长。弯弯的香蕉船快要出发了。瞧，它又变成了香蕉姑娘。给香蕉姑娘戴顶小帽子。啊呀呀，小狗也要来抢香蕉姑娘啦！哈哈！才不让你够着呢！玩了那么久，肚子都饿了，大家一起分享香蕉吧！香蕉皮还能变吗？香蕉皮还可以给我的熊宝宝支个小帐篷呢！

**故事4　《贝贝与菲菲》**

**目标：**养成良好的进餐习惯。

**准备：**一大一小两只松鼠玩偶。

**指导要点：**1. 引导幼儿看一看两只松鼠玩偶有什么不同，并猜一猜谁是弟弟、谁是哥哥。

2. 听完故事后讨论：“为什么大家都把菲菲当哥哥，把贝贝当弟弟？”

3. 激发幼儿喜欢吃各种食物的兴趣，并学会自己吃。

**建议：**可在餐前进行。

**附故事：**

松鼠妈妈生了一对双胞胎，哥哥叫贝贝，弟弟叫菲菲。俩人走在大街上，哥哥弟弟分不清。菲菲吃饭不挑食，贝贝吃饭爱挑食。菲菲自己吃饭，贝贝总让妈妈追着喂。菲菲把饭全吃完，贝贝剩菜又剩饭。菲菲长得高又壮，贝贝长得瘦又小。走在大街上，别人都把菲菲当哥哥，把贝贝当弟弟。俩人上幼儿园，菲菲顺利入了园，贝贝还要等一年。

**故事5　《淘气的小乐乐》**

**目标：**不摸危险物品，不将异物放在耳、鼻和口中。

**准备：**小兔医生的手偶。

**指导要点：**1. 教师在“小小故事屋”自然地播放这个故事的录音。

2. 根据故事提问：“小乐乐为什么住院？”分析原因，教育幼儿不把异物放进耳朵、鼻子、口中。

3. 结合生活实际和幼儿讨论哪些是危险的行为不能做。

**建议：**如果安排在偶发事件后进行，如有的幼儿喜欢把异物放进口中时，可用小兔医生的口吻进行这个活动，效果可能会更好。

**附故事：**

小兔医生正在给病人看病，小乐乐哭着走了进来，难受地说：“兔医生，快救救我，我把一颗小豆子放进耳朵里了，我听不见了！”小兔医生赶忙过来为他诊断：“哎呀！这颗豆子太深了，要做手术才能把它取出来。”兔医生赶快安排了手术为小乐乐取出了豆子，并且对小乐乐说：“以后可不要把一些小东西放进耳朵里啦！多危险呀！嘴巴和鼻子里也不能放，这也是很危险的，知道了吗？”小乐乐害羞地低下了头。

## 游戏

**生活游戏　猜猜今天吃什么**

**目标：**喜欢吃饭，不挑食。

**准备：**厨房老师做好的饭菜。

**玩法：**在厨房老师送饭时，教师大声说："咱们快猜猜今天吃什么吧？"待幼儿猜出几样后，教师打开盖子说："今天吃香香的×××，咱们来玩一个游戏看谁吃得又快又香，一点都不剩。"幼儿自己愉快进餐。

**手指游戏　一家人**

**目标：**发展手指的灵活性。

**玩法：**一只手的五指自大拇指开始随儿歌逐一伸出，用另一只手随儿歌从大拇指依次指到小拇指。

**建议：**可以用幼儿的名字替代爷爷、奶奶、爸爸等称谓，幼儿会更感兴趣。如"胖胖的东东笑眯眯……"可放在与幼儿自然互动的环节。

**附儿歌：**

胖胖的爷爷笑眯眯，瘦瘦的奶奶好脾气。
高个子爸爸力气大，漂亮的妈妈好身体。
小小的是我点点头，一家人快乐又欢喜。

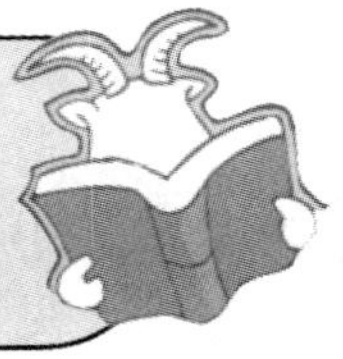

**美劳游戏 1　粘贴——花围巾**

**目标：**对粘贴活动感兴趣，喜欢尝试用粘贴工具进行简单装饰。

**准备：**在美工区投放画好的围巾若干、胶棒若干、湿毛巾若干、碎彩纸。

**玩法：**在自主游戏时，可结合美工区幼儿的活动，引导幼儿将碎彩纸粘贴在画好的围巾上，使它变成彩色围巾。如果幼儿感兴趣，可分组进行。

**美劳游戏 2　涂色——小帽宝宝**

**目标：**1. 喜欢涂色，对涂色感兴趣。

2. 知道天冷外出时戴上帽子。

**准备：**画好的带着小帽的雪人若干、小蜡笔若干。

**玩法：**引导幼儿用手中的小蜡笔给雪人宝宝"戴"上彩色的帽子。

**建议：**将此活动在美工区进行。

**操作游戏　五彩项链**

**目标：**喜欢玩穿扣游戏，能够用绳穿起扣子。

**准备：** 各色大穿扣和绳子。

**玩法：** 引导幼儿把绳子穿进大穿扣的洞洞里，穿成五彩项链。

**建议：** 在操作区进行。

**感知游戏　看谁指得快**

**目标：** 指出五官的具体位置。

**玩法：** 教师和幼儿一起边拍手边说自编儿歌："快快快！快快快！看谁指得快又快。"教师说："眼睛。"幼儿指出相应的位置（依次指出五官或打乱顺序游戏）。

**建构游戏 1　我帮动物盖房子**

**目标：** 初步体验围拢、搭高的搭建方法。

**准备：** 小动物玩具，大块积木（软体积木或纸砖）。

**玩法：** 以给小动物盖房子的情节引起幼儿参与搭建活动的兴趣。活动中，教师指导幼儿学习围拢、搭高的方法。

**建构游戏 2　一列火车长又长**

**目标：** 对搭建活动感兴趣，逐步学会延长的搭建方法。

**准备：** 大块积木（材质不限），各种小动物玩具。

**玩法：** 在建筑小屋与幼儿练习搭建，教师创设小动物要去旅行但没有火车的情境，请幼儿为他们搭一列火车，搭好后将小动物放置在每节车厢中。

**建议：** 小动物"上车"时，可引导幼儿说一些简单的礼貌用语，如"谢谢""再见"等。

**平衡游戏　运手绢**

**目标：** 1. 喜欢尝试新游戏。

2. 头顶手绢平衡地走。

**准备：** 幼儿自己的小手绢。

**玩法：** 鼓励幼儿将手绢顶在自己的头上，两臂侧平举走路，尽量不让头上的手绢掉下来。

**建议：** 可以用其他物品替代手绢。教师还可画出规定场地。

## 锻炼

**跳的游戏 1　小兔运萝卜**

**目标：** 喜欢模仿兔跳，能够双脚向前跳。

**准备：** 小兔头饰若干，布制萝卜若干。

**玩法：**幼儿由场地的一端双脚跳到另一端，捡到“萝卜”跳回来。游戏可反复进行。

**跳的游戏 2　小雪花**

**目标：**体验向上跳和手臂向上挥动的动作。

**准备：**用废报纸及彩色糖纸剪出的“小雪花”。

**玩法：**教师和幼儿边说儿歌边双脚向上纵跳，当说到“下雪啦”时，把小雪花抛向空中。

**附儿歌：**

小雪花，我爱你，请你和我做游戏……下雪啦！

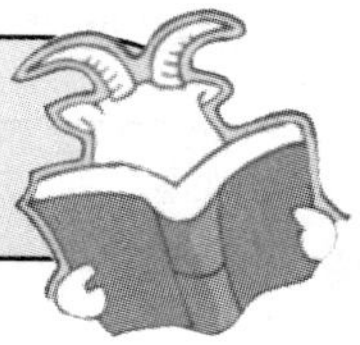

**平衡游戏　小司机运果果**

**目标：**能骑脚踏三轮车。

**准备：**脚踏三轮车，沙包。

**玩法：**创设“我们都是小司机”的情境，请幼儿把地里的“西瓜”（沙包）运到大卖场，看谁最能干。

**建议：**运完“西瓜”后可运些别的东西，激发幼儿运输的兴趣。

**跑的游戏　捉阳光**

**目标：**能够向指定方向跑。

**准备：**一面小镜子。

**玩法：**教师手拿小镜子对着太阳晃动，把阳光反射到地面上，幼儿去捉阳光（可以由三名教师带三组幼儿）。幼儿和教师边说儿歌边游戏。

**附儿歌：**

小镜子，晃呀晃，它能反射太阳光，
小朋友，追呀追，捉到阳光真叫棒。

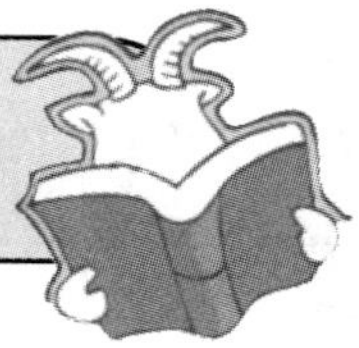

**投的游戏　投篮**

**目标：**对投掷感兴趣，能够做投掷的基本动作。

**准备：**沙包，小球和小球篮。

**玩法：**鼓励幼儿将沙包和球往篮筐里投，看谁投得准，还可以画一条线让幼儿往远投，看谁投得远。

**建议：**只要幼儿掌握投的动作就要鼓励，不要过于强调准和远。

## 音乐游戏

**歌曲1　《哈巴狗》**

**目标：**喜欢和教师一起唱歌、表演。根据歌词做简单的动作。

**建议：**可利用录音播放歌曲，教师带领幼儿在跟唱的同时模仿小狗的动作，以吸引幼儿的学唱和表演兴趣。

**附歌曲：**

1＝C　4/4

1 1 1 2　3　－｜3 3 3 4 5　－｜5 5 4 3 2　－｜5 5 2 3　1 0‖

一只 哈巴狗，　蹲在大门口，　眼睛黑黝黝，　想吃肉骨　头；

一只 哈巴狗，　吃完肉骨头，　尾巴摇一摇，　向我点点　头。

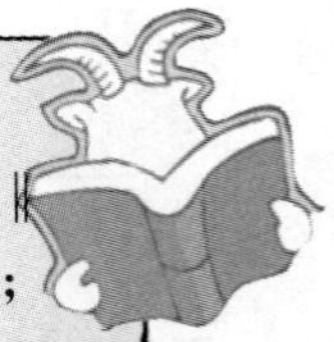

**歌曲2　《拉拉手》**

**目标：**感受与同伴一起唱歌游戏的快乐。

**建议：**可作为过渡环节的游戏歌曲，在户外玩拉圈游戏时自然进行。

**附歌曲：**

1＝C　2/4

3 5　5｜3 5　5｜3 5　i 7｜6 i　5｜

拉 拉 手，拉 拉 手，拉 成 圆 圈　慢 慢 走，

6 5　5｜3 5　5｜6 5　3 1｜2 0　5 0｜1　－‖

慢 慢 走，慢 慢 走，放 开　小 手　点　点　头。

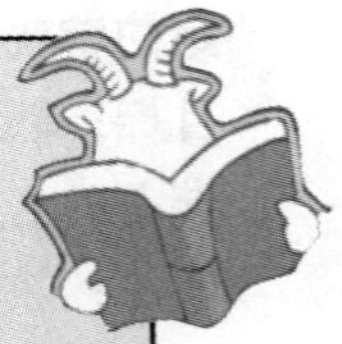

## （四）第三周周计划

| 项目 | 目标 | 环境与材料 | 活动内容 |
|---|---|---|---|
| 生活 | 1. 喝水时能感觉到不同的水在味道上的变化。<br>2. 基本掌握餐后擦嘴、漱口的方法。 | 1. 消毒干净的水杯、多种口味的水，如淡茶、梨水、菊花水、萝卜水、果汁水等。<br>2. 白开水和消毒干净的毛巾。 | 1. 儿歌<br>《穿鞋歌》《轻轻揉》《洗脚》《漱口歌》《锻炼身体好》<br>2. 故事<br>《白雪真漂亮》《蹦蹦跳》 |

（续表）

| 项 目 | 目 标 | 环境与材料 | 活动内容 |
|---|---|---|---|
| 游戏 | 1. 认识各种感官。<br>2. 喜欢尝试运用感官感知冷暖变化和风、雪等自然现象。 | 1. 在认知区提供镜子。<br>2. 提供适宜的图片、图书，引导幼儿喜欢看、说。<br>3. 增加装扮游戏的服装、服饰、书包等。 | 3. 游戏<br>生活游戏：多味的水<br>感知游戏：看谁指得快；喂鸡；看谁不见了；**小猫在哪里**<br>手指游戏：睡觉了，起床了；包饺子<br>角色游戏：小小送水员<br>美劳游戏：绘画——小狗烫头发；粘贴——雪人的帽子<br>4. 锻炼<br>跑的游戏：小老鼠满地跑；小孩小孩真爱玩<br>跳的游戏：小兔和大灰狼<br>爬的游戏：钻山洞；爬山坡<br>5. 歌曲<br>歌曲：《五官歌》《小猫》《小钟》《扭屁股》<br>音乐律动：《小鱼》 |
| 锻炼 | 1. 会骑乘小三轮脚踏车。<br>2. 能双脚向前跳。<br>3. 能向指定方向跑。 | 1. 尽量保证游戏时有单独的活动场地，保证幼儿游戏的安全。<br>2. 游戏材料：自制带绳的老鼠若干，用彩绳或彩纸摆成两条间隔 10 厘米的平行线当做小河。 | |
| 家园共育 | 1. 利用共育栏向家长提出操作性建议，回家后鼓励幼儿干一些力所能及的事情。<br>2. 建议家长在家要与幼儿多交流，促进幼儿的语言发展。<br>3. 请家长和幼儿共同玩雪，引起幼儿对大自然现象的兴趣。 | | |
| 指导要点 | 引导幼儿早晚离园时与父母、教师、同伴打招呼，有需求时主动寻求帮助。 | | |

## 儿歌

**儿歌 1　《穿鞋歌》**

**目标：**学习正确穿鞋的方法。

**玩法：**可以让幼儿摆一摆，看一看两只小鞋子怎样放在一起才好看，然后小脚与小鞋子一一对应穿上即可。

**建议：**可以借助室内区域活动时间（娃娃家、休闲区、建筑区等）进行个别指导，还可利用午睡起床环节边轻声说儿歌边指导幼儿练习。

**附儿歌：**

两只小鞋是朋友，穿错两边歪着头。
分清正反并不难，朋友一起头碰头。

**儿歌 2　《轻轻揉》**

**目标：**1. 能清楚地说唱儿歌。

2. 爱洗头、讲卫生。

**建议：**此儿歌简单、易懂，接近幼儿的生活，可以随机利用各个环节过渡时间，和幼儿边说儿歌边做揉揉、亲亲等模仿动作。每次说完儿歌，可以鼓励幼儿到教师怀里，请教师闻闻头发香不香。还可以鼓励幼儿间互相闻闻头发散发出来的味道。通过肢体接触，增进师生之间、同伴之间的情感。可以把儿歌中的妈妈换成老师、小朋友的名字。

**附儿歌：**

轻轻揉，轻轻揉，宝宝爱洗头。干干净净香喷喷，妈妈抱我亲一亲。

**儿歌 3　《洗脚》**

**目标：**1. 有节奏地说唱儿歌。

2. 养成爱洗脚的习惯。

**建议：**可以利用午睡起床时间，鼓励幼儿相互看看小脚丫是否干净，并进行揉搓小脚丫的按摩活动，增进脚丫的血液循环。也可以利用离园前时间，和幼儿一起轻声说儿歌，鼓励幼儿晚上睡前把小脚丫洗干净。还可以将此儿歌张贴在“家长园地”，请家长在幼儿在家洗脚时，和幼儿一起学说，起到鼓励、引导幼儿养成良好的卫生习惯的辅助作用。

**附儿歌：**

小脚盆，水清清，小脚丫，洗干净。小毛巾，擦一擦，舒舒服服笑哈哈。

**儿歌 4　《漱口歌》**

**目标：**1. 喜欢说儿歌。

2. 能够掌握漱口的基本方法，养成餐后漱口的好习惯。

**玩法：**在餐后环节，可在盥洗室鼓励幼儿漱口前说儿歌。边说儿歌边用相机拍下幼儿漱口的每个环节，贴在盥洗室以便提醒幼儿漱口的正确方法。

**建议：**一定要与家长共同合作，请家长在家也鼓励幼儿饭后漱口。

**附儿歌：**

手拿花花杯，含口清清水，抬起头，闭上嘴，咕噜咕噜吐出水。

**儿歌 5 《锻炼身体好》**

**目标：**感知冬天特征，喜欢参加户外活动。

**建议：**可以利用每天户外活动前的时间，鼓励幼儿说儿歌，激发幼儿参与户外活动的兴趣，和教师、同伴一起勇敢并开心地做游戏。

**附儿歌：**

冬天到，雪花飘，
我和雪花来赛跑。
不怕风，不怕雪，
冬天锻炼身体好。

## 故事

**故事 1 《白雪真漂亮》**

**目标：**认识雪的颜色，学说短句。

**指导要点：**1. 讲述故事时放慢语速，以便于幼儿听清楚并理解词汇和短句，引导幼儿学说短句。

2. 讲述故事时，引导幼儿观看户外雪的颜色并用手去感受雪，感受时间不宜过长，以免过冷。

**附故事：**

一朵、两朵、三朵……雪花慢慢从天上飘落下来。

雪花飘呀飘，飘到了房子上，房子变白了，房子对雪花说："谢谢你！你给我披的白披巾真漂亮！"

雪花飘呀飘，飘到了大树上，大树变白了，大树对雪花说："谢谢你！你给我穿的白裙子真漂亮！"

雪花飘呀飘，飘到了马路上，马路变白了，马路对雪花说："谢谢你！你铺的白地毯真漂亮！"

**故事 2 《蹦蹦跳》**

**目标：**了解动物的习性，学说简单短句。

**建议：**可以灵活地利用室内外活动时间给幼儿讲述此故事。室内活动时，培养幼儿安静倾听的好习惯，鼓励幼儿学说短句；室外游戏进行跳的动作练习时，可以变换动物角色，边说"××会蹦蹦跳"边模仿跳的动作。教师还可以将跳灵活转换为飞、游、爬、走、跑等动作，使户外游戏丰富多样化，激发幼儿参与的兴趣。

**附故事：**

谁会蹦蹦跳？小青蛙会蹦蹦跳。小白兔会蹦蹦跳。小狗狗会蹦蹦跳。小虫虫会蹦蹦跳。

小鸭子不会蹦蹦跳，急得呷呷叫。小乌龟不会蹦蹦跳，急得团团转。

小袋鼠说："小鸭子、小乌龟，我带你们蹦蹦跳！"

哇，这下小鸭子和小乌龟蹦得比谁都高了！

## 游戏

**生活游戏　多味的水**

**目标：**能够接受多种口味的水。

**准备：**萝卜水、梨水、藕水、秋梨膏等。

**玩法：**以开小水吧的方式引导幼儿自己动手接水并乐于接受多种口味的水。

**建议：**每次可以提供两至三种不同口味的水，教师可以与幼儿共同品尝，鼓励幼儿说说水的味道，并定期更换。

**感知游戏1　看谁指得快**

**目标：**知道五官的具体位置。

**玩法：**教师和幼儿自然落座。教师和幼儿一起边拍手边说自编儿歌："快快快！快快快！看谁指得快又快。"教师说："眼睛。"幼儿指出相应的位置（依次指出五官或打乱说五官的顺序游戏）。

**建议：**此游戏可以在一日生活中随时进行，教师可以带幼儿在大镜子前游戏，也可以为幼儿准备多面小镜子，请幼儿按指令指出五官或身体的其他部位后，照镜子判断一下自己指的是否正确，增加游戏的趣味性。

**感知游戏2　喂鸡**

**目标：**感知同伴的声音。

**准备：**蒙眼罩。

**玩法：**请一名幼儿做猜者，用眼罩遮住其眼睛。教师和幼儿一起说儿歌，当说到最后一句"出来吃把米"时，另一名教师轻摸任一幼儿的头，此幼儿立即学小鸡叫："叽叽叽，叽叽叽。"请蒙眼幼儿猜猜是谁的声音。

**建议：**此游戏可以任意转换为别的动物角色，如"小狗吃骨头""小猫吃鱼""熊猫吃竹子"等。可以组织幼儿在室内外进行该游戏。在室外游戏时，可以创设"妈妈找宝宝回家吃食物"的游戏情境进行引导，幼儿练习走、跑、跳等基本动作。

**附儿歌：**

我有一只小小鸡，不知在哪里。请你快快叫一声，出来吃把米。

**感知游戏3　看谁不见了**

**目标：**能够发现物体的变化。

**准备：**毛绒动物玩具。

**玩法：**1. 出示三只毛绒动物玩具，请幼儿正确叫出它们的名字。

2. 藏起一只毛绒动物玩具，请幼儿观察并说出什么动物玩具不见了。

**建议：**根据幼儿猜的情况，适当增减出现动物玩具的数量和藏动物玩具的数量。此形式的活动可以在室内外随机进行：由物体数量上的变化转换到同伴人数的变化，由室内近距离的游戏转换为户外远距离的观察，可调节的空间很大。

**感知游戏4　小猫在哪里**（见12月幼儿用书）

**目标：**1. 喜欢看书。

2. 感知物体的空间方位。

**准备：**幼儿用书。

**建议：**在自选游戏时进行。采用小组和个别方式的师幼互动，这样更有利于教师对全班幼儿的了解。

**指导要点：**1. 可以先不念书上的儿歌，待幼儿找到小猫之后，再引导幼儿一起说儿歌。

2. 可结合身边的环境，引导幼儿感知物体的空间方位，如班中玩具摆放的空间位置的不同。

**手指游戏1　睡觉了，起床了**

**目标：**提高幼儿根据语言指令控制手指动作的能力。

**玩法：**双手手掌合十，十指相对，伴随儿歌“天黑了……睡觉了”，依次从大拇指到小指交叉扣在手心上抱成拳，念“大家都睡了”时，抱拳随节奏作揖。从“大拇指起床了”一句开始，握合的手指逐一打开，念“大家都醒了”时，按节奏击掌5下，游戏结束。

**建议：**此游戏可以在室内外活动中随时进行。还可以将此游戏改编：将幼儿分成五组——大拇指组、二胖子组、高个子组、四弟弟组、小妞妞组。说到谁睡觉了，哪组就轻轻蹲下，依次蹲下后，再依据儿歌内容依次站起。

**附儿歌：**

天黑了，大拇指睡觉了，二胖子睡觉了，高个子睡觉了，四弟弟睡觉了，小妞妞睡觉了，你睡觉我睡觉，大家都睡觉了。

天亮了，大拇指起床了，二胖子起床了，高个子起床了，四弟弟起床了，小妞妞起床了，你起床我起床，大家都起床了！

**手指游戏 2　包饺子**

**目标：**学说短句，喜欢模仿。

**建议：**当幼儿有了初步的兴趣后，可以丰富模仿的内容，如增加儿歌的内容："切、切，切白菜。剁、剁，剁白菜。擀、擀，擀饺子皮。和、和，和饺子馅。捏、捏，捏饺子。煮、煮，煮饺子。捞、捞，捞饺子。吃、吃，吃饺子。谢谢叔叔阿姨们。"并为每句都配上简单的模仿动作，使幼儿了解包饺子的全过程，丰富幼儿已有的生活经验。

**附儿歌：**

擀擀皮（两手相对来回搓的动作），
和弄和弄馅（右手小拇指放在左手手心中转动），
包饺子（右手逐一捏左手的手指），
包的什么馅（可任意说什么馅，如苹果馅、香蕉馅等）？

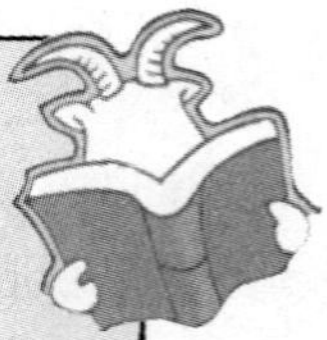

**角色游戏　小小送水员**

**目标：**喜欢为同伴做事。

**准备：**萝卜水、梨水、藕水、秋梨膏等。

**玩法：**每天请一名幼儿当列车员给小朋友送水喝。

**建议：**幼儿年龄较小，平衡能力还较弱，送水时水量应适宜。也可以在室内外活动中都采用这种形式，鼓励幼儿给同伴送马甲、送玩具、送图书等。

**美劳游戏 1　绘画——小狗烫头发**

**目标：**喜欢进行绘画活动，尝试画曲线。

**准备：**在图画纸上画上单线条小狗。

**玩法：**请幼儿给小狗添上头发，鼓励幼儿为小狗画上多多的、密密的、弯弯的头发。

**建议：**此绘画活动可以在每天的室内活动时间进行。可以提供油画棒、棉签等多种工具材料，利用低矮墙饰布置成小狗的家，帮助幼儿将"烫"好头发的小狗剪下来，贴到家里面。

**美劳游戏 2　粘贴——雪人戴帽子**

**目标：**喜欢制作活动，感知粘贴的正确方法。

**准备：**画好的雪人每人一张，彩色帽子每人一个，胶棒，湿毛巾。

**玩法：**引导幼儿给小雪人粘贴帽子。

**建议：**1. 指导幼儿正确地使用胶棒，并知道手脏后用湿毛巾擦。
2. 粘贴帽子的同时，引导幼儿在生活中外出时记住戴帽子。

## 锻炼

**跑的游戏1　小老鼠满地跑**

**目标：** 向指定方向跑，提高控制身体的能力及动作的协调性。

**准备：** 自制带绳的老鼠若干。

**玩法：** 教师和幼儿每人拖一只老鼠，一起说儿歌："小老鼠，吱吱叫，拖着尾巴到处跑。喵呜一声猫来了，快快跑到×××。"教师发出指令后，幼儿向指定地点跑去。

**建议：** 可以依据本班幼儿的身体状况，随意改变跑的方向和速度，指定地点空间应比较宽阔，以保证幼儿的安全。

**跑的游戏2　小孩小孩真爱玩**

**目标：** 1. 体验大家一起游戏的快乐。

2. 能够平稳地跑步。

**玩法：** 教师和幼儿同说儿歌："小孩小孩真爱玩，摸摸这儿摸摸那儿，摸摸××跑回来。"幼儿听到最后一句指令后，按要求做相应的动作。

**建议：** 待幼儿熟悉后，可随时改变角色，如：小白兔小白兔真爱玩，摸摸这儿摸摸那儿，摸摸××跳回来。

**跳的游戏　小兔和大灰狼**

**目标：** 能够双脚向前跳。

**准备：** 塑料圈若干，作为兔洞。

**玩法：** 将塑料圈放在场地上，一个圈就是一个山洞，教师扮兔妈妈，幼儿扮小兔，在场地上说儿歌："小白兔，真可爱，蹦蹦跳跳上山来，上山要去干什么，去找萝卜和青菜。"幼儿说完儿歌双脚向前跳。另一名教师扮成大灰狼，假装去抓"小兔"，"小兔"要迅速跑入山洞中，游戏可反复进行。

**建议：** 可以灵活调整兔洞的设置，利用多种辅助材料逐渐增加游戏的难度。可以用大小不同的汽车轮胎、纸箱等作为兔洞，使"小兔"在进洞时，也能得到相应的登高、钻爬动作的发展。

**爬的游戏1　钻山洞**

**目标：** 1. 对爬的游戏感兴趣。

2. 体验手膝爬的动作。

**准备：** 准备小汽车标志，并将桌子排成一排。

**玩法：** 幼儿扮小汽车在教室内开车慢跑，教师引导幼儿开到桌子下玩钻山洞的游戏。

**指导要点：**"小汽车"要一辆跟着一辆开，不碰撞；钻山洞时要小心，不碰头，爬行方向要一致。

**建议：** 在每天的室内外钻爬活动时，可以灵活调整辅助玩具材料，逐渐增大游戏的难度。如：将大纸箱做成筒状，把凉席搭在几个拱形门上，把汽车轮胎立起等都可以作为山洞，增加游戏的神秘感，提高幼儿参与的趣味性。

### 爬的游戏2　爬山坡

**目标：** 爬的动作。

**准备：** 汽车轮胎堆成的山坡。

**玩法：** 请幼儿在车轮山上自由地爬行。

**建议：** 每天户外活动时，教师可以帮助幼儿将车轮摆放成不同的路线、不同的高度，使爬的难易程度有所变化、有所区别。

## 音乐游戏

### 歌曲1　《五官歌》

**目标：** 1. 知道五官的名称，能按歌曲内容指出来。

2. 喜欢演唱歌曲。

**建议：** 1. 当幼儿熟悉歌曲后，可以灵活利用室内外活动时间，改变歌曲内容，指出同伴或室内外玩具、物品等。户外游戏时，可以增加基本动作的练习，当幼儿按照歌曲内容指出物品后，可以增加“摸一下×××跑回来”等的内容。

2. 幼儿和成人一起唱歌做动作，唱完一段词后，成人问：“鼻子在哪里？”幼儿边指边回答说：“鼻子在这里。”

**附歌曲：**

1＝C　4/4

3 5 3 5 3 5 | 6 1̇ 5 - | 3 - 2 - | 1 - - 0 ‖

鼻子 鼻子 鼻子　在 哪 里？　在　这　里。（指鼻子）

眼睛 眼睛 眼睛　在 哪 里？　在　这　里。（指眼睛）

耳朵 耳朵 耳朵　在 哪 里？　在　这　里。（指耳朵）

嘴巴 嘴巴 嘴巴　在 哪 里？　在　这　里。（指嘴巴）

摇头 摇头 摇头　摇 摇 头，　摇　摇　头。（摇头）

点头 点头 点头　点 点 头，　点　点　头。（点头）

**歌曲 2　《小猫》**

**目标：**熟悉歌曲旋律，喜欢演唱歌曲和模仿动作。

**建议：**待幼儿熟悉歌曲后，可以改变歌曲内容，变换为其他动物的名字，了解其他动物的生活习性，扩展幼儿的认知经验。

**附歌曲：**

1 = D　2/4

5. 3　5. 3 | 2 3　2 | 5. 3　5. 3 | 2 3　2 |

喵　喵　小猫叫，喵　喵　小猫叫，

1 1　2 3 | 2　- | 5 3　2 3 | 1 - ‖

小猫要吃　鱼，　我来喂喂　你。

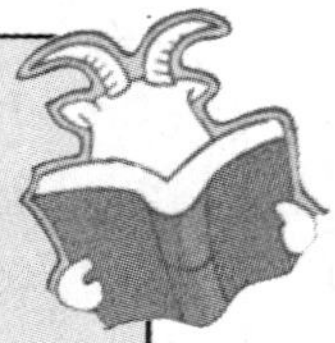

**歌曲 3　《小钟》**

**目标：**感受欢快的歌曲旋律，喜欢演唱歌曲。

**建议：**可以将歌词改编成各种有声响的物品，也可以作为户外分散活动后集中幼儿注意力的手段，例如，可以改编成“请听老师说话，啦啦啦”或者“快快排好一队，开火车”。

**附歌曲：**

1 = C　2/4

5　3 | 4　2 | 5　3　| 4　2 | 1 2　3 4 | 5　3 | 4　2 | 1　- ‖

嘀嗒 嘀嗒 嘀嗒　嘀嗒，我听小钟说话　嘀嗒　嗒。

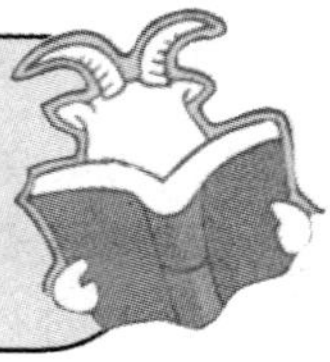

**歌曲 4　《扭屁股》**

**目标：**感受舒缓歌曲的旋律；喜欢演唱和律动。

**建议：**可以改编歌曲内容的动作，也可以在室内外活动时随机进行，鼓励幼儿和教师一起想办法变换动作，对幼儿的想法及时给予肯定。

**附歌曲：**

1 = C　4/4

5 6 5. 6 | 5 3 1 - | 6 2 6 67 | 1 - 5 - |

扭屁股呀，扭屁股，　来学小动物跳　跳，

3 3 1. 6 | 6 6 2 — | 6 2 5 67 | 1 2 3 0 |

洗洗脸呀，洗洗脸，　来学小动物跳跳跳，

6 2 5 67 | 1 3 1 0 ‖

来学小动物跳跳跳。

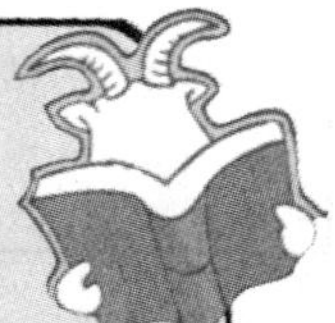

**音乐律动　《小鱼》**

**目标：**喜欢根据歌曲内容做动作。

**建议：**可以改编成其他动物的模仿动作。在室内外活动时，可以随机带领幼儿做此律动，之后，玩小鱼或其他动物的游戏。

**附歌曲：**

1 = C　2/4

1 1　1 3 | 1 1　1 | 2 2　2 4 | 2 2　2 |

河 里　小 鱼　游 游 游，摇 摇　尾 巴　点 点　头，

3 5　5 | 3 5　5 | 6 6　5 5 3 | 2 3　1 ‖

一会儿上　一会儿下　好 像 快 乐 的　小 朋　友。

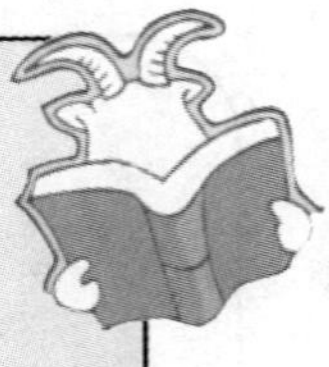

## （五）第四周周计划

| 项目 | 目标 | 环境与材料 | 活动内容 |
|---|---|---|---|
| 生活 | 1. 起床时能积极配合成人穿衣服。<br>2. 能配合成人穿脱棉背心，会自己把背心放在固定的地方。 | 1. 温馨、舒适的卧室环境和整洁的衣物。<br>2. 提供各式的娃娃衣服，玩给娃娃穿脱衣服的游戏。 | 1. 儿歌<br>《互相帮助》《穿裤子》《穿衣歌》**《好宝宝》《新年到》**<br>2. 故事<br>《小鸭排队》《小袋子》<br>3. 游戏<br>爱眼游戏：眼保健操<br>认知游戏：小小服装店<br>美劳游戏：粘贴——圣诞树；撕纸——雪花；玻璃画<br>感知游戏：什么声音 |
| 游戏 | 1. 对美术活动感兴趣，乐于尝试用不同的材料进行游戏，初步掌握简单的使用方法。<br>2. 在动手过程中体验快乐与自信。 | 1. 为幼儿准备不同美术材料，如橡皮泥、皱纹纸、各色颜料、棉棒、印章等。<br>2. 在美工区增加可用来粘贴的半成品，同时为幼儿粘贴一些较简单的范例。<br>3. 创设一个展示幼儿作品的展台，使幼儿体验成功。<br>4. 在音乐区为幼儿提供一些简单的打击乐器。 |  |

（续表）

| 项目 | 目标 | 环境与材料 | 活动内容 |
|---|---|---|---|
| 锻炼 | 1. 会骑乘小三轮脚踏车。<br>2. 会双脚向前跳。<br>3. 会向指定方向跑。 | 1. 天气太冷时，如不能出来游戏时，可适当地组织幼儿在室内进行活动。<br>2. 游戏材料：将与幼儿人数一样多的塑料圈分散在场地的周围，准备好老鹰头饰、小三轮脚踏车及路线场地。 | 4. 锻炼<br>爬的游戏：小手小脚<br>跑的游戏：小鸡回家；跑得快；踩雪<br>跳的游戏：小兔跳<br>5. 歌曲<br>《好孩子》《新年好》《小飞机上蓝天》《小宝宝要睡觉》 |
| 家园共育 | 1. 请家长在家也引导幼儿爱护玩具，玩后收好，养成好习惯。<br>2. 建议家长给幼儿穿舒适的鞋。<br>3. 引导家长带幼儿参与各种冬季锻炼，不要给幼儿穿过多的衣物，以免影响幼儿的活动。 | | |
| 指导要点 | 不怕冷，坚持户外活动，愿意与教师、家长、同伴讲一些自己的事情。 | | |

## 儿歌

**儿歌 1　《互相帮助》**

**目标：**知道同伴间应相互帮助。

**建议：**在午睡前后、室内外活动取放玩具时、盥洗时挽袖子等环节，鼓励幼儿相互帮助，并给予幼儿口头或物质上的奖励。

**指导要点：**可结合一日生活中的各环节捕捉到的教育契机，随机对幼儿进行提示、引导、鼓励、评价。

**附儿歌：**

午睡后，起床时，平平自己学穿衣，后面纽扣扣不到，玲玲帮她来扣好。

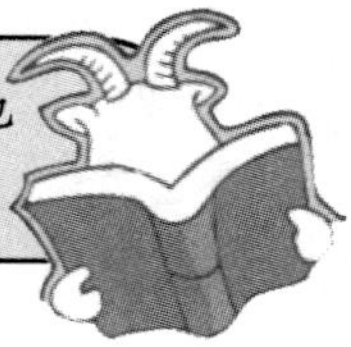

**儿歌 2　《穿裤子》**

**目标：**尝试穿裤子的方法。

**建议：**可以借助娃娃家活动鼓励幼儿给娃娃穿裤子；也可以利用午睡起床时间和幼儿一起边说儿歌边练习穿裤子。

**附儿歌：**

拉着裤腰儿，伸进裤腿儿，
伸出脚丫儿，穿好裤子儿。

**儿歌3　《穿衣歌》**

**目标：**愿意自己的事情自己做，能够自己穿棉背心 。

**建议：**每天户外活动之前，教会幼儿穿棉背心的要领，鼓励幼儿学习自己穿棉背心。在日常生活中，为幼儿提供练习系纽扣和拉拉链的玩具材料。

**附儿歌：**

棉背心，贴肚皮，
手捏衣领向后披。
伸左手，伸右手，
自己动手扣纽扣。

**儿歌4　《好宝宝》**（见12月幼儿用书）

**目标：**有自己的事情自己做的愿望，愿意自己穿衣、穿袜。

**准备：**幼儿用书。

**指导要点：**针对幼儿用书中的评价，教师可以根据班级近期目标和幼儿个体发展的不同水平来确定评价内容，同时要尊重每个幼儿的发展速度，在不同时间段里给每个幼儿以鼓励和强化。

**建议：**自我服务对于幼儿来说就是学习和锻炼，要想提高幼儿的自我服务能力，一需要为幼儿提供机会和时间；二需要家园的协调配合。

**附儿歌：**

我是一个好宝宝，一双小手真灵巧。学穿鞋，会戴帽，爸爸妈妈拍手笑。

**儿歌5　《新年到》**（见12月幼儿用书）

**目标：**1. 感受新年的快乐。
2. 关注身边的亲人。

**准备：**幼儿用书。

**建议：**1. 教师和幼儿一起看图书，了解画面内容，引导幼儿讨论：你想怎样过新年？
2. 由于幼儿的年龄较小，在新年庆祝活动中开展大带小活动和亲子活动都很适宜。

附儿歌：

新年到，新年到，唱歌跳舞真热闹。
大家一起真快乐，共同祝贺新年好！
爷爷奶奶新年好！爸爸妈妈新年好！老师新年好！

## 故事

**故事1 《小鸭排队》**

**目标：**外出时知道一个跟着一个走，不离开大家。

**建议：**在幼儿初步了解此故事后，教师和幼儿就可以在户外活动前后分别扮演“鸭妈妈”和“鸭宝宝”的角色，以游戏的形式鼓励幼儿一个跟着一个排好队“外出游戏”或“回家”，不推挤，不离开大家。

附故事：

太阳公公起得早，天气真好啊！鸭妈妈要带小鸭去洗澡，鸭妈妈说：“呷呷呷，妈妈带你们去洗澡。”小鸭子高兴地叫着：“呷呷呷呷呷。”

要出门了，小鸭子急得都挤到门口，一个也出不去，鸭妈妈就说：“小鸭子，要排队，一个跟着一个走。”鸭妈妈帮助小鸭子排好队，鸭弟弟排在最后。小鸭子一个跟着一个走，走出了门口。太阳公公看见了说：“啊，小鸭子，一个跟着一个走，走得真好。”小鸭子们听了真高兴。它们走啊，走啊，鸭弟弟越走越快，离开了队伍。鸭妈妈看见了连忙大喊：“鸭弟弟，要一个跟着一个走。”

它们走过了草地，走过了小路，走到小河边，扑通、扑通跳到水里去洗澡。

**故事2 《小袋子》**

**目标：**知道废物不乱丢，要放进果皮箱，养成爱清洁的好习惯。

**准备：**自制一个形象可爱的果皮箱。

**指导要点：**利用生活中的各个环节，提示幼儿将果皮、纸屑等物品放到果皮箱里。

**建议：**在指导美劳区时，可以准备一个小簸箕，随时提醒幼儿将纸屑放到簸箕里，保持桌面和地面的卫生。加餐前，提示幼儿将果皮纸屑送回家。在其他活动中，可以依据实际情况引导幼儿讨论：“它的家在哪里？谁来把它送回家呢？”以此培养幼儿良好的卫生习惯。

**附故事：**

一只小袋子在大街上顽皮地飞来飞去、跑来跑去。一会儿，它挂在小树上摇摇摆摆，好像在荡秋千，一会儿它又挡在行人的脚下，好像要跟人赛跑。小袋子就这样在大街上飞呀飞，跑呀跑，它不知道要去哪里。明明看见小袋子就问它："小袋子，你为什么不回家呀，是谁把你丢在大街上了？"小袋子摇摇头，不回答。"小袋子，你别伤心，我知道你的家在哪里！你看，前面那个张着大嘴巴的果皮箱，就是你的家。"明明把小袋子送回了家，大家都夸明明是个爱清洁的好娃娃。

## 游戏

**爱眼游戏　眼保健操**

**目标：**知道爱护眼睛，学做眼保健操。

**玩法：**准备动作：幼儿坐在椅子上。

（第一句）随儿歌指令闭上小眼睛，双手攥拳于胸前。

（第二句）幼儿左右转头。

（第三句）做闭眼睛状，双手攥拳于胸前，按指令抬两下头、点两下头。

（第四句）随儿歌指令闭上小眼睛，双手摸摸小鼻子。

（第五句）做闭眼睛状，双手摸耳朵。

（第六句）双手夹住脸两侧，之后噘起双唇。

**建议：**可以依据实际情况在一日生活中适时进行此游戏活动。当幼儿对此游戏很熟悉后，可以任意改变摸的方位，最后一句变脸也可以变换成不同造型（动物、交通工具、花卉、蔬菜等）。

**附儿歌：**

闭上小眼睛，和我一起做。
闭上小眼睛，摇摇小脑袋。
向上抬抬头，向下点点头。
闭上小眼睛，摸摸小鼻子。
找找小耳朵，噘起小嘴巴。
变个小猪脸。

**美劳游戏1　粘贴——圣诞树**

**目标：**感受节日的快乐，用粘贴的方法装饰圣诞树。

**准备：**剪好的圣诞树，各种剪好的圣诞礼物（小靴子、小礼盒等），胶棒。

**玩法：**让幼儿将剪好的礼物粘贴在圣诞树上。

**建议：**在圣诞节前进行活动，引导幼儿建立关心他人、爱护他人的意识。

**美劳游戏 2　撕纸——雪花**

**目标：**尝试把纸撕碎。

**准备：**白纸若干张，胶棒，湿毛巾。

**玩法：**请幼儿用自己的小手将纸撕碎，粘在教室的蓝底墙上。

**指导要点：**1. 指导幼儿正确地使用胶棒，知道手脏后用湿毛巾擦。

2. 撕纸活动可每天进行，逐渐增加难度。可以设置主题内容不同的墙饰，鼓励幼儿撕出相应的形象。如：在幼儿吃面条前，请幼儿撕“小面条”，贴在墙壁上的“大碗”里，可激发幼儿的食欲。

3. 注意引导幼儿将地上的碎纸放到垃圾桶中，从小养成良好的习惯。

**美劳游戏 3　玻璃画**

**目标：**1. 通过玩呼气游戏，感受冬季的寒冷。

2. 体验在玻璃上作画的乐趣。

**准备：**低矮的门窗或镜子。

**玩法：**1. 请幼儿在户外玩呼气游戏，观察嘴中呼出的白气，感受冬季的寒冷。

2. 带领幼儿用同样的方法，将嘴中呼出的白气哈在低矮的门窗或镜子上。

3. 边说儿歌边作画。

**指导要点：**幼儿可以随时到此作画，可以用拳头的垫部（小拇指处）摁在玻璃上，也可以用手指画出各种形象，还可以用棉签、棉棒、大小不同的刷子蘸上颜料随意涂鸦。教师应鼓励幼儿大胆表现，并及时给予鼓励。

**附儿歌：**

攥起小拳头，摁在玻璃上。
点上小豆豆，变出小脚丫。

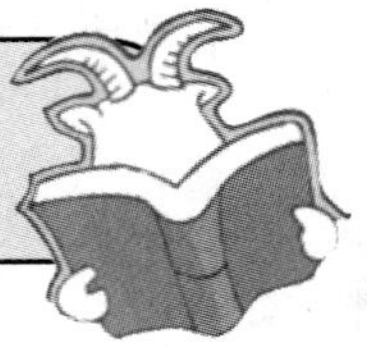

**感知游戏　什么声音**

**目标：**1. 喜欢听节奏乐器的敲击声。

2. 能够辨认声音的不同。

**准备：**能发出声音的沙球，响板，小鼓，三角铁，铃鼓。

**玩法：**请幼儿带上眼罩，教师演奏一种乐器，使乐器发出声音。在幼儿摘下眼罩之后，请其尝试演奏所有乐器，找出刚才发出声音的是哪种乐器。

**指导要点：**鼓励幼儿随时来敲击、摇动，感知各种乐器的音色。当幼儿熟悉操作要领后，可以增加更多的自制声响物品，如给不同质地瓶子装上大小不同的豆子、沙子、小石头、花籽、锯末、玉米粒等，为幼儿提供丰富的操作材料，增加趣味性。

## 锻炼

**爬的游戏　小手小脚**

**目标：** 能够手脚着地爬。

**准备：** 自制小手垫、小脚垫若干。

**玩法：** 请幼儿戴好小手垫和小脚垫，身体提起，屁股抬高，向前爬行。

**建议：** 各季节都可以进行此游戏。可依据天气状况自行调节，可室内也可室外，随时进行。

**跑的游戏 1　小鸡回家**

**目标：** 能够听信号跑。

**准备：** 将与幼儿人数一样多的塑料圈分散在场地周围，准备老鹰头饰。

**玩法：** 一名教师当鸡妈妈和幼儿边说儿歌边模仿小鸡做动作：小鸡小鸡叽叽叽，爱吃虫子爱吃米。当另一名教师扮作老鹰出现时，“鸡妈妈”和“小鸡”跑回圈中。“老鹰”没抓着“小鸡”飞走了，游戏重新开始。

**指导要点：** 教师可以灵活运用此游戏形式，在室内、室外均可进行。教师可以依据当前情况，随意改变动物角色，以“鸡妈妈”的身份呼唤“鸡宝宝”回家。

**跑的游戏 2　跑得快**

**目标：** 会向指定的方向跑。

**准备：** 幼儿的衣服、鞋均已穿戴整齐。

**玩法：** 说完儿歌后，大家一起向着一个方向跑。

**指导要点：** 可以利用室内、室外活动自然进行，在游戏中随意变换幼儿角色，依据不同形象改变回来的方式，如：小鸟飞回来、乌龟爬回来、大象走回来等。在室内游戏时，应保证幼儿安全，不做跑、跳等动作。教师可自主调节。

**附儿歌：**

小朋友，跑得快，跑到××快回来。

**跑的游戏 3　踩雪**

**目标：** 1. 喜欢玩雪。

2. 自然走或跑，不怕寒冷。

**准备：** 有雪的地面。

**玩法：** 教师和幼儿一起边说儿歌边在雪地上走或跑：走走走，跟着老师走。跑跑跑，跟着老师跑。

**指导要点：**变换各种走和跑的姿态，发现脚印在雪地上的变化，引导幼儿倾听踩在雪地上发出的咯吱声。

**跳的游戏　小兔跳**

**目标：**能够双脚向前跳。

**准备：**小兔头饰。

**玩法：**说完儿歌后，双脚向前跳。

**指导要点：**可以改变不同的动物角色，如青蛙、袋鼠等。

**附儿歌：**

小朋友，快站好，学学小兔跳一跳。
蹲下身，抬起头，双脚站稳向前跳。
你也跳，我也跳，天天锻炼身体好。

## 音乐游戏

**歌曲 1　《好孩子》**

**目标：**1. 感受歌曲旋律。
2. 有做好孩子的愿望。

**建议：**教师可以在每天离园前，和幼儿演唱此歌曲，鼓励幼儿第二天来园时不要家长抱。也可以把歌曲教会家长演唱，每天早上来园前，和幼儿一起唱一唱，鼓励幼儿自己走路来园。

**自编动作：**唱到“小鸟自己飞”时，展开双臂做鸟飞的动作；唱到“小猫自己跑”时，两手叉腰，双脚原地踏步；唱到“我们都是好孩子”时，双手放在胸前并点头；唱到“不要妈妈抱”时，小手摇摇。

**附歌曲：**

1 = E　2/4
33 31 | 3 - | 55 53 | 2 - | 11 33 |
小鸟 自己 飞，小猫 自己 跑，我们 都是
23 1 | 21 23 | 5 3 | 21 32 | 1 - ‖
好孩子，不要 妈妈 抱，不要 妈妈 抱。

**歌曲 2　《新年好》**

**目标：**感受新年的快乐。

**建议：**新年前夕，可以利用亲子活动形式布置教室，也可以在每天的游戏活动中播放此歌曲，使幼儿在有意无意中熟悉歌曲，感受歌曲欢快的旋律，理解歌曲表达的含义。

**附歌曲：**

1＝C 3/4

1 1 1 5 | 3 3 3 1 | 1 3 5 5 | 4 3 2 – |
新 年 好 呀，新 年 好 呀，祝 贺 大 家 新 年 好，

2 3 4 4 | 3 2 3 1 | 1 3 2 5 | 7 2 1 – ‖
我 们 唱 歌，我 们 跳 舞，祝 贺 大 家 新 年 好！

**歌曲3 《小飞机上蓝天》**

**目标：**1. 感受歌曲的快乐旋律。

2. 喜欢边唱边表演歌曲。

**建议：**可以利用每天的各环节衔接时弹奏此歌曲旋律，使幼儿在耳濡目染的熏陶下，熟悉并喜欢这种快乐的曲调。在室内游戏或户外游戏时，可以鼓励幼儿表演，也可以把歌曲改编成游戏。如：可以将幼儿分成两组，一组扮演小飞机，一组扮演白云。游戏开始，“白云”自由舞蹈演唱此歌曲，当“飞机”飞来时，“白云”马上分散跑开。

**自编动作：**第一段：二臂侧平举；第二段：手臂平举，左右下侧腰，做飞机飞状；第三段：原地站住，双手向上举自由晃动；第四段：双手背后，点头。

**附歌曲：**

1＝D 2/4　　张振芝/词曲

3 5 1 | 3 5 1 | 5 3 6 3 | 5 – |
小 飞 机 多 灵 巧，多 呀 多 灵 巧，

6 6 4 4 | 5 5 3 | 2 2 5 3 | 2 – |
乘 着 风 儿 飞 得 高，飞 呀 飞 得 高，

3 2 3 5 | 1· 2 | 6 5 6 | 3 2 3 |
先 跟 白 云 拉 拉 手，

2. 3 | 6 5 | 4 3 2 3 | 1 – ‖
再 向 太 阳 问 个 好。

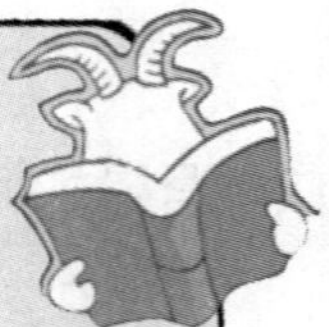

**歌曲4 《小宝宝要睡觉》**

**目标：**感受歌曲优美、舒缓的旋律。

**建议：**可以利用午睡前的时间和幼儿一起轻唱，为幼儿营造睡觉的温馨氛围。也可

以在娃娃家游戏时，引导幼儿为娃娃演唱，哄娃娃睡觉。还可以在户外活动回来后，和幼儿共同轻唱，使幼儿能稍作休息。

**附歌曲：**

1 = $^{b}$E　3/4　　　　刘明将/词曲

1 – 2 | 3 – – | 3 – 2 | 1 – – | 1 – 3 | 2 – 1 | 2 – – |
风 不 吹，　树 不 摇，　鸟 儿 也 不 叫，
1 – 2 | 3 – – | 3 – 2 | 1 – – | 1 – 3 | 2 – 2 | 1 – – ‖
小 宝 宝，　要 睡 觉，　眼 睛 闭 闭 好。

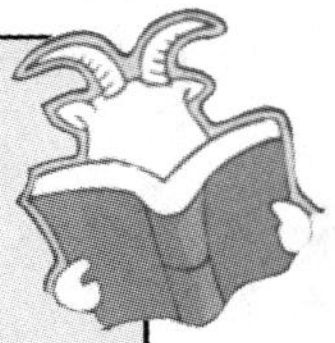

### （六）活动实录案例与分析

*日期：12 月5 日　星期二*

**7：00～7：30　接待来园**

**★教养提示**

1. 给幼儿一个“特殊”的拥抱，用手摸摸幼儿口袋内有无异物，用脸贴一下感受幼儿的体温，查看幼儿衣物的薄厚是否合适，并向家长建议穿衣指数。
2. 鼓励幼儿自己脱下外衣，放到指定的柜子内。
3. 对于身体不舒服的幼儿详细询问病情及服药情况。

**7：30～8：10　如厕、洗手、早餐**

**★教养提示**

1. 如厕后提醒并协助幼儿把内衣塞进裤子里，观察幼儿小便的颜色，提醒其适量饮水。
2. 指导幼儿抹护手霜的方法。
3. 提醒幼儿干稀搭配吃，鼓励其吃完了举手跟老师再要，学习餐后喝淡茶水漱口。

**8：10～8：35　餐后室内区角自由活动**

**★教养提示**

1. 鼓励幼儿自己取放各区角活动材料，学习爱护玩具的方法。
2. 指导幼儿学习正确使用材料，鼓励幼儿大胆尝试新玩法。
3. 引导幼儿选择感兴趣的玩具，参与游戏。

**★实录节选**

明明和婷婷把图书、布娃娃等很多玩具塞进摸箱里，眼看摸箱口就要撑破了，书也撕坏了……

师："嘘——你们听谁在哭呢？嗯嗯嗯，好疼啊！"

教师把耳朵贴在摸箱上假装倾听。明明和婷婷一时愣在那里，表情诧异地看着教师。

师："刚才是摸箱和图书在哭呢！它们说疼，咱们快帮它吹吹吧！"

明明和婷婷搂着摸箱又是吹又是揉，一副很心疼的样子。

师："你们看摸箱的肚子都快撑爆炸了。它吃了那么多娃娃和图书，就像我们小朋友吃多了饭一样不舒服，所以它们就疼哭了。"

明明和婷婷开始从摸箱口往外掏东西。

师："嗯——摸箱说现在肚子舒服多了，谢谢你们。图书的衣服都破了，咱们帮它们修好吧。"

明："好。我去拿胶棒。"

婷："下次我不把书放到摸箱里了。"

## 8：35～8：55　户外混龄游戏"小兔采蘑菇"

**★教养提示**

1. 请大幼儿出主意想办法，利用他们的经验和智慧丰富小幼儿的游戏方法。

2. 游戏时，激发小幼儿参与的愿望，鼓励大、小幼儿坚持到结束。

3. 游戏结束时，鼓励大、小幼儿一起收拾头饰和蘑菇等，并互相道别，相约下次再一起玩。

**★实录节选**

大班的哥哥姐姐经常在生活环节上照顾托班的弟弟妹妹，为了让他们的运动技能和交往经验等其他强项也带动托班幼儿，我们和大班教师相约一起在户外玩"小兔采蘑菇"的体育游戏。

游戏难度过高，托班幼儿面对挑战会失去信心；游戏难度过低，大班幼儿会失去参与兴趣。因此，我们精心选择了走平衡木、跳荷叶等游戏，使难度适宜。

我们来到操场上，部分大班哥哥姐姐早已布置好游戏材料等在那里，幼儿互相打招呼。

托师："哥哥姐姐，今天你们玩什么游戏呀？"

大幼："我们玩小兔采蘑菇。"

托师："哥哥姐姐，我们能跟你们一起采蘑菇吗？我们可能干了。"

大幼："好吧！我们跳得很快，你们会跳吗？"

托幼："会。我是小兔，最爱吃蘑菇了。"

大幼：“那我帮你戴上小兔头饰吧！”

游戏开始……大班教师在场地的一端，托班教师在场地的另一端，提示幼儿注意安全。大幼儿拉着幼儿子双脚向前跳到平衡木处停下，他们小心翼翼地扶弟弟妹妹迈上去，牵着手把他们领过去。那一份精心的呵护使大、小幼儿之间更亲密了……

## 8：55～9：05　美劳游戏——涂色“蘑菇”

**★教养提示**

1. 鼓励幼儿正确握笔，尝试大胆涂色。
2. 引导幼儿观察蘑菇图片，鼓励幼儿学说短句“小兔爱吃蘑菇”。
3. 涂色后把手洗干净。

## 9：05～9：20　模仿操

**★教养提示**

1. 鼓励幼儿积极参与集体活动。
2. 用语言提示幼儿动作顺序，并随音乐节奏做动作。
3. 模仿操后送给幼儿贴画以示奖励。

**★实录节选**

师：“宝宝的胳膊伸得真直，就像孙悟空的金箍棒，还有谁会？”“美美，我也会像你一样双手插腰扭一扭。”“今天，妞妞做操最有劲儿，我第一个送你漂亮的贴画。”

## 9：20～9：50　如厕、洗手、集体喝水、吃水果

**★教养提示**

1. 把认识水果的活动放在吃水果环节进行，认识顺序为从外形到口感、从味道到食用方法等。
2. 鼓励幼儿自由、愉快地把自己的发现说出来，扩展认知经验。

**★实录节选**

幼儿洗手后陆续入座……

师：“孩子们，快闭上眼睛，用小鼻子闻一闻，屋里有什么水果味？”

幼：“橘子。”

师：“用手摸摸，橘子皮是什么样儿的？”

幼：“软的，有点儿麻。”

师："橘子的哪个地方能吃？"

幼："橘子肉。"

师："快尝尝是什么味道？"

幼："酸的。""甜的。"

师："嗯。对啦，橘子瓣里住着谁呀？"

幼："橘子妈妈的小孩子。"

师："对呀，是橘子子儿。我要是吃出了橘子子儿怎么办呀？"

幼："放（窗台上的）小瓶子里。""放（到和它）一样的瓶里。""能摇摇。"……

幼："我这儿吃着了一个小豆豆。"

师："哎哟，大远吃出了橘子子儿！"

幼："我的橘子没有小豆豆。""我的也没有。""有时候就有，有时候就没有。"

师："啊，真棒，知道这么多！橘子是不一样。有的就有子儿，有的就没有。"

幼："我们都没有（吃出橘子子儿）。"

师："刚才我还着急呢，大远吃出橘子子儿了，怎么别人没吃着？我还担心是不是不小心把橘子子儿吃到肚子里啦？"

幼：（笑）"该（从肚脐脐里）长出小树了，像小猪那本书似的。""也不能骑小车了，也不能做游戏了。""光躺在床上哼哼。"……

师："真棒！这我可就放心了。"

……

## 9：50～10：15　参观大班自然角

### ★教养提示

1. 提前跟大班教师沟通好，将养殖动物尽量放在桌子上（大班外出做操，有值日生留守接待）。
2. 提示幼儿给大班哥哥姐姐带一份礼物。
3. 参观前告诉幼儿要爱护哥哥姐姐的花草、动物，要主动问好。

### ★实录节选

师："张老师，我们要去大班看哥哥姐姐养的小动物，你说给他们带些什么礼物呢？"

张："带几个甜橘子吧。"

师："行吧！谁拿着啊？"

幼："我拿。""我也拿。"

师："昨天打针谁没哭？咱们请昨天打针不哭的军军和乐乐拿着吧！"

张："你们到大班门口，可记得要敲门，还要问好，做有礼貌的好孩子。"

幼："好吧。""知道了。"

……

师："哥哥姐姐，我们能给乌龟和小鱼照相吗？我们班豆豆没来，等他明天来了我们好请他看看照片。"

大幼："没问题！"

师、幼："谢谢！"

**10：15～11：00　户外自选活动（提醒个别幼儿饮水）**

**★教养提示**

1. 鼓励幼儿结伴游戏，如骑小车带人、钻山洞追人等。

2. 学习把不玩的玩具收回原处，一起抬球筐，一起抬垫子等。

**11：00～11：30　如厕、洗手、午餐**

**★教养提示**

1. 分餐时，注意对特需幼儿的护理。如：对某类食品过敏体质的幼儿、体重超常儿、体弱儿等给予适宜的干预和调整。

2. 如果有爱尿床的幼儿，午餐时可少给盛些汤、粥类食品，起床后再提醒其多喝水。

**11：30～11：55　餐后散步、睡前准备**

**★教养提示**

1. 冬季天气寒冷，平房院的托班幼儿不宜餐后外出散步，可在室内跟教师玩手指游戏或阅读图书等，避免受寒。

2. 对有尿床习惯的幼儿延迟如厕时间，可以推迟到临睡前，确保如厕时有便意。

**12：00～14：00　午睡**

**★教养提示**

1. 冬季护理以避免幼儿生病为主，可以根据情况做些调整，同时向家长提出建议，如被子、睡衣的薄厚等。

2. 通过前一段时间的观察，可以根据幼儿的具体情况为其调换床位，便于护理。例如：入睡慢的幼儿可安排其晚些上床；睡眠轻和睡眠时间较长的幼儿可安排在卧室里侧；冬季爱上火或爱出汗的幼儿可安排在离暖气较远的地方。

3. 在午检时，除查看幼儿的体温、口腔、情绪外，还应查看他们的手脸和鼻腔是否干燥，如干燥应及时为其手脸补擦护肤霜，用棉签为其鼻腔涂些甘油或凡士林。

4. 还应把爱尿床幼儿的小棉垫放在床单下面，但注意表面上应看不出，以保护幼儿的自尊心。

# 六、1 ~ 2 月课程安排与指导

## （一）月计划

| | | |
|---|---|---|
| 现状分析 | | 绝大部分幼儿基本适应了幼儿园的日常生活作息和基本活动常规，在群体生活中形成了一些基本习惯，如每天能按时午睡、能坐在餐桌边用小勺进餐、会用杯子喝白开水、有大小便时能主动如厕；在成人的要求或提醒下，做到饭前便后洗手、懂得要用自己的毛巾擦手、知道餐后要漱口等；喜欢和成人、同伴一起玩耍，爱听故事，有自己偏爱的玩具和游戏，在成人的帮助和提醒下，游戏后会把玩具、用具放回原处。<br>幼儿有学做简单事情的积极性和主动性，可鼓励他们完成力所能及的任务，使他们在做事的过程中积累经验、扩展视野。 |
| 目标 | 生活 | 1. 坚持在日常生活中学做和独立做自己能做的事情，如进餐、饮水、如厕、穿脱简单的衣服等。<br>2. 有基本的卫生习惯，坚持饭前便后洗手、餐后漱口、擦嘴、早晚刷牙、勤洗澡洗头等。<br>3. 能听懂成人有关安全的提示，知道遵从要求，如外出时不离开成人、不动危险的东西。 |
| | 游戏 | 1. 喜欢和同伴一起游戏，体验游戏的快乐，有初步的规则意识。<br>2. 能够选择自己喜欢的玩具，尝试探索玩具材料的不同玩法。<br>3. 养成玩完玩具整理好并放回原处的习惯。 |
| | 锻炼 | 1. 喜欢户外活动，愿意和教师一起锻炼身体、做游戏。<br>2. 能够选择自己喜欢的玩具游戏，玩后放回原处。 |
| 指导策略 | | 加强家园沟通和教养配合，通过家园联系册或评价报告的方式，向家长汇报幼儿的发展现状和需要，使幼儿已经形成的基本习惯在共育中进一步巩固。 |
| 教养评价 | | 喜欢动手做自己能做的事，掌握简单的方法，如进餐、如厕、洗手等。 |

## （二）假期活动安排

<table>
<tr><th>项目</th><th>目标</th><th>环境与材料</th><th>活动内容</th></tr>
<tr><td>生活</td><td>1. 有自己积极做生活中的小事的好习惯，如洗手、吃饭、用杯子喝水、穿脱简单的衣服等。<br>2. 能听从成人的建议和要求，不做危险的事情。</td><td rowspan="3">1. 为幼儿提供自己做事的机会，减少成人的替代，如进餐、穿脱简单的衣服、如厕等。<br>2. 培养幼儿独立活动的信心，降低依赖性。如：创设独立睡觉、自由游戏的环境，使幼儿在独立活动中感受自信、快乐。<br>3. 家中应添置适合幼儿身高的储物架、小柜子，让幼儿有固定的地方放置自己的东西，既方便幼儿随时选择、使用玩具，又能够让幼儿有机会练习收拾、整理自己的物品，逐渐形成有秩序的好习惯。<br>4. 增加亲子游戏材料，如低幼图画书、纸牌、益智玩具等，通过家庭游戏拓展幼儿的认知经验。</td><td rowspan="3">1. 儿歌<br>《不用妈妈帮》《我不动》**《天气寒冷我不怕》《小蚂蚁》《一家亲亲》**《自己睡》《漱口歌》《小花碗》《毛巾》<br>2. 故事<br>**《谁的脚印》**《不听话的狗仔仔》《小黑熊穿鞋》《自己爬起来》《青蛙医生》《我会盖被》《吧嗒吧嗒的小鸭》<br>3. 游戏<br>美劳游戏：**撕贴画——放花炮**；纸袋偶——老鼠贝贝；菜根印画；**变变变**<br>生活游戏：值日生<br>益智游戏：接彩条；玩木珠<br>手指游戏：小手变变；手指五兄弟<br>4. 锻炼<br>运动游戏：**孵蛋蛋**；过小桥；小司机；几只脚<br>抚触游戏：包饺子<br>器械游戏：亲子棒棒操；拉力器操<br>5. 音乐游戏<br>音乐游戏：《传纱巾》<br>律动：《洗手洗脸刷牙》</td></tr>
<tr><td>游戏</td><td>1. 喜欢和同伴一起游戏，体验游戏的快乐，有初步的规则意识。<br>2. 能够选择自己喜欢的玩具，尝试探索玩具材料的不同玩法，逐步养成玩完玩具会整理好并放回原处的习惯。</td></tr>
<tr><td>锻炼</td><td>1. 喜欢户外活动，愿意和教师一起锻炼身体、做游戏。<br>2. 能够选择自己喜欢的玩具游戏，玩后放回原处。</td></tr>
<tr><td>家园共育</td><td colspan="3">1. 家园携手，帮助幼儿保持基本形成的生活常规和习惯。如每日午睡、练习睡前脱掉外衣、三餐有规律。可向家长推荐营养食谱、假期保健指南等。<br>2. 家长可以利用冬季的特点带领幼儿到户外活动，如拉冰车、堆雪人、坐雪橇等，在游戏中丰富幼儿的经历，强健身体，提高抗病能力。<br>3. 假期中，家长可多为孩子提供学习做事的帮助，赏识、鼓励、给任务等都是有效的促进方式。</td></tr>
<tr><td>指导要点</td><td colspan="3">帮助幼儿巩固好习惯，如餐前洗手，餐后擦嘴、漱口，收拾、整理自己的玩具用品等，鼓励他做不好的练习做、不会做的学着做，不断增强幼儿的独立性和自信心。</td></tr>
</table>

## 儿歌

**儿歌 1　《不用妈妈帮》**

**目标：** 1. 相信自己，乐于动手做能做的事情。

2. 理解儿歌的内容，能够记住和背诵自己感兴趣的段落。

**建议：** 1. 儿歌较长，可以根据幼儿的生活经验和活动的需要，节选（创编）其中相关的段落教给幼儿，鼓励幼儿在相应的活动中边念诵儿歌边学做事情。也可以将儿歌录制下来，作为环节指导，通过循环播放进行渗透教育。

2. 教师要指导家长在居家生活中鼓励幼儿自己动手学做事，在说说做做中增强做事的信心，还可以鼓励幼儿用替换人称代词的方法吟唱儿歌，如用"爸爸""奶奶""老师""阿姨"等替换"妈妈"一词，既增进亲情又增加了游戏性。

**附儿歌：**

宝宝乖，宝宝棒，小手会做事，小手有力量！
扣子圆，拉链长，宝宝学着扣，不用妈妈帮。
玩玩具，看画书，用完都收好，不用妈妈帮。
米饭白，菜肉香，自己用勺吃，不用妈妈帮。
大小便，不慌张，找到小便桶，不用妈妈帮。
睡午觉，上小床，盖好花花被，不用妈妈帮！
宝宝乖，宝宝棒，小手会做事，大家都夸奖！

**儿歌 2　《我不动》**

**目标：** 1. 记住居家生活中常见的危险物品，知道不玩、不动这些物品。

2. 能够细心聆听儿歌，学习发准舌尖音。

**建议：** 在幼儿记住儿歌的基础上，还可以利用生活中的具体事例，引导幼儿理解安全自护的意义，力求达到会说、会做。

**附儿歌：**

打火机、煤气灶，电源座，大剪刀，
玻璃瓶、消毒水，花花绿绿各种药，
这些东西我不动，注意安全记得牢。

**儿歌 3　《天气寒冷我不怕》**（见 1 ~ 2 月幼儿用书）

**目标：** 1. 喜欢参加户外活动，不怕冷。

2. 能够说出冬天的明显特征。

**准备：** 幼儿用书。

**建议：** 准备能引发幼儿户外游戏兴趣的运动玩具（如软飞盘、皮球、冰车等），能收到良好的调动效果。

**附儿歌：**

冬爷爷，力气大，对着天空张嘴巴，
吹出大风树枝摇，吹得满天飞雪花。
小宝宝，本领大，跟着爸爸和妈妈，
堆雪人，拉冰车，天气寒冷我不怕！

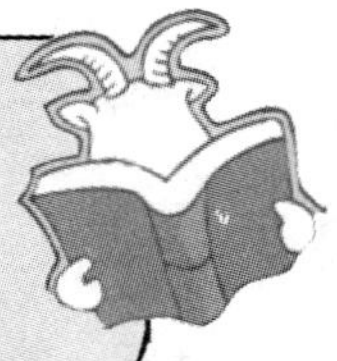

**儿歌 4**　**《小蚂蚁》**（见 1 ~2 月幼儿用书）

**目标：** 1. 喜欢听儿歌，愿意看着图跟着成人诵读。

2. 学习手口一致地看图点数画面上的蚂蚁。

**准备：** 幼儿用书。

**建议：** 1. 这是一首唱数歌谣，看着图画听听、数数，幼儿很快就能流畅地吟诵。歌谣可以多次循环，在幼儿对数感兴趣后，可以配上手指动作通过逐一伸出食指、中指等边说边玩，帮助幼儿理解数的实际意义。

2. 可以改变歌谣结构或替换主语，增加说的兴趣。如在句首添加押韵的象声词，将儿歌变成有趣的问答歌："叮叮叮，几只蚂蚁当卫兵？叮叮叮，1 只蚂蚁当……"。还可把蚂蚁替换成蜜蜂等其他动物。

**附儿歌：**

1 只蚂蚁当卫兵，2 只蚂蚁挂灯笼，
3 只蚂蚁在扫地，4 只蚂蚁抬青虫。
5 只蚂蚁唱起歌，许多蚂蚁都来听。
听什么？1 只蚂蚁当卫兵……

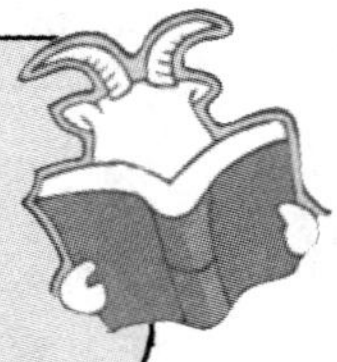

**儿歌 5**　**《一家亲亲》**（见 1 ~2 月幼儿用书）

**目标：** 愿意做自己能做的事情，有自信心。

**准备：** 幼儿用书。

**建议：** 1. 利用图书边说、边看，引导幼儿在说说唱唱中记住儿歌的内容。

2. 还可以编配简单的动作变成活动游戏，使幼儿在开心玩耍中自我勉励。

附儿歌：

口杯水壶一家亲亲，饭后漱口，嘴香喷喷。
香皂毛巾一家亲亲，洗手洗脸，我都认真。
玩具图书一家亲亲，我会收好，不用别人。
爸妈和我一家亲亲，抱在一起，越搂越紧！

**儿歌6　《自己睡》**

**目标：**能尝试独立睡眠，知道这是好习惯。

**附儿歌：**

小狗叼着奶瓶睡，袋鼠让妈抱着睡。
小猴咬着被角睡，狗熊蒙着脑袋睡。
他们这样都不好，看我躺好自己睡。

**儿歌7　《漱口歌》**

**目标：**1. 知道餐后漱口对牙齿有好处，愿意学着做。
　　　2. 愿意自己独立、大胆地背诵歌谣。

**附儿歌：**

小水杯，手中拿。吃完饭，漱口啦！咕嘟咕嘟鼓鼓嘴，吐出饭菜小渣渣。

**儿歌8　《小花碗》**

**目标：**喜欢听成人的夸奖，做自己胜任的事情有信心。

**附儿歌：**

小花碗，圆又圆，盛了饭，自己端。小椅子上坐坐好，一勺一勺吃得欢。

**儿歌9　《毛巾》**

**目标：**认识爸爸妈妈的毛巾，知道一家人的毛巾也要专人专用。

**附儿歌：**

宝宝毛巾有小猫，妈妈毛巾画彩条，
爸爸毛巾长又大，宝宝都能记得牢。
自己毛巾自己用，乱使乱用最不好。

## 故事

**故事 1　《谁的脚印》**（见 1～2 月幼儿用书）

**目标：**能看出图画中几种动物脚印的不同，喜欢聆听和学着讲故事。

**准备：**幼儿用书，动物手偶等。

**指导要点：**除直接讲述故事的方式外，还可以通过问答的游戏方式引导幼儿阅读画面，理解故事内容。然后，再将书面文字读给幼儿听，鼓励幼儿念诵重复的语句，让幼儿在阅读中感受积极、愉快的情绪。

**建议：**1. 可集体阅读、聆听故事，也可小组或幼儿个体自由阅读故事。
2. 还可以和室内活动游戏相结合，用纸板和塑料地垫等做成鸡、狗、马、羊等不同动物蹄印套在手上玩爬行游戏。

**附故事：**

下雪了，天上、地上都变白了。谁来了？留下脚印带叉叉？噢，这是母鸡咕咕嗒。谁来了？留下脚印像朵花？噢，这是小狗在看家。谁来了？留下脚印圆又大？噢，这是大马路上跑。谁来了？留下脚印两瓣的？噢，这是羊儿山上爬。是谁？留下脚印这么多？哈，是爸爸妈妈下班啦！

**故事 2　《不听话的狗仔仔》**

**目标：**知道没有父母在身边时不能接受陌生人的礼物，不能跟陌生人走。

**建议：**此故事为诗歌体，可通过多次倾听，帮助幼儿理解基本内容。

**附故事：**

狗仔仔，不听话，谁的礼物都收下。
老狼看见真高兴，又怕狗妈和狗爸。
狗爸狗妈去上班，留下小狗看着家。
老狼叼来肉骨头，狗仔闻了摇尾巴。
它从狗窝跑出来，舔着骨头忘了家，
老狼带着狗仔仔，一走走到老狼家，
咣当一声锁上门，不许狗仔回家啦。

**故事 3　《小黑熊穿鞋》**

**目标：**愿意动手做事，遇到困难不害怕，能想办法求助。

**准备：**与故事角色相适应的绒毛玩具或手偶等辅助材料。

**建议：**1. 这个故事短小、有趣，象声词和夸张生动的句式富于戏剧性，可以将故事变成表演游戏。

2. 引导幼儿在表演中感受求助、助人经历，体验成功做事的快乐。

**附故事：**

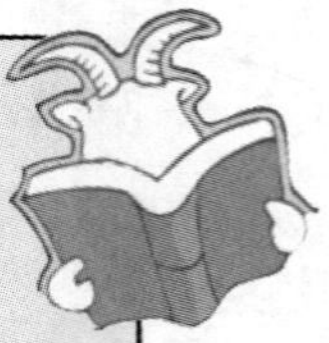

小黑熊穿鞋子，穿呀穿，怎么也穿不上。“小狮子，快快来，快来帮我穿鞋子。”哎呦嗬，哎呦嗬，怎么也穿不进去。“小黄牛，快快来，快来帮我穿鞋子。”哎呦嗬，哎呦嗬，怎么也穿不进去。

小老鼠跑来了，骨碌碌，钻进鞋子里。哎呦嗬，哎呦嗬，原来里面藏着小袜子。袜子穿上脚，小黑熊穿上鞋子到处跑。

**故事 4　《自己爬起来》**

**目标：**1. 喜欢听故事，愿意学习故事中不怕困难的好榜样。

2. 能理解故事内容，愿意回答简单的问题。

**准备：**大大小小的动物图片或大小比例合适的毛绒玩具骆驼、马、羊、猫、老鼠、猴子等。

**建议：**1. 讲完故事后，可将所用的辅助教具、玩具材料放在游戏区内，吸引幼儿模仿、讲述。

2. 可将故事变为表演游戏，帮助幼儿在选择和扮演不同角色的体验中学习应对困难的方法。

**附故事：**

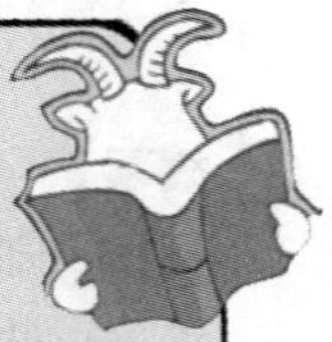

扑隆通，骆驼摔了一跤，倒在了地上。白马看见了，跑过来拉骆驼。骆驼太重，白马拉不动，扑隆通，白马也摔倒了。山羊看见了，跑过来拉白马。白马太重，山羊拉不动，扑隆通，山羊也摔倒了。花猫看见了，跑过来拉山羊，山羊太重，花猫拉不动，扑隆通，花猫也摔倒了。老鼠看见了，跑过来拉花猫，花猫太重，老鼠拉不动，扑隆通，老鼠也摔倒了。

小猴子看见了，大声喊：“一、二、三，自己爬起来。”骆驼、白马、山羊、花猫、老鼠都听见了，不再等别人拉自己，一二三，它们一起爬起来。

小猴子拍手说：“你们真勇敢。”

**故事5　《青蛙医生》**

**目标：** 1. 知道身体不舒服时说出来，能够得到别人的帮助。

2. 学习正确指认自己身体的主要部位，如头、肚子、嗓子等。

**建议：** 1. 在日常生活中，帮助幼儿了解自护常识，如学习指认自己身体的部位：嗓子、肚子、胳膊、腿等。

2. 听完故事，引导幼儿理解重要的词汇：鱼刺、扎嗓子等。

**附故事：**

青蛙诊所刚开门，害羞的小猫咪咪就来了。

青蛙医生问："咪咪，你怎么啦？"咪咪指指嘴巴不说话。青蛙医生请它张开嘴巴："说'啊'……"咪咪张开嘴，青蛙医生用手电照了照，原来是一根鱼刺卡住嗓子了！青蛙医生看着咪咪说："如果你不告诉我哪儿不舒服，我可帮助不了你。"

平时小猫就不爱说话，这下它可为难了，它看青蛙医生拎起小药箱好像要出门，就着急地说："我，我嘴巴里面卡鱼刺了，请您帮我看看吧！"青蛙医生放下药箱，取出手电筒和小镊子说："好孩子，你不舒服的时候一定要说出来，才能得到别人的帮助。"说着，青蛙医生从咪咪的喉咙里夹出了一根好大好大的鱼刺。

青蛙医生举着鱼刺对咪咪说："咪咪，以后吃饭的时候可不能一边吃一边玩了，也不能边吃边看电视、边说笑，那样太危险啦。"小猫咪咪点点头说："谢谢你，青蛙医生！"咪咪牢牢地记住了青蛙医生的话，高高兴兴地回家去了。

**故事6　《我会盖被》**

**目标：** 喜欢倾听故事，愿意在日常生活中学做自己能做的事情。

**附故事：**

小松鼠和小兔子是好朋友，它们经常在一起玩。有一天它们去爬山，小兔子采野蘑菇，小松鼠摘野果子，玩得可高兴了。

天慢慢黑了，小松鼠和小兔子找了一个树洞，钻进去睡觉。小松鼠盖上自己的大尾巴，暖暖的，一会儿就睡着了。小兔子很冷，又没有被子盖，冻得直打喷嚏。

小松鼠听见小兔子打喷嚏，就问："小兔小兔，你为什么不盖被子呀？盖上就不冷了。"小兔子哆嗦着说："我们小兔尾巴短，不能当被子。在家里都是妈妈给我盖树叶被，我自己不会盖。"说着说着，小兔子就伤心地哭了起来。

小松鼠说："快别哭，我教你盖。"它拖来一片又大又厚的树叶走到小兔面前说："小兔，小兔，你用两只手抓住树叶被子的边，使劲往上拽，拽到脖子底下就行了。把胳膊也放进被子里就不冷了。你试试！"

小兔按照小松鼠教的方法盖好树叶被，真的，暖暖的，一会儿就睡着了。看到小兔睡了，小松鼠盖好大尾巴，又接着睡了。

**故事7　《吧嗒吧嗒的小鸭子》**

**目标：**1. 知道小鸭有勇敢、爱护动物朋友的优点，愿意向它学习。

2. 喜欢模仿、学说故事中重复的短句。

**附故事：**

一个大鸭蛋动呀动，吧嗒！蛋里钻出一只小鸭子。哎呀呀，我的脚怎么这么大呀？

小鸭子大脚丫，吧嗒吧嗒向前走，绊着一块小石头，扑通通摔一跤，不疼，不怕，小鸭子自己爬起来，看着路，吧嗒吧嗒向前走。

看见一只小蚂蚁，小鸭子迈过去不踩，看见一只小甲虫，小鸭子绕过去也不踩，吧嗒嗒，一直向前走。啪嗒，小鸭子不小心踩到了自己的大脚丫，扑通又摔倒了："哎哟哟，好疼呀！"小鸭子哭起来。小鸭子真勇敢，哭了一会儿就不哭了，爬起来吧嗒吧嗒向前走。走呀走，走到小河边，扑通通跳下去。

哈哈，小鸭子的大脚不但会吧嗒吧嗒地走路，还会扑通扑通地游水呢！

## 游戏

**美劳游戏1　撕贴画——放花炮**（见1~2月幼儿用书）

**目标：**能听懂任务，愿意用自己喜欢的方法努力完成。

**准备：**幼儿用书；师生共同收集的彩色包装纸，如糖纸、广告插页；胶棒；安全剪刀等。

**指导要点：**引导幼儿看画面发现任务，为空心星星填补颜色，也可以运用童谣式的语言调动幼儿的关注兴趣。如：宝宝看呀，放花炮，过新年，红红绿绿真好看！撕碎彩纸贴上去，变成星星飞上天。

**建议：**1. 幼儿的表达各有特点，不必拘泥于一种形式。喜欢用剪刀的可以鼓励其剪贴，想用彩笔的可以鼓励其涂染。

2. 还可以启发幼儿把彩纸撕碎贴在没有颜色的星星上。让幼儿相互欣赏，他们能从同伴的作品中发现多种多样的美。

**附儿歌：**

过新年，放花炮，小星星，天上掉。
红红绿绿亮闪闪，乒乒乓乓真热闹！

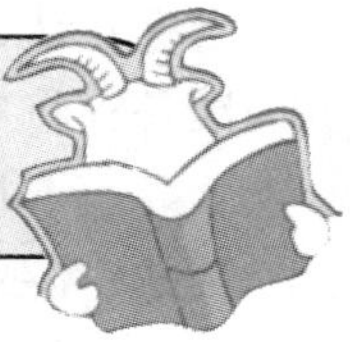

**美劳游戏 2　纸袋偶——老鼠贝贝**

**目标：**喜欢动手尝试，知道折折、粘粘可以把纸变成有趣的样子。

**准备：**旧信封或压岁红包，小剪刀，胶棒，小夹子等。

**指导要点：**请幼儿找齐所需的材料，由成人或与成人共同制作：将旧信封折下一角，剪出耳朵粘上眼睛、胡须即可。还可将纸剪成 45 度圆并粘成锥形后，请幼儿贴上眼睛、胡须和长尾巴。

**建议：**1. 尽可能提供颜色不同、大小不同的纸制作老鼠的锥形，以调动幼儿主动选择的兴趣。

2. 鼓励幼儿观察比较，发现老鼠高矮的不同。如排成一队或一个一个地叠成罗汉，使幼儿从中获得更多的经验和审美感受。

**美劳游戏 3　菜根印画**

**目标：**喜欢玩色，能用菜根蘸着颜料印出图案。

**准备：**不可食用的藕根，有吸水海绵的广告色，吸水性能好的白纸。

**玩法：**将藕根切下，把带有小洞的一段放在颜料盘中，鼓励幼儿蘸上颜色印在白纸上。

**建议：**还可以选择硬度较好的西芹、白菜等根，作为印画的模具。

**美劳游戏 4　变变变**（见 1 ~2 月幼儿用书）

**目标：**喜欢动手尝试，发现玩具的不同玩法。

**准备：**幼儿用书，纸杯，纸卷，纸盒，彩色纸，彩笔等。

**指导要点：**收集废旧材料，家长和幼儿共同制作。以小拉车为例，成人帮忙安上车轮和绳子，引导幼儿把纸盒装饰上好看的颜色或图案，如粘上小猪或幼儿喜欢的其他图样，废旧的盒子就变成了运货的小车。

**建议：**1. 鼓励幼儿随手收集生活中的废旧材料，知道它们能变成玩具。

2. 鼓励幼儿多动手尝试制作各种物品。

**生活游戏　值日生**

**目标：**学习用一一对应的方法摆放碗、筷子。

**准备：**筷子、碗等简单的就餐用具。

**指导要点：**成人将碗一一摆放好，引导幼儿学习用一一对应的方法，分别在每个碗旁边放上一把勺子、一双筷子。

**益智游戏1　接彩条**

**目标：** 认识常见的红、黄、绿等颜色，会把相同的颜色连在一起。

**准备：** 将单张旧扑克分别涂上两种常见的颜色（也可用彩色卡纸粘），做成接龙卡片。

**玩法：** 游戏可两人或多人同时玩。每人4~6张卡片，按照卡片上的颜色，依次首尾相接。

**建议：** 初玩接龙游戏，颜色可只设2~3种，待幼儿掌握游戏方法后再逐渐复杂化，以增加兴趣。

**益智游戏2　玩木珠**

**目标：** 能尝试用绳把木珠穿起来，知道不能把小玩具含在嘴巴里。

**准备：** 各种颜色的木珠，绳。

**玩法：** 引导幼儿学习儿歌，并练习用绳穿木珠。

**附儿歌：**

小木珠，颜色多，摇来滚去好快活。我用小手抓住它，妈妈猜猜有几个？

木珠小，木珠多，千万别往嘴里搁，含在嘴里很危险，我们都不这样做。

**手指游戏1　小手变变**

**目标：** 尝试模仿游戏，感受成功的喜悦。

**建议：** 1. 利用阳光或灯光玩手影游戏，有利于幼儿从中体验因果关系，从而对手形的变化更感兴趣。

2. 成人参与手影创造，能够调动幼儿的创造热情，“变化”并命名能激发幼儿的想象。

**附儿歌：**

手心合上，变大狗，汪汪点头叫；拇指并拢，变小鸟，扑扑翅膀飞；

三指捏紧，变小兔，抖抖耳朵跳；五指攥拳，变鼓槌，咚咚把鼓敲。

**手指游戏2　手指五兄弟**

**目标：** 能伴随儿歌手口一致地活动手指。

**玩法：** 根据儿歌内容，手指做不同的动作。如：第一句由掌变拳；第二句双拳轻轻相扣；第三至八句，用右手拇指食指将左手握拳的每一个手指逐一拉出；第九句从大拇指到小指逐一点数；最后一句拍手。

**建议：** 1. 幼儿手指动作分化能力较差时可按上述方法游戏，动作分化能力较好时可两手同时做动作。

2. 用于练习手口一致的点数时，可变为互动游戏。先由成人（幼儿）握拳头，再让幼儿（成人）逐一扳起、扣回手指，通过互动增加游戏兴趣。

**附儿歌：**

小手五兄弟，天天在一起。大哥个子矮，二哥有力气，三哥个子高，四哥笑眯眯，五哥在最后，是个小弟弟。一二三四五，和我做游戏。

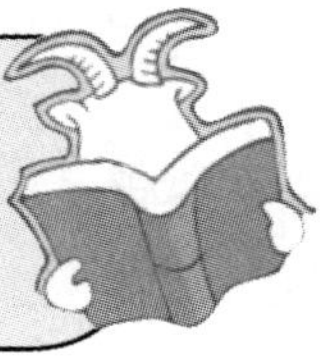

## 锻炼

**运动游戏 1　孵蛋蛋**（见 1 ~2 月幼儿用书）

**目标：** 能根据儿歌指令，做出不同的动作，享受共同游戏的快乐。

**准备：** 与幼儿用书配合进行。学会儿歌后，挑选一个地面无障碍、相对宽敞的空间。

**玩法：** 游戏双方一个蹲（坐）着扮演鸡蛋，另一个（幼儿或家长）站立扮鸡妈妈。“鸡妈妈”围着“蛋蛋”边说儿歌边顺着一个方向转，依次做推、抱、拉等动作。说到最后一句“扑扑翅膀跑跑跑”时，“蛋蛋”变成“小鸡”四散跑，“鸡妈妈”去捉。捉回来后，游戏重新开始。

**建议：** 1. 在游戏中让幼儿当“鸡妈妈”，有利于幼儿理解、表现游戏中不同的动词，在换位游戏中体验给予的快乐。

2. 成人变成“鸡宝宝”后可以变换着花样逃离，如单脚跳、走之字、碎步跑、脚跟走等，引导幼儿去追逐，调动他玩耍的兴趣。

**附儿歌：**

鸡妈妈，孵蛋蛋，推着蛋蛋转一转。鸡妈妈，孵蛋蛋，抱着蛋蛋摇一摇。

鸡妈妈，孵蛋蛋，拉着蛋蛋跳一跳。鸡妈妈，孵蛋蛋，蛋蛋变成鸡宝宝！扑扑翅膀跑跑跑！

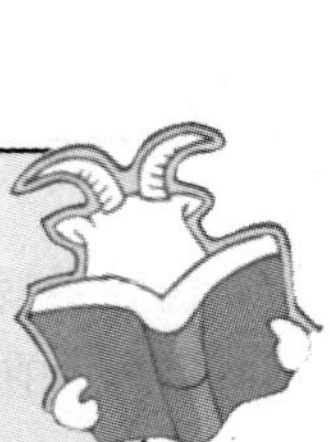

**运动游戏 2　过小桥**

**目标：** 能把小奶箱延长搭成桥，勇敢地走过去。

**准备：** 小包装牛奶箱若干。

**玩法：**指导幼儿自己将奶箱延长连成小桥，勇敢地踩在上面走过去。

**建议：**此游戏也可用于幼儿日常户外的自由活动，奶箱除可搭成桥走平衡外，还可以立起来当障碍，高抬腿迈过、绕物走等。

**运动游戏 3　小司机**

**目标：**能自如地推、拉“小车”，尝试绕过障碍继续前行。

**准备：**选取长、宽、高在 35～50 厘米之间的纸箱，用广告纸装饰后作为“车”。

**玩法：**将“车”放在平整的地面上，幼儿当司机推、拉纸箱，自如地行进。在活动场地上可以放置一些小障碍或设车站，鼓励幼儿在行进中灵活起步、停车并尝试避让障碍。

**建议：**1. 纸箱车不宜太高，宽度与幼儿肩同宽即可。为了减少摩擦，可用胶带纸把塑料纸膜固定在箱底。

2. 为了增加游戏的趣味性，还可将纸盒顶部打开，便于自由运送“货物”，使幼儿在拖、拉、推、转中获得更多的运动经验。

**运动游戏 4　儿只脚**

**目标：**通过模仿动作了解常见动物的特点，感受运动游戏的乐趣。

**玩法：**在户外活动场地上念诵儿歌，将踏步（或单脚站）、轻轻走、碎步转圈、横着走、提踵走、四散跑等分别编入儿歌中。还可以配上手的动作，增加模仿表现的兴趣。

**建议：**具体编排时，可视幼儿的实际水平增加或降低难度。

**附儿歌：**

小公鸡，两只脚，头戴红帽喔喔叫。猫咪咪，四只脚，走起路来静悄悄。

花蝴蝶，六只脚，花丛里面藏猫猫。小螃蟹，八只脚，横着走路真可笑。

大毛虫，许多脚，一耸一耸爬得高。吱吱蛇，没有脚，扭来扭去快快逃！

**抚触游戏　包饺子**

**目标：**在按摩与抚触的刺激下，能配合游戏体验合作的快乐。

**准备：**垫子。

**玩法：**幼儿平躺在垫子上，家长轻轻地按儿歌节奏顺时针地按摩幼儿的腹部，双手从幼儿腹部两侧依次向脚踝部抚摩，然后双手掌相对竖立，轻击肩部、大腿、脚腕。家长手握宝宝脚腕并抬起，随着儿歌节奏做腿部曲直运动，再将身体平翻过来，托起幼儿，向上抛起来怀抱幼儿，轻轻吻逗幼儿的颈部，增加亲子之间的感情。

**建议：**家长大声说儿歌，使幼儿在配合中更主动积极。家长的动作力度应适中。

**附儿歌：**

擀擀皮，和和馅。捏捏饺子剁三下。
煮一煮，翻一翻。捞起饺子晾一晾，尝尝饺子香不香。

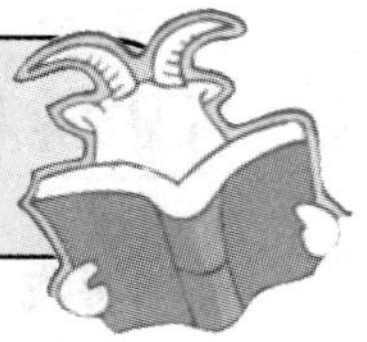

**器械游戏1　亲子棒棒操**

**目标：**体验动作节奏，在相互配合的活动中理解语言指令。

**准备：**自制纸棍或短竹竿两根。

**指导要点：**家长坐在小椅子上与幼儿视线相对，双方各握纸棒（或小棍竹竿）两端，根据儿歌内容依次做两臂上举、两臂侧平举、前后摆动、下蹲、跳跃等动作。

**附儿歌：**

我把小棍高高举，高呀高高举（两臂向上举4次）！
我和妈妈开飞机，开呀开飞机（两臂侧平举4次）！
我和妈妈拉大锯，拉呀拉大锯（两臂前后摆动4次）！
我的小腿蹲一蹲，蹲呀蹲一蹲（原地下蹲4次）！
我和妈妈跳一跳，跳呀跳得高（双脚原地向上跳4次）！

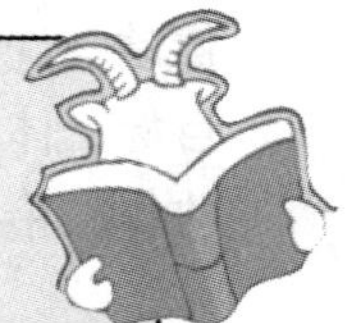

**器械游戏2　拉力器操**

**目标：**学习伴随口令有节奏地做动作，并能体验到拉力器的弹性。

**准备：**乐百氏空瓶5～6个，中间用寸钉在瓶子的上部、下部各打一个孔（两孔相距4～5厘米），取一根松紧带依次从每个瓶子的上、下孔穿过成环，两端系紧即可。

**建议：**可以由家长喊口令（4/4拍、2/8拍均可），也可以用2/4拍的歌曲磁带伴奏。

**动作：**

预备：两手握拉力器下垂于体侧。

第一节：双臂前平举，扩胸横拉3次，还原；双手叉腰，双脚原地跳4次。上述动作重复一遍。

第二节：左臂侧平举，右臂曲肘与肩平行作射箭状向后拉3次，还原。动作相同，方向相反，重复。

第三节：双臂前伸，左手上右手下上下拉动3次，还原。动作相同，方向相反，重复。

第四节：身体前屈，双臂下垂于地面平行横拉3次，还原，原地踏步4拍。上述动作重复一遍。

第五节：拉力器放在地上，随口令绕拉力器小跑一周。

## 音乐游戏

**音乐游戏　传纱巾**

**目标：** 喜欢听音乐，愿意在熟悉的人（如父母、同伴）面前大胆地表现。

**准备：** 磁带，小方纱巾。

**玩法：** 幼儿围坐成圈，听着音乐把小纱巾顺着一个方向依次传给身边的小朋友。音乐停后，拿到纱巾的幼儿把纱巾蒙在自己的脸上，请其他幼儿说出自己的名字。其他幼儿说对了，拿到纱巾的幼儿就表演一个小节目。

**建议：** 1. 为了方便相互传递，可以把纱巾系成蝴蝶结。

2. 要注意帮助幼儿调整左右的距离，坐得太近或太远都不好传。

**律动　洗手洗脸刷牙**

**目标：** 体验稳定的节奏，能在成人的带领下合拍地模仿动作。

**动作：** 第一段：①双手捧在脸前逆时针转动4圈；②胸前拍手一拍一动；③手背在身后，向左向右歪头一次；④拍手点头。

第二段：①双手掌心相对体前按节奏搓动；②搓左右手手背、手腕；③左右手依次伸出；④拍手点头。

第三段：①左手叉腰、右手食指作牙刷嘴前上下移动4次；②动作相同，方向相反，重复；③双手在身前晃动4次；④拍手点头。

**附歌曲：**

1＝C　2/4　　　　魏奕/词曲

① 3 1 5 5 | 3 1 5 5 | ② 2 4 3 2 | 5 － |

洗洗 脸儿 洗洗 脸儿， 宝宝 学会 啦。

洗洗 小手 洗洗 小手， 宝宝 学会 了。

牙齿 刷刷 牙齿 刷刷， 宝宝 记住 了。

③ 3 1 5 5 | 3 1 5 5 | ④ 5 4 3 2 | 1 － ‖

妈妈 亲亲 爸爸 亲亲， 啦啦 啦啦 啦。

妈妈 看看 爸爸 看看， 哈哈 哈哈 哈。

照照 镜子 照照 镜子， 牙齿 白白 了。

## （三）活动实录案例与分析

*周六育儿日记*

### 6：30～8：30　起床盥洗和早餐

**★教养提示**

1. 在闲散的居家生活中注意培养作息规律，有利于幼儿形成稳定的生理节律。
2. 当亲子之间利益产生冲突时，尽可能选择双方利益都可维护的处理方式。
3. 坚持亲子教育的一致与一贯，用好心态培育好习惯。

**★实录节选**

不到6点半，妞妞就醒了。爬到爸爸妈妈的大床上，用手拍爸爸，爸爸转过身体接着睡，妞妞不死心转向妈妈，用小手扒开妈妈的一只眼睛，妈妈忍不住眼球转动两下，妞妞欣喜地叫："醒了，醒了，该起床啦！"

妈：（搂过女儿）"妈妈再睡一会儿，好吗？"

妞："不好，妈妈说不睡懒觉。"

妈："好吧！你如果睡醒了，先自己穿衣服。妈妈再睡5分钟，你穿好上衣就叫妈妈……"

一家人漱洗完毕，8点整该吃早餐了。

妈："今天吃什么？"（拿出鸡蛋、牛奶、馒头、泥肠、榨菜丝和苹果等）

妞："让我挑挑。"（喜欢偏咸口味，选了泥肠和榨菜丝）

妈："我也选两种，鸡蛋和苹果吧！爸爸你选什么？馒头？我煮鸡蛋、切苹果，爸爸负责烤馒头片……"

看到妈妈切苹果和泥肠，妞妞也要了一把塑料刀切泥肠……不一会儿，烤馒头片、炸泥肠、煮鸡蛋都搞定了，妈妈拿来盘子。妞妞拿了两块大的泥肠放在自己的盘子里（因为妈妈切的大，一边切开，像花一样，妞妞自己切的短短的，没有花不好看），她一边吃着泥肠，一边看着爸爸妈妈。妈妈把鸡蛋剥开吃掉蛋黄，在蛋清的小坑坑里放进了一些榨菜丝；爸爸把烤馒头片和苹果片摞在一起吃得津津有味。

妞："好吃吗？"

爸妈："味道好极了！分你一点儿，尝尝……"

**★育儿策略**

1. 一日之计在于晨。晨间的好心情对幼儿一天的快乐情绪有着非常重要的影响。
2. 两岁左右幼儿的餐点不必单做，用心设计"有品位"的背景就可以。
3. 食物不求精、细，要粗、杂，最大可能地满足幼儿发育成长中多种营养素的需求。
4. 让幼儿介入备餐工作，她能从备餐游戏里获得许多感受深刻的经验。
5. 早餐吃好无需哄、劝、喂，顺其自然的父母榜样足以带动厌食、偏食的幼儿。

## 8：30～9：00　收拾内务

**★教养提示**

1. 父母履行承诺，让幼儿愉快体验“讲道理”“说话算数”的行为历程。
2. 选择可行的分工方式，能够让幼儿从中理解父母、理解责任。

**★实录节选**

在寻常百姓家，周日是家务劳动大战的日子，也是幼儿要求父母兑现承诺的按揭期限。当两件事都无法回避的时候，给幼儿创造“打工”的机会，他会感觉到被重视……

妞：“妈妈骑车。骑车去吧！”

妈：“问问爸爸，今天该谁陪妞妞骑车？”

妞：“都陪！”

妈：“可是房间还没打扫呢！要拖地、洗衣服、收拾房间，都陪妞妞骑车谁陪我干活？”

妞：“爸爸陪妈妈干活！”

爸：“好吧！爸爸陪妈妈干活，妞妞陪妞妞骑车！”

妞：“不嘛！（眼圈红了）说话不算数！昨天说骑车了（紧紧拽住妈妈的胳膊）。”

妈：“那妞妞先陪我干活，然后我和爸爸陪妞妞骑车，可以吗？”

妞：（犹豫了好一会儿）“好吧！”

爸：“每人干一件事。我力气大，来拖地……”

妈：“我收拾房间，谁洗衣服？”

妞：“妞妞洗衣服……”

……妈妈让妞妞端着小盆，把卫生间里该洗的衣服按照浅颜色、深颜色分成两类，妈妈检查后，教妞妞把衣服放进洗衣机里，再盛一小勺洗衣粉放进洗衣机里，开始洗涤……

**★育儿策略**

1. 淡化幼儿自我中心的意识，在生活体验中理解父母。
2. 在做事中化解突出的矛盾，让幼儿在学习新本领中尝试分担适度的责任。
3. 幼儿做事重在亲历，在有意义的经历中让幼儿体验展现能量的兴奋。

## 9：40～10：20　户外运动

**★教养提示**

1. 帮助幼儿主动积累经验，在玩中强化自信心。

2. 重视幼儿遭遇的困惑和挑战，给予适宜的支持。

**★实录节选**

妞妞爱玩，可是胆子小，动作协调性差，时常外出前雄心勃勃地计划，操练起来就落荒而逃。虽说今天主动提出的骑小车，但十有八九会是“坐车”“观光”，无功而返……

爸：“今天不带小车吧，每次带了妞妞都不骑，总让我推着。今天我还想爬山呢!”

妞：“带，就带！小车一人在家里，它会伤心的。”（并非给过失“找辙”，而是典型的泛灵特点：认为小车也是有生命、有感情的“人”）

妈：“爸爸不愿带，是因为推小车就不能爬山。如果不用爸爸推，就可以带小车一起玩吗?”

爸：“那当然。”

妈：“是妞妞带着小车玩吗?”（把对幼儿的批评重心转移到幼儿的爱心、责任上）

妞：“是。”

妈：“小车，谢谢妞妞！今天妞妞要带你出去玩。妞妞真棒，像爸爸那么棒！出发……”

在外面玩了将近 40 分钟，一家人回到家里，妞妞到家就趴在沙发上了。喝水、吃水果采取的都是“卧姿”。看来，“照顾小车”够累人的……

爸：“我今天发现山上有一条能骑小车的路，能玩翻滚过山车！明天，我带小车去玩。”

妞：“还带妞妞，因为小车喜欢妞妞……”

**★育儿策略**

1. 针对以往常出现的问题做好口头约定，渗透规则教育。

2. “约定”形成就要信守，陪同、帮助幼儿共同面对挑战。

3. 切忌操之过急。如：骑小车需要幼儿的本体感受，给幼儿空间、时间，成长才可持续。

## 10：40～10：50　游戏功课

**★教养提示**

1. 在家庭生活中引导幼儿理解父母，帮助他弄懂不明白的事情，化解执拗的脾气。

2. 透过幼儿的“纠缠”，分析原因，采取得当的方法给予积极的理解、支持。

**★实录节选**

妞妞要玩玩具，要求妈妈陪自己玩，妈妈不同意。

妈："刚才妈妈陪你推小车了，现在妈妈要做自己的事情。妞妞可以自己看书、玩玩具。"

妞："不行。妞妞不会，妈妈教！"

妈：(走到沙发边)"妞妞不会做什么？说出来，爸爸妈妈可以帮忙。"

妞："插片片、讲《小乔不见了》。"

妈："我可以帮助你一次，然后妈妈还要去做自己要做的事。是插片片还是看画书？"

妞："看完画书插片片吧。"

妈："只能做一件事。因为如果妈妈不做饭，全家就会饿肚子……"

最后，妞妞选择了看画书。书里讲的是一个叫小乔的孩子不愿去幼儿园，跟着陌生的狐狸跑到森林里去玩，迷路遇到狼群……其实妞妞已经听过好多遍了，每次看到漆黑的画面画着许多绿莹莹的狼眼时，她总会感到恐惧，可偏又想看、要听，好像是在刻意挑战恐惧……

**★育儿策略**

1. 两岁多的幼儿会经常"退步变小"，以求获得父母更多的关注。

2. 幼儿磨人、缠人的时候，经常是因为遭遇了难于表达清楚的困惑，此时家长一定要多加注意。

3. 引导幼儿说出困惑或是帮助幼儿说出来让他判断，是父母非常重要的养育责任。

## 11：15～11：40　生活游戏——帮厨

**★观点**

厨房总是让幼儿神往的地方，那里好像魔术箱。有亮光闪闪的厨具、大大小小的杯盏器皿、高高矮矮的调味瓶子。但通常，厨房对幼儿是不能开放的禁区。其实，在居家生活中精心安排，巧妙利用，所获得的教育效果甚是显著。

**★教养提示**

1. 引导幼儿尝试帮助父母，体验积极、愉快的亲子交流。

2. 引导幼儿在积极稳定的情绪下学习、认识、了解身边的事物，积累必需的生活经验。

**★实录节选**

妈妈在厨房做饭，妞妞推开门告诉妈妈玩完玩具了。

妞："妞妞帮帮吧！"

妈："谢谢！(随手把小椅子放在操作台靠近墙壁的一角) 玩具收好了吗？收好再帮帮！"

妞妞转身跑回客厅把玩具捡回整理箱中，推回小床下。

妈："想帮帮什么？做菜菜?"（最近，妞妞帮厨的时候，总要顺便品尝可入口的食物。妈妈先帮助妞妞洗干净手，然后抱在小椅子上坐好）

妞："切菜菜。"

妈："要'切切'就到地上站着吧。"

妞："不，高高。"（幼儿更偏爱一览无余的观察位置）

妈："那就不切切。（妈妈正在切彩椒）帮妈妈把彩椒掰开……"

妞妞接过切成条条的黄色彩椒，嘎巴嘎巴地掰起来，突又萌生品尝的愿望，放在嘴里一块，嚼了嚼，由于咀嚼不充分，下咽时刺激喉咙咳嗽起来……

妈："怎么了？辣吗?"

妞：（使劲点着头）"辣！"

妈妈掰了一块放在嘴巴里："甜的，不辣！妞妞吃的块儿太大，没嚼烂就呛着了。"

妈妈用刀把妞妞掰开的彩椒改刀，切成小丁放在小盘子里。

妈："尝尝这个！"

妞：（捂着嘴）"辣！辣！"

妈妈不再劝，一边配菜一边自己拿着吃……妈妈拿出葱和蒜，熟练地剥着，妞妞看到了，拿起一瓣蒜要帮帮。

妈："不动这个。辣。"

妞："不辣，这个不动。"（把拿蒜的小手背后，用脚踢踢没掰完的彩椒）

妈："你弄不动……好，辣了不能哭！"

妞："嗯，哭不是好孩子。"

妈妈继续忙碌着……妞妞小手抠半天也没弄开蒜皮，妈妈"不在意地"把蒜放在嘴边咬了一下，顺利地剥下蒜皮，妞妞好奇地看着，也把蒜放在嘴边咬……

**★育儿策略**

1. 真正的经验需要幼儿去建构，幼儿不接受成人的建议时给她"独断"的机会。
2. 当幼儿理解有偏误时，不用忙着"纠错"，给他空间，帮他创造机会去体验。
3. 让幼儿在充分的活动中，接触厨房里的甜酸苦辣，对危险便能形成自主的警觉。
4. 把厨房禁区变成游戏实验室，幼儿对父母的信任、对新经验的渴求会与日俱增。

**点评**

两岁多的幼儿受经验的局限，常常会在生活中与父母意见相悖。他们闹独立、不听劝、我行我素，常常令父母头痛。在这半天中，起（床）与不起、带（车）与不带、辣（彩椒）与不辣、行（陪玩）与不行、能（剥蒜）与不能，妞妞的家中也几次腾起狼烟，但是最终却都偃旗息鼓了。安宁不是通过打压、对抗获得的，也不是利用溺爱、让步维持的。这对父母比较好地把握了和小小孩打交道的技巧：说得少但经典，做得多且实际。他们用选择避开执拗、用交流破解困惑、以守信引导明理、用任务解释责任、让亲历建构经验。

孩子就是孩子，当父母在日常养育中充满智慧的时候，家就是一方成长的乐土，父母就是孩子心中的太阳。

# 第四部分 游戏材料 100 例

## *1. 滚球球*

制作材料：薯片筒，带响的球或铃铛，小盒或塑料筐。

制作方法：将薯片筒分成两半，交叉贴在墙上，把小盒放在球可以滚落的地方。

目　　标：在游戏中感受玩球、滚球的快乐。

玩　　法：让幼儿将球放在薯片筒上，球发出响声并顺薯片筒滚下。可以请幼儿数一数从上面滚下来几个小球。

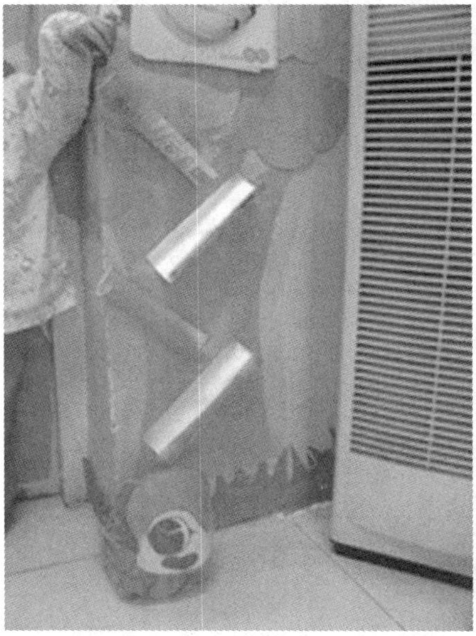

## *2. 树洞球宝宝*

制作材料：废旧大纸板两块，酸奶纸盒一个，小酸奶杯 28 个，画有蓝天、绿地背景图画的大纸，直径三厘米的小球若干，牛皮纸，绿色皱纹纸，油画棒，胶条，剪刀，绳子。

制作方法：1. 把两块大纸板粘在一起作为背景底板，把画有蓝天、绿地、云、太阳等的大纸贴在底板上，将手编立体小筐固定在板上。

2. 制作树干：把酸奶纸盒立起的一头剪掉，用牛皮纸折皱后包住做树干，在树干正前方下面开一个洞，洞的直径大于球的直径。

3. 制作树枝：将酸奶杯底部掏空，用胶条连接成树枝，再用绿色皱纹纸折皱包裹好，最后将树干、树枝连接在一起，在树上贴些树叶和苹果作为装饰。

目　　标：尝试下蹲捡球的动作，体验小球滚下来的快乐。

玩　　法：在图中的草地前放一个立体小筐，在里面放入小球。幼儿可以从任意一个树干中拿着球放进去，并在球滚下来时蹲下用小筐接住。

### 3. 小汽车

制作材料：结实的小纸箱（可容一个幼儿坐），即时贴。

制作方法：将小纸箱口的里外罩上彩色的布套，在车身两侧分别用按扣固定四个车轮。

目　　标：喜欢玩小汽车游戏，体验游戏的快乐。

玩　　法：1. 请幼儿抱着毛绒玩具坐在里面玩。

2. 将毛绒玩具放在里面，让幼儿在后面推着玩。

3. 把纸箱摆成一排，玩“开火车”“钻山洞”等游戏。

### 4. 好玩的房子

制作材料：大纸箱，红布，黄布，自制的粘贴胡萝卜。

制作方法：把纸箱作为房子，在纸箱的三个面上挖出三个门，整个房子用红、黄即时贴进行装饰。在房顶上缝制尼龙搭扣，把自制好的胡萝卜粘贴上，幼儿可以随意取用。

目　　标：1. 喜欢在洞口玩钻、爬和藏的游戏。

2. 能用摘、粘、搭的方法取放物品。

玩　　法：1. 请幼儿在房子内外随意钻、爬或捉迷藏。

2. 引导幼儿抱着喜爱的宠物玩具在里面休闲玩耍。

3. 引导幼儿从“房顶”上摘下“胡萝卜”喂喂玩具小白兔。

4. 引导幼儿用粘、搭的方法把“胡萝卜”放回原处。

### 5. 多用包

制作材料：红、黄、蓝、绿等颜色的布，蓬松棉，响哨，各种米或豆。

制作方法：将各色的布剪成正方形、长方形、三角形、圆形和手的形状，分别填入蓬松棉和响哨、小米、大米、绿豆、红豆、芸豆等。

目　　标：感受一物多玩的乐趣，尝试爬、跳、踩、夹、摇等各种动作。

玩　　法：1. 踩着玩：感受、体验不同材料踩上去的不同感受。

2. 摇着玩：可伴随音乐摇响布包伴奏。

3. 夹着玩：坐在地垫上，双脚夹起布包，双手在身体两侧支撑着地，可用脚上下摇布包、双脚夹包。此布包发出声响，也可试着移动身体，向前走，比一比，看谁走得远还能不让布包掉下来。

4. 跳着玩：站在布包上往下跳，逐渐增加布包的高度。

5. 爬着玩：用手抓着练习手膝着地向前爬，每往前爬一步，响哨都会发出声音，激发幼儿游戏的兴趣。

*6. 小球球串门去*

制作材料：大果冻盒六个，小彩珠一颗。

制作方法：1. 准备六个底部挖有小洞的果冻盒。每两个为一组，两个果冻盒中间夹一张与果冻盒口同样大小的圆纸板，并用透明胶条粘接在一起，在圆纸板中间开一个比彩珠大些的圆洞。

2. 同上，用六个果冻盒做成三组，并将这三组果冻盒用502胶水粘接成一串。

3. 从果冻盒一端顶部的小圆洞内放入一颗小彩珠。每组果冻盒表示一个小动物的家，分别装饰上小兔、小青蛙和小熊的图案。

目　　标：能让小球从入口逐一进入小动物家后再出来，体验游戏的快乐。

玩　　法：1. 用“小球球串门去”的游戏口吻引发幼儿的游戏兴趣，让小球球从第一层圆洞的洞口滚入，表示小球球到小兔家做客；接着，让小球球依次滚入小青蛙家、小熊家。

2. 还可用“小球球回家喽”的口吻，引导幼儿将彩珠从果冻盒中倒出来。

3. 还可引导幼儿尝试将其他材料放入果冻盒中，从而体验不同物体的运动特性。

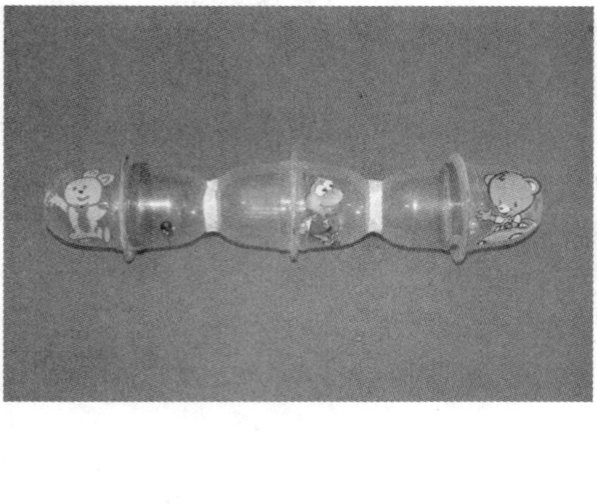

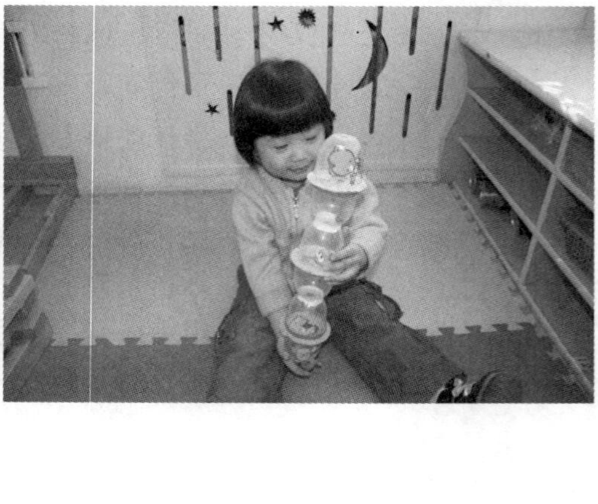

### 7. 小风车

制作材料：废饮料瓶，毛线，铅笔（或小棍），彩纸，剪刀，即时贴，一个串珠。

制作方法：把饮料瓶用即时贴装饰好（如图），在耳朵和嘴处扎眼。把毛线的一头系在铅笔上，另一头从嘴处拽出并系上一个串珠。把笔穿过耳朵处，并把做好的风车扎在笔的两头。

目　　标：对探索性玩具感兴趣，愿意尝试操作。

玩　　法：通过转动铅笔把毛线卷在笔上，然后拉动串珠使风车转动。

### 8. 溜溜花

制作材料：铁丝，螺母，废旧彩色笔，彩色包装带。

制作方法：1. 将两根铁丝拧成一股，选一枚大小适中的螺母（能套在拧好的铁丝上滑落、转动），将螺母外围粘贴花瓣作为“溜溜花”。

2. 将废旧彩笔的笔杆作为把柄，把“溜溜花”套在拧好的铁丝上，将铁丝两端各插入把柄孔内并封住。

目　　标：感受物体的转动，发现“溜溜花”静止与转动时的不同。体验游戏的快乐。

玩　　法：手握把柄上下颠倒，使“溜溜花”在长杆上来回转动。

*9. 青蛙呱呱*

制作材料：装香皂用的纸质包装盒。

制作方法：用笔在盒子的中间部分画一条直线，用剪刀沿着线将盒子剪开，只留一面不剪断。将剪开的盒子对折后，在上方粘上两个硬纸卡片剪成的圆眼睛即可。

目　　标：喜欢伴随音乐用玩具打节奏。

玩　　法：将拇指和其余四指分别插在盒子里做张合运动，可以听着音乐打出嗒嗒的声音。也可用此方法制作其他小动物，配合讲故事、说儿歌时使用。

*10. 手摇响板（拨浪鼓）*

制作材料：木板，瓶子盖，线绳，塑料绳，锥子。

制作方法：1. 将瓶子盖扎好眼，用线将所需要的图形穿好，做成花瓣样。

2. 再把模板锯成花瓣形，涂上所需要的颜色作为花蕊。

3. 最后，把瓶盖固定在花蕊上，用塑料绳缠在手把上。

目　　标：喜欢用响板、拨浪鼓等伴随音乐做动作。

玩　　法：1. 手拿响板（拨浪鼓）来回晃动，并听听发出的声音。

2. 伴随音乐摇响板（拨浪鼓），表现不同的摇动方法。

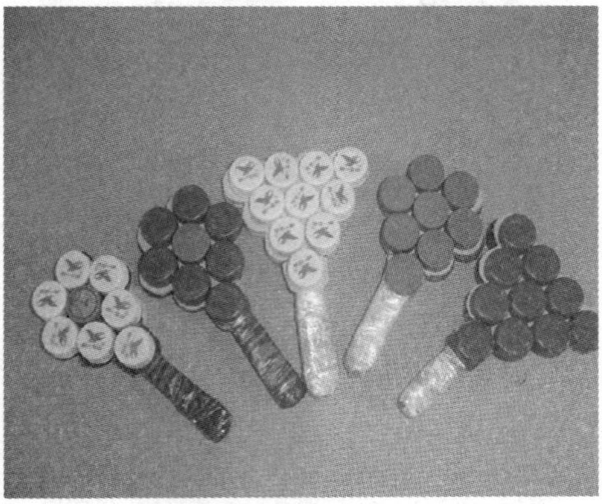

### *11.* 手铃花

制作材料：头花，橡皮筋，铃铛。

制作方法：将铃铛缝制在头花上。

目　　标：喜欢装扮自己，愿意参加表演游戏。

玩　　法：请幼儿在表演时将手铃花戴在头上、手上作为装饰。

### *12.* 敲小鼓

制作材料：纸盒，易拉罐，筷子，木珠。

制作方法：在纸盒上挖出 9 个与易拉罐大小一样的孔，把易拉罐嵌入，在筷子的一头装上珠子。

目　　标：喜欢敲打乐器，伴随音乐动作。

玩　　法：请幼儿用筷子随音乐击打易拉罐。

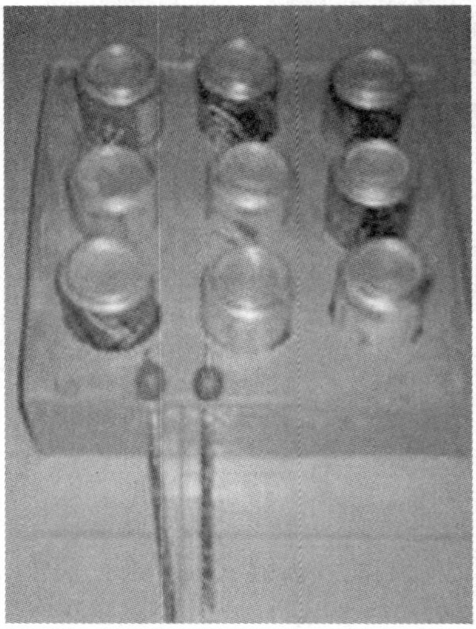

13. *有趣的乐器*

制作材料：各种瓶子（饼干筒、易拉罐瓶等），即时贴、绳子。
制作方法：用即时贴把瓶子装饰一下，把大铁筒的两头系上绳子。
目　　标：喜欢敲敲打打的玩具，在游戏中感受声音的不同。
玩　　法：认识玩具乐器的名称，用敲摇的方法感知不同的声音。

14. *我来做妈妈*

制作材料：缎带，浴帽，双面胶。
制作方法：将漂亮的缎带制作成各种造型的发式粘贴在浴帽上。
目　　标：喜欢玩装扮游戏，模仿成人的活动。
玩　　法：把浴帽戴在头上，扮演妈妈的角色。

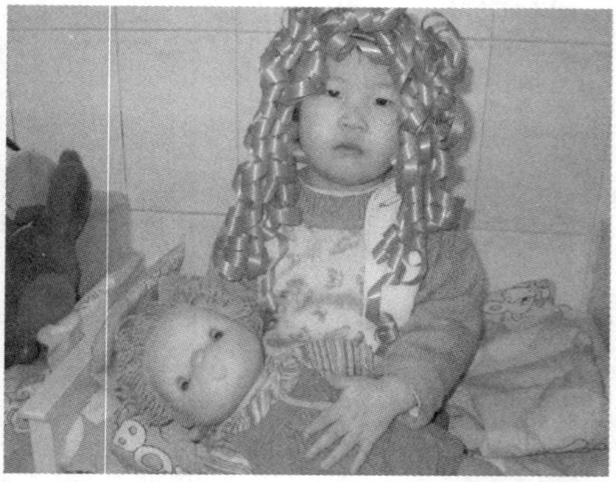

15. *可爱的瓢虫*

制作材料：布（红、黑），尼龙粘扣。
制作方法：将红色布裁剪成瓢虫形状缝制成瓢虫，用黑色布剪成圆形斑点，将尼龙粘扣的一面缝在黑色斑点上，另一面缝在瓢虫身上相应位置。
目　　标：会用对应的方法帮瓢虫找圆点。
玩　　法：将缝有尼龙粘扣的斑点粘贴在瓢虫身上的尼龙粘扣上。

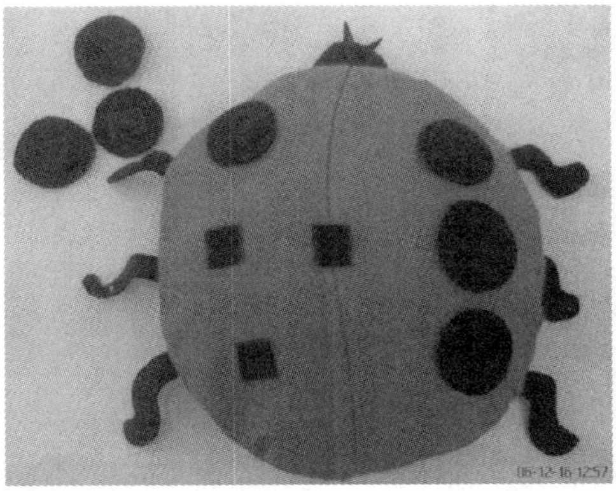

### 16. 长颈鹿

制作材料：布，棉花，按扣，剪刀，针线。

制作方法：把布剪成鹿的形状，装进棉花缝好。在鹿身上缝一些按扣。用布做一些小花，上边也缝上按扣。

目　　标：能用按扣把小花按在长颈鹿的身上。

玩　　法：1. 把小花按在鹿的身上。

2. 利用玩具说一说有关长颈鹿的儿歌："长颈鹿，个子高，细长脖子摇啊摇，要吃树叶真方便，伸着脖子吃个饱。"

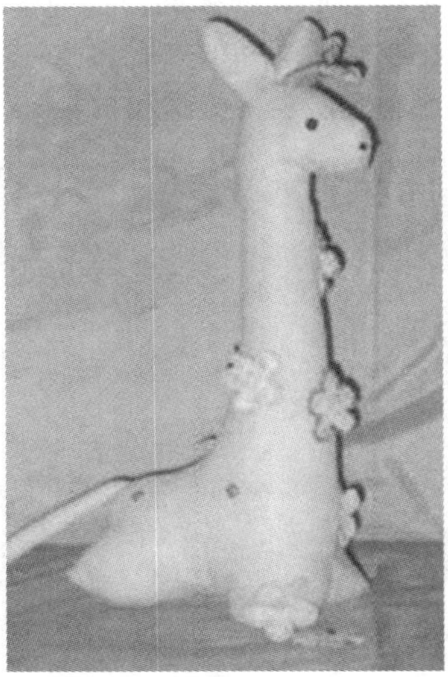

### 17. 小乌龟

制作材料：布，按扣，棉花。

制作方法：用布做成乌龟形状，在里面塞一些棉花，再用布做一些多边形钉上按扣。

目　　标：会用按扣，能将图形扣在龟背上。

玩　　法：用对应按扣的方式装饰小乌龟。

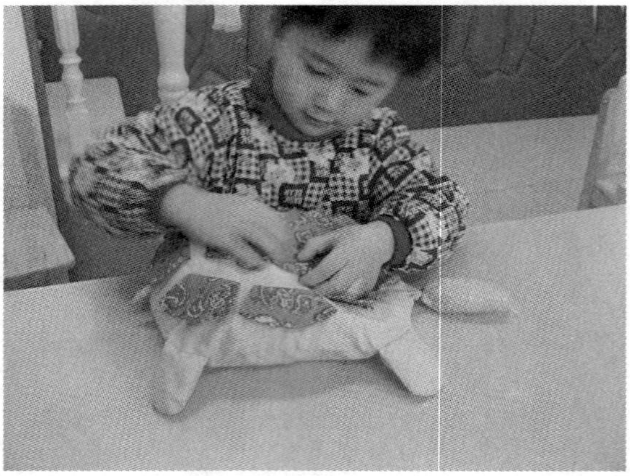

*18. 给小羊穿外套*

制作材料：布头，白色缎带，尼龙粘扣，棉花，按扣等。

制作方法：1. 用布缝制小绵羊一只（内用棉花填充）。

2. 在小羊身上缝上尼龙粘扣，在白色缎带上缝上尼龙粘扣（作为小羊的毛）。在小绵羊的头部、羊蹄和尾巴上缝按扣。

目　　标：1. 会用粘的方法给小羊穿外套。

2. 喜欢帮助小羊做事情。

玩　　法：1. 请幼儿将多条缝有尼龙粘扣的白色缎带随意粘贴在缝有尼龙粘扣的小羊身上，帮小羊穿上暖和的衣服。

2. 比一比谁的小羊衣服穿得最暖和。

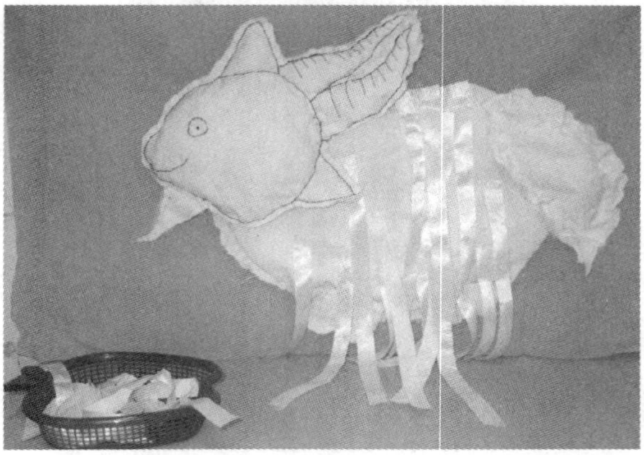

*19. 苹果树*

制作材料：布球，两棵布贴苹果树。

制作方法：用布和海绵做成布球作为果子，在布球上钉上皮筋圈或缝上尼龙粘扣。在两块大方布上各缝一棵果树，一棵树上缝上尼龙粘扣，另一棵树上钉上扣子。

目　　标：尝试使用粘扣，体验游戏的快乐。

玩　　法：请幼儿将缝有皮筋圈的果子挂在树上的扣子上，将有尼龙搭扣的果子粘在有粘扣的果树上。

### *20. 葡萄和甲虫*

制作材料：绿色、紫色、红色、棕色、白色的布，硬纸板，按扣，粘扣，棉花。

制作方法：

葡萄：1. 用白布作为底，在中间衬上硬纸板 。

2. 用绿色的布剪成叶子形状缝在白色底板上，再用紫色的布做成圆形的葡萄粒，分别缝上按扣或粘扣。

甲虫：1. 用布剪成甲虫的形状，装入棉花缝好。

2. 在甲虫身上缝好扣子，用棕色布做成甲虫的斑点，斑点中间开扣眼（扣眼要开得稍大些）。

目　　标：会用按扣、粘扣、系扣的形式固定葡萄及瓢虫。

玩　　法：1. 将一粒粒的葡萄珠用粘扣或按扣扣上。

2. 把甲虫身上的斑点解下，给另一只甲虫系上。两只甲虫身上的斑点可相互交换。

*21. 好玩的布书*

制作材料：钉有扣子的布书和各种形状的布块。

制作方法：购买画有各种图形的布书，在上面钉上扣子，将各种颜色的布剪成和布书上的图形相同的小布块，并在布块上缝出扣眼。

目　　标：1. 尝试扣扣子。

2. 能按物体的轮廓配对。

3. 愿意和教师或同伴交流书上有什么。

玩　　法：1. 请幼儿从小筐中取出和书中图案相同的布块，并把它们用扣子系在一起。

2. 引导幼儿说说布书上都有什么。

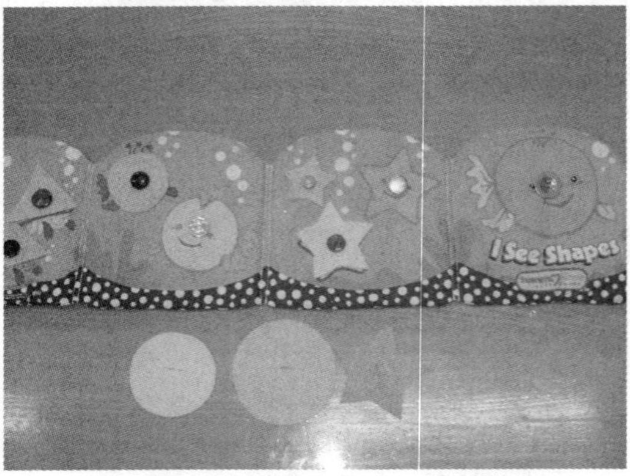


*22. 鞭炮*

制作材料：布，棉花，剪刀，针线，纽扣。

制作方法：剪一长布条作为炮捻，在上面钉好纽扣。用布装入棉花后缝成一个个小炮竹，在一端用线做扣眼。

目　　标：1. 知道一个扣眼对应一个纽扣，能系上纽扣。

2. 丰富词汇：小炮竹、一串。

玩　　法：将一个个小炮竹系在绳上，变成一串大鞭炮。

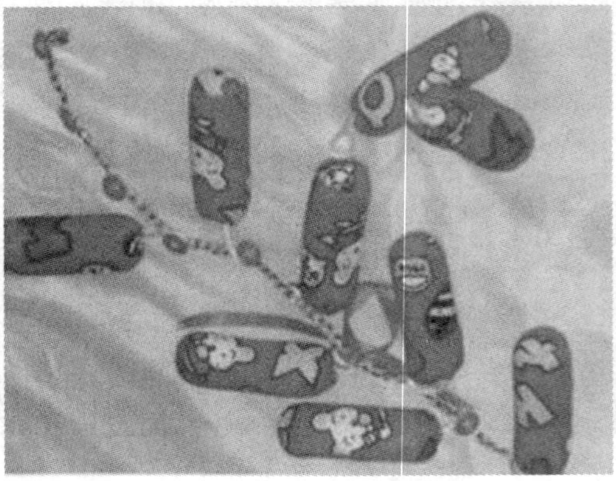

### 23. 猪宝宝吃奶

制作材料：纽扣，布头，尼龙粘扣，棉花等。

制作方法：1. 用布缝制猪妈妈一只、小猪宝宝若干只（猪肚内用棉花填充）。

2. 在猪妈妈的肚皮两侧缝上尼龙粘扣（或纽扣），在小猪头部缝上尼龙粘扣（或子母扣、扣眼）。

3. 可按幼儿发展水平提供不同难度的材料：①用尼龙粘扣连接的猪妈妈和猪宝宝；②让幼儿练习通过子母扣连接猪妈妈和猪宝宝；③将猪宝宝头部的扣眼对准系在猪妈妈身上的扣子上。

目　　标：能够对准扣眼系扣子体验游戏的快乐。

玩　　法：把小猪宝宝一一对应着粘（或扣）在猪妈妈的肚皮下吃奶。

建　　议：可变通使用泡沫塑料拼板制作猪妈妈和小猪，或从市场上购置毛绒玩具替代。

### 24. 系扣火车

制作材料：红色、绿色、黄色、蓝色、粉色、紫色的布，腈纶棉，粘扣，按扣，大小扣子，气眼，鞋带。

制作方法：1. 将红色布剪成火车头形状缝好（1 个），填入腈纶棉。再用黄色布做烟囱，用蓝色布做车灯，分别缝上粘扣、按扣。

2. 将黄色布剪成车厢形状缝好（4 节），填入腈纶棉。并在每节车厢连接处缝上粘扣、按扣、气眼。按车厢顺序用针线绣上阿拉伯数字 1，2，3，4，再在车窗部位钉上按扣。

3. 将粉色布剪成车窗形状缝好（8 扇），填入腈纶棉。按车厢顺序号在车窗上用各色布缝制图形（形状为正方形、三角形、圆形、长方形），再钉上按扣。

4. 将蓝色布剪成车轮形状缝好（10 个），填入腈纶棉，分别钉上粘扣、按扣、扣子。

目　　标：1. 学习系不同类型的扣子。

2. 能辨认简单形状和基本颜色。

玩　　法：游戏时，幼儿可随意将火车头、车厢、车窗、车轮、车灯、烟囱等部件逐一拆开或组合上（系上）。

*25. 能剥皮的大香蕉*

制作材料：黄色、白色的布，海绵，粘扣。

制作方法：1. 用白布缝制成长圆形香蕉芯（芯内装入海绵），芯外缝上几根条形粘扣。

2. 用黄色的布（双层装入海绵）缝成若干条状，做香蕉皮。每条内侧缝上条形粘扣。

目　　标：能用撕、粘的方法剥香蕉，体验成功的快乐。

玩　　法：游戏时可以把香蕉皮剥开、粘上反复游戏，也可将玩具投放在宠物区或娃娃家中，让幼儿喂小动物或娃娃吃香蕉。

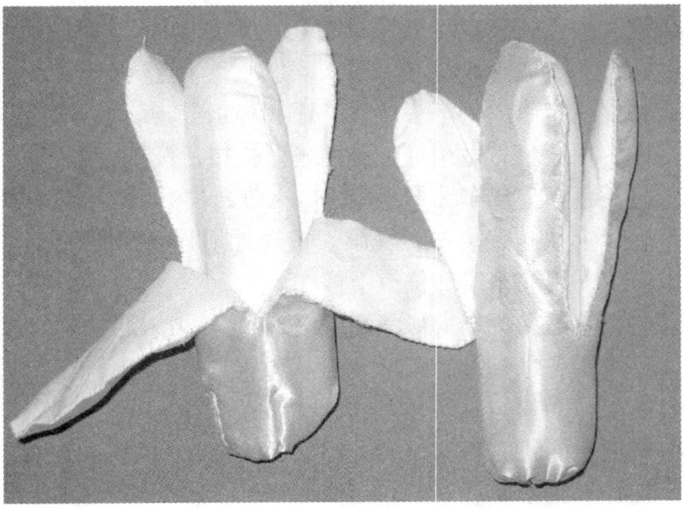

### 26. 布橘子

制作材料：布，棉花，尼龙粘扣，针线。

制作方法：先做一个布棉球，上面缝上尼龙粘扣。再做能包住棉球的橘子皮，并在上面缝好尼龙粘扣。

目　　标：能用撕、粘的方法剥橘子，体验游戏的快乐。

玩　　法：请幼儿把橘子剥开或包上。

### 27. 大嘴娃娃

制作材料：彩色毛线，袜子，彩色布头，扣子。

制作方法：1. 将两种颜色布剪裁成两块长方形，将一个长方形对折后沿长边上下缝合，将对折处的短边剪开作为娃娃的大嘴。

2. 把另一块长方形布依照以上方法缝合后，插入娃娃的大嘴中，将上下两片嘴缝合。

3. 在娃娃的头部上方缝两个扣子当眼睛。

4. 头部的两端用毛线给娃娃装饰两条辫子。

目　　标：会用勺子舀物喂入娃娃嘴中。

玩　　法：1. 可将手伸进娃娃的头里，并控制娃娃的嘴巴一张一合，逗引幼儿往娃娃嘴里喂食物。年龄小的幼儿可以用手指捏着东西放到娃娃的嘴里，稍大一些的幼儿可使用小勺。

2. 把大嘴娃娃套在剪去一半的半个可乐瓶口上，让幼儿自己将勺中的东西喂到大嘴娃娃的嘴里。

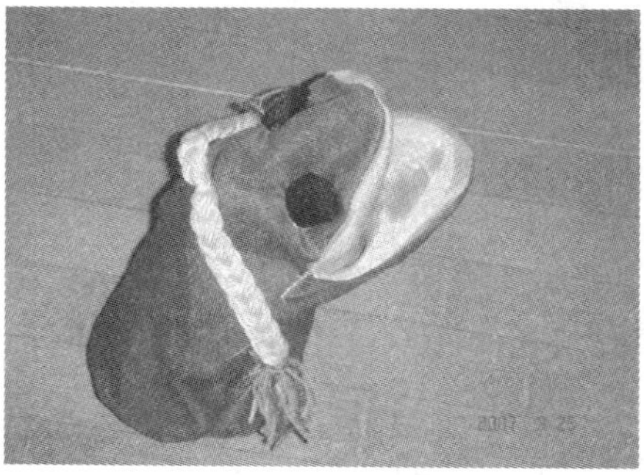

*28. 蚂蚁藏豆*

制作材料：饮料瓶一个，即时贴，塑料小勺两个，小碗两个，花生豆若干，绿豆若干。

制作方法：1. 用即时贴包裹整个瓶子，在瓶身上挖出两种大小不同的洞若干，大洞以能放进花生豆为准，小洞以能放进绿豆为准。

2. 把两个勺子插到瓶盖上，并在瓶盖及勺子上贴上眼睛、嘴巴，做成小蚂蚁的形象。

目　　标：1. 能分辨红、绿两种颜色。

2. 能够用勺子按照颜色、大小把豆子放到相应的洞中，学习一一对应。

玩　　法：1. 请幼儿用手捏着豆子，从瓶身上的洞里放进去。熟练后，可以根据指令按照颜色、大小分别放进瓶中。

2. 可将“小蚂蚁”头顶上的勺子取下来，拧下瓶盖后用勺子舀起豆豆，直接从瓶口舀入瓶中。

*29. 小水果找妈妈*

制作材料：草莓夹子、苹果夹子、葡萄夹子若干，卡片纸。

制作方法：在卡片纸上按水果夹子的形象，画出草莓、苹果、葡萄等水果“妈妈”并塑封好。

目　　标：使用夹子，能按水果的外形特征选择夹子夹在水果上；能说出常见水果的名称。

玩　　法：1. 请幼儿将各种水果夹子分别夹在相应的大水果卡片上。

2. 引导幼儿感知大小及1和许多、1个大草莓和许多小草莓等。

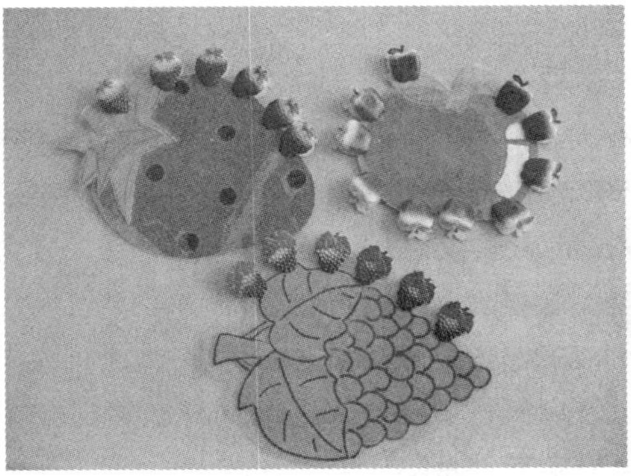

### 30. 花卡子

制作材料：彩色纸，毛线，各种花卡子。

制作方法：用纸制作娃娃头后塑封，在头的两侧固定两根用毛线编成的辫子。

目　　标：会用拇指、食指、中指捏开卡子夹物。

玩　　法：将不同大小、形状、花色的卡子夹在漂亮娃娃的头上。

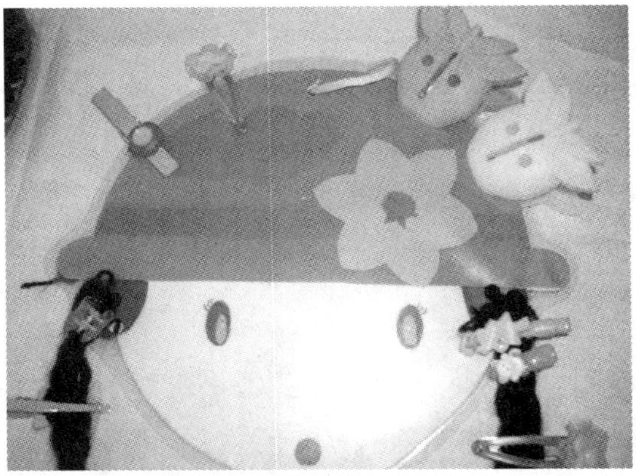

### 31. 帮助小动物

制作材料：夹子，画好的小动物躯干。

制作方法：用纸绘制各种小动物的头及躯干，剪贴后塑封，用彩色夹子代替动物的腿、尾、耳等部位。

目　　标：1. 尝试用三指捏的方法使夹子张开。

2. 能辨认常见的动物并了解其基本特征。

玩　　法：1. 引导幼儿选择各种不同形状及色彩的夹子夹住动物的腿、尾、耳等。

2. 引导幼儿说出“这是××”，学学它们的叫声。还可以与小动物进行各种对话游戏，说出它们爱吃的食物。

建　　议：1. 有的幼儿开始用夹子时是满把抓，应提供松紧不同的夹子，如初期提供松一些的夹子。

2. 为了增加幼儿游戏的兴趣，可提供不同的图案板及不同造型的夹子供幼儿选择。还可在娃娃家里为幼儿提供圆盘形衣架，请幼儿在上面为小娃娃晾晒衣服、手绢、袜子等，使幼儿的动作技能在生活中得到巩固和发展。还可通过调整材料的厚度来增加难度。

*32. 种花*

制作材料：泡沫塑料拼板，花夹子若干，彩色安全图钉。

制作方法：用地板块制作出两个大小不同的“花坛”，在“花坛”里扎上多个彩色安全图钉。

目　　标：1. 喜欢操作游戏，尝试使用夹子。

2. 能够分辨大和小。

玩　　法：请幼儿把大花夹子夹到大“花坛”的图钉上，把小花夹子夹到小“花坛”的图钉上。

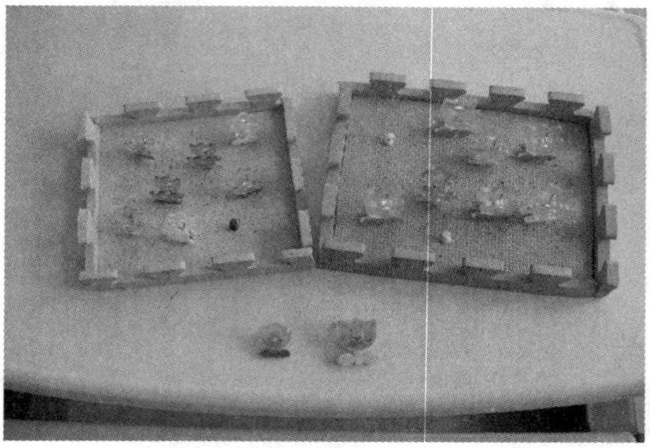

*33. 滚小球*

制作材料：有格子的大纸盒，核桃，塑料小球，小勺（夹子），酸奶盒等。

制作方法：将酸奶盒剪掉一半，并在侧面挖出不同形状的洞，固定在大纸盒内。

目　　标：会用夹子夹小球，体验游戏的快乐。

玩　　法：1. 引导幼儿用小勺（食品夹子）把核桃（小球）从一个洞洞推到（夹到）另一个洞洞。

2. 让幼儿双手抬、转大纸盒，使小球从一个盒中滚出，或使小球滚入另一个小盒中。

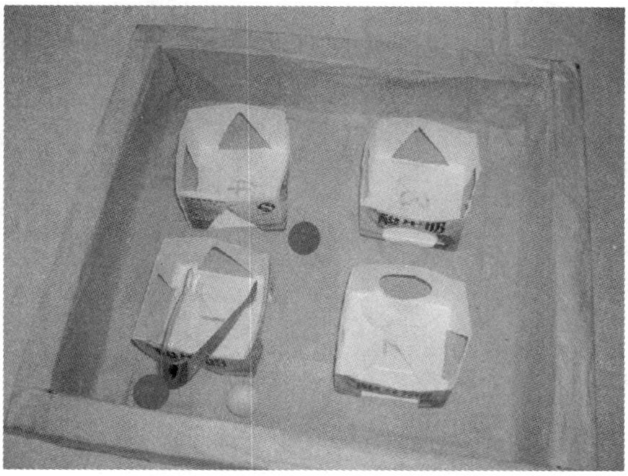

### 34. 安装小汽车

制作材料：大螺母，泡沫塑料拼板。

制作方法：将泡沫塑料拼板剪成各种汽车图案，并在车轮处挖洞。

目　　标：1. 认识常见的车辆。

2. 能够将螺栓与螺母拧在一起。

玩　　法：引导幼儿将长螺栓插入车轮的洞中，并用螺母旋拧固定。请幼儿说一说安装了几辆小汽车，它们都是什么车。

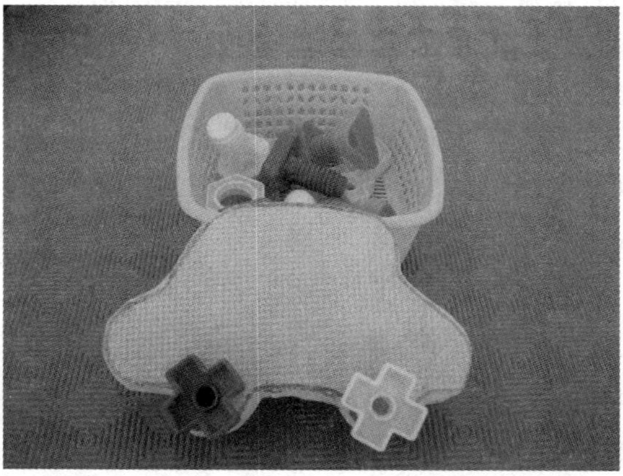

### 35. 小火车

制作材料：两侧有圆洞的酸奶盒若干，大塑料螺母若干。

制作方法：将装酸奶的纸盒两侧分别挖一个圆洞作为火车的车厢，挖出的圆洞可大小不同。

目　　标：1. 能将螺母与洞的大小进行一一对应。

2. 学习两手配合做事。

玩　　法：1. 引导幼儿将两个酸奶盒的圆洞对在一起，然后按圆洞的大小选择粗细适宜的螺栓将两个圆洞串起来，再找出大小适宜的螺母拧在螺栓上。

2. 可以引导幼儿选择相同颜色、大小的螺栓与螺母进行配对。

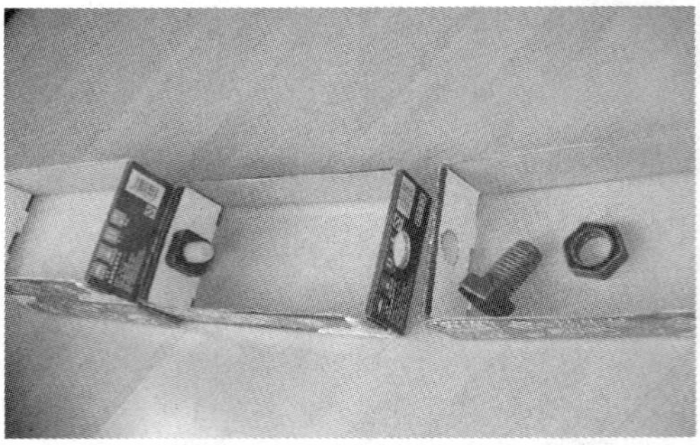

*36. 给瓶宝宝戴帽子*

制作材料：不同造型的小瓶（瓶盖要易拧），肉色卡纸，彩色皱纹纸，水彩笔，小盒。

制作方法：1. 找几种不同造型的小瓶，瓶盖要易拧。将肉色卡纸裁成长条，长约瓶子高度的2/5，将小瓶的上半部围起，作为瓶宝宝的脸，并用彩笔画出五官。

2. 选择不同颜色的皱纹纸裁成长条，长约瓶子高度的3/5，捏出褶皱，围住瓶子的下半部作为瓶宝宝的小裙子。

目　　标：1. 能将不同大小的瓶身和瓶盖配对。

2. 通过双手旋、拧动作，提高手腕、手指的灵活性。

3. 尝试瓶子的不同玩法。

玩　　法：1. 开始时可提供给幼儿一个瓶子及瓶盖，让其尝试旋、拧。

2. 在幼儿熟悉后，可投放多种大小不同的瓶盖供其尝试、配对。

3. 提供不同材料（如豆类）供幼儿装入瓶中，通过摇晃感知声音的不同。

4. 准备多个相同的瓶子，分别在瓶身、瓶盖上粘贴相同图案、颜色的标志。根据标志将瓶身与瓶盖进行配对旋拧。

### 37. 七星瓢虫转转转

制作材料：包装盒，七个瓶口大小不一的塑料瓶，七个相应大小的瓶盖。

制作方法：在包装盒上贴七星瓢虫的图案并挖圆孔，将七个塑料瓶上端瓶口处根据包装盒的高度进行剪切，并将其镶入包装盒中固定，将瓶盖拧到瓶口上作为七星瓢虫的斑点。

目　　标：1. 能说出七星瓢虫的名称。

2. 能根据瓶口的大小一一对应不同的瓶盖，并学会拧瓶盖。

玩　　法：幼儿可随意将瓶盖拧下来，并拧上去。

建　　议：开始时，可在每个斑点上贴上颜色或其他标记，待幼儿熟练后去掉标记。

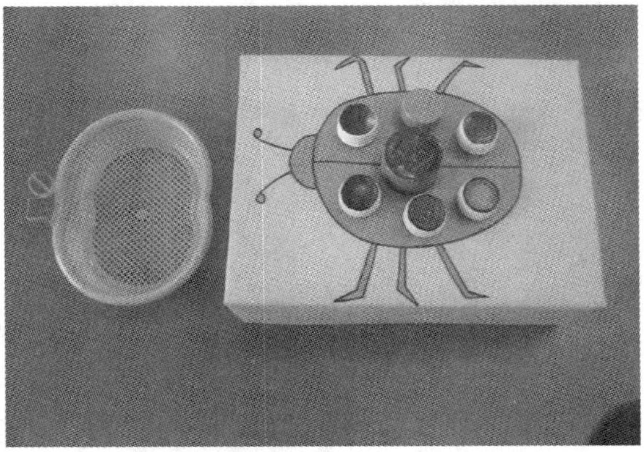

### 38. 鱼形串珠

制作材料：鱼形串珠，彩色卡纸，彩笔。

制作方法：将卡纸画成小猫的图形，压膜后串在鱼线底部。

目　　标：1. 知道小猫爱吃鱼，能将鱼形串珠用绳子穿在一起。

2. 能按相同颜色进行简单分类。

玩　　法：1. 引导幼儿将同色小鱼穿在有相应颜色的小猫的绳子上。

2. 引导幼儿比一比哪只小猫上穿的鱼最多。

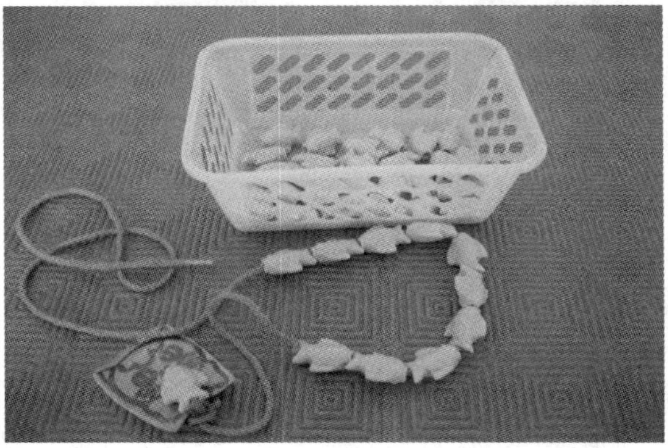

*39. 穿洞洞*

制作材料：塑料吸管，百洁布，瓶盖，海绵及各形状的彩色带孔纸片，鞋带等。

目　　标：能双手配合将绳子穿过吸管和纸片的洞眼。

玩　　法：1. 引导幼儿用绳子将长短不同的吸管和纸片一个个穿起来。

2. 引导幼儿尝试使用多种材料来穿。

3. 为增加游戏性，可帮幼儿把穿好的串儿挂在脖子上当项链、系在腕上当手链、戴在头上做头花等。

4. 引导幼儿将同种颜色或形状的材料穿成一串，并说说有什么颜色和形状。

建　　议：在穿珠子的过程中渗透1和许多的关系，还可让幼儿将穿好的珠子串儿放在一起比长短。

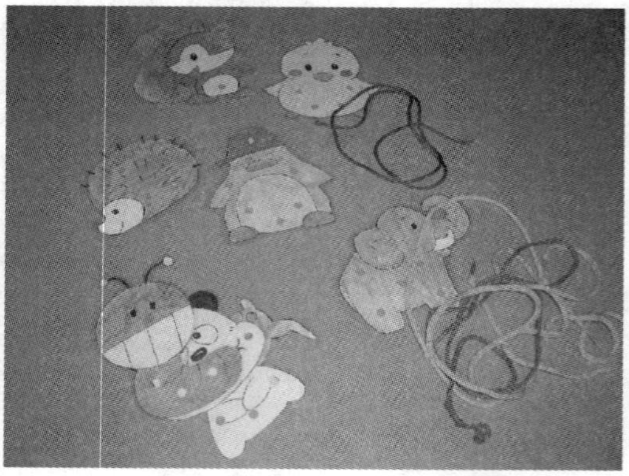

*40. 羊肉串*

制作材料：海绵，广告色，竹签，毛笔。

制作方法：将海绵剪成小块，然后把广告色刷在海绵上面晾干后即可。

目　　标：能把海绵块穿在竹签上，体验游戏的快乐。

玩　　法：请幼儿将海绵块串在竹签上，然后可以在娃娃家与同伴、教师一起“烤”羊肉串，体验游戏的快乐。

*41. 小螃蟹*

制作材料：一次性纸杯，各种吸管，不干胶纸。

制作方法：1. 在一次性纸杯上用即时贴粘上眼睛和嘴巴。

2. 用剪刀在杯子两侧对称扎三个孔，然后把吸管插入孔中。

目　　标：能将粗细不同的吸管插在纸杯上，体验游戏的快乐。

玩　　法：1. 让幼儿插着玩。

2. 可倒过来当笔筒。

延伸玩法：可挂起当吊饰。

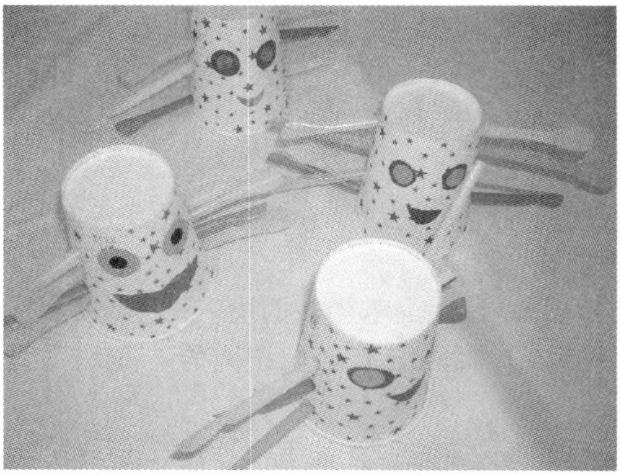

*42. 妈妈的漂亮头发*

制作材料：一个大饮料瓶，皱纹纸，黄色绸布，即时贴，旧报纸，小石子若干，胶条。

制作方法：1. 在瓶里装入小石子，小石子占瓶子总容量的1/4，以增强稳固性。用即时贴和彩纸包裹瓶身，在瓶子上半部分贴上五官作为人脸。在相应的“人脸”后面钻若干个小洞。

2. 头发的制作：用旧报纸卷成细纸棍，一头用即时贴固定在小洞中，一头粘上皱纹纸条作为头发。

3. 用黄色绸布制作“妈妈”的裙子，固定在瓶身下部1/3处。

目　　标：能把纸棍插到小洞里面，体验游戏的快乐。

玩　　法：1. 请幼儿将纸棍插到瓶口和瓶身上的小洞里。

2. 引导幼儿说一说、数一数每根棍上有几根头发。

3. 准备若干皱纹纸，引导幼儿撕成小条粘到纸棍上给妈妈做头发。

4. 准备若干夹子，引导幼儿用夹子把头发夹起来。

### *43. 插　花*

制作材料：红、黄、蓝三种颜色的纸，小棍或吸管若干，小酸奶盒一个。

制作方法：1. 用红、黄、蓝三种颜色纸剪花，然后用透明胶带将小棍或吸管粘在花上。

2. 在酸奶盒的背面贴上红、黄、蓝三种颜色的纸，并在面上扎上小洞做成“花坛”。

目　　标：能将小棍插入洞中，体验游戏的快乐。

玩　　法：1. 将“小花”插在与其颜色相同的“花坛”里，并说出“小花”的颜色。

2. 比一比谁的“花坛”先插满“小花”。

### 44. 插鱼鳞

制作材料：硬纸板，较硬的塑料瓶子，水彩笔，夹子等。

制作方法：1. 将硬纸板剪成鱼形，用水彩笔画上眼睛。

2. 用刀子在鱼背上划开窄缝。

3. 用硬纸板剪出椭圆形和三角形的鱼鳞。

目　　标：喜欢参与游戏，能将薄片插入窄缝中。

玩　　法：1. 用水彩笔给小鱼身上涂色。

2. 把剪成椭圆形和三角形的鱼鳞一片片插到小鱼身上。

3. 可根据鱼身的颜色插上相应颜色的鱼鳞。

### 45. 小插盘

制作材料：泡沫塑料拼板，挂历纸，即时贴，绘画棒，棉线，绳等。

制作方法：1. 用泡沫塑料拼板制成三角形托盘并贴上彩色即时贴；在托盘上划开数条插缝；用纸绘制各种小动物喜欢的食物，并剪贴塑封。

2. 用纸盒或泡沫塑料制作“生日蛋糕”，在上面挖出若干小洞；用挂历纸搓制成小“蜡烛”，用粗线绳做芯。

目　　标：1. 能说出常见食物的名称。

2. 能将物品插入合适的缝中。

玩　　法：1. 把食物插到托盘上的插缝中。

2. 为小动物过生日，说说小动物爱吃什么食物。

### 46. 穿上毛衣暖洋洋

制作材料：泡沫塑料拼板，毛线，塑料眼睛。

制作方法：用泡沫塑料拼板剪出小羊轮廓并贴上眼睛。

目　　标：在游戏中学会缠绕动作能力。

玩　　法：将毛线缠绕在小羊的身上。

### 47. 小狗吃骨头

制作材料：布，棉花，绳，纽扣，针线，剪刀，尼龙粘扣。

制作方法：1. 剪下带卡通动物形象的布，在中间放上棉花，在脸蛋处缝上尼龙粘扣。
2. 用布和棉花做一块骨头，分别在骨头上、小狗嘴处缝上尼龙粘扣。在小狗的头上钉一个纽扣，将绳子的一头固定在扣子上，另一头固定在骨头上。

目　　标：会用缠绕的方法喂狗吃骨头。

玩　　法：1. 请幼儿一手拿骨头，另一手缠绕绳子，使骨头正好粘在小狗的嘴上。
2. 引导幼儿边缠绕绳子边说儿歌：

一只哈巴狗，蹲在大门口，眼睛黑黝黝，想吃肉骨头。

一只哈巴狗，吃完肉骨头，尾巴摇一摇，向我点点头。

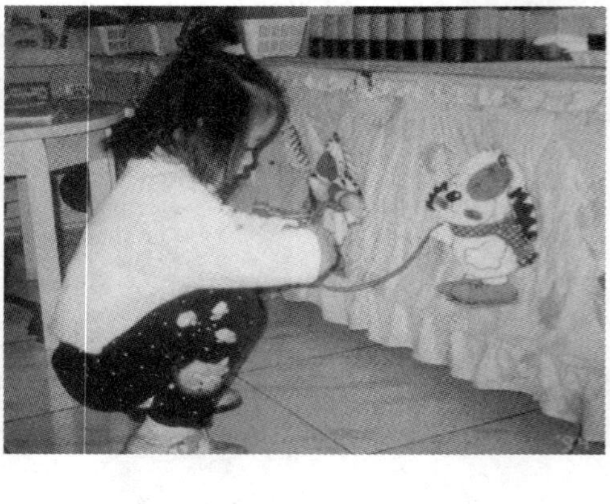

### *48.* 小鱼吹泡泡

制作材料：即时贴，硬纸板，胶条，海绵，双面胶等。

制作方法：将硬纸板用即时贴包好，用即时贴画好各种小鱼、水草等并剪好，用双面胶粘在硬纸板上，再剪一些红、黄、绿颜色的泡泡。

目　　标：辨认红、黄、绿三种颜色。能对应颜色撕、粘贴泡泡。

玩　　法：用小手抠开圆形即时贴（泡泡）并撕下，将泡泡粘在小鱼的四周，同时说一说小鱼吹的是什么颜色的泡泡，还可把粘好的泡泡抠下来粘在即时贴上，反复进行。

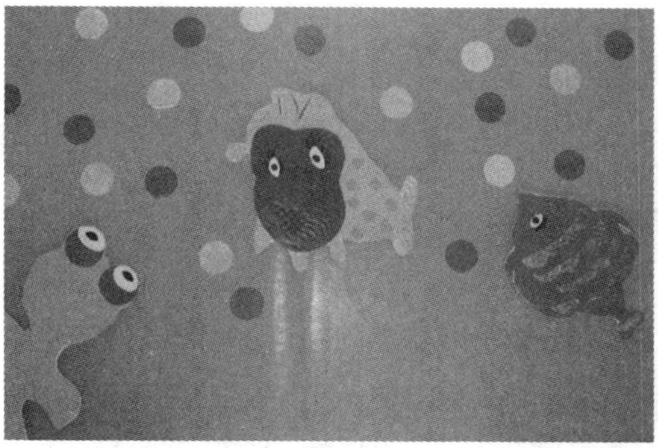

### *49.* 海底世界

制作材料：废旧纸盒，手指偶，彩色铃铛，彩绳。

制作方法：在废旧纸盒上方钻出小孔，将海底小动物固定在彩绳的一端，将彩绳的另一端从小孔处穿出并系上铃铛，在盒子里面粘贴上海底景色的背景画面。

目　　标：1. 认识各种动物形象。

2. 感知上、下方位。

3. 体验移动小动物并发出响声的快乐。

玩　　法：1. 引导幼儿抻拉铃铛发出声响，使小鱼上下游动，感知上、下方位。

2. 在玩的过程中认知各种海里的动物形象，如海豹、海豚等。

### *50. 套套长颈鹿*

制作材料：彩色布头，棉花。

制作方法：1. 把布裁成两片形似长颈鹿身体的布片，脖子稍长一些。

2. 将裁成的长颈鹿身体状的布片缝在一起，中间填入棉花。

3. 用布做成大小不同的圆形套圈（红色圈、黄色圈、蓝色圈）。

目　　标：能够区分大小，认识常见的颜色。

玩　　法：1. 鼓励幼儿把各种圈套在长颈鹿的脖子上。

2. 根据幼儿的能力和发展水平，引导幼儿听指令选择大小不同、颜色不同的圈来套。

建　　议：也可用纸盒或硬纸板制作长颈鹿。

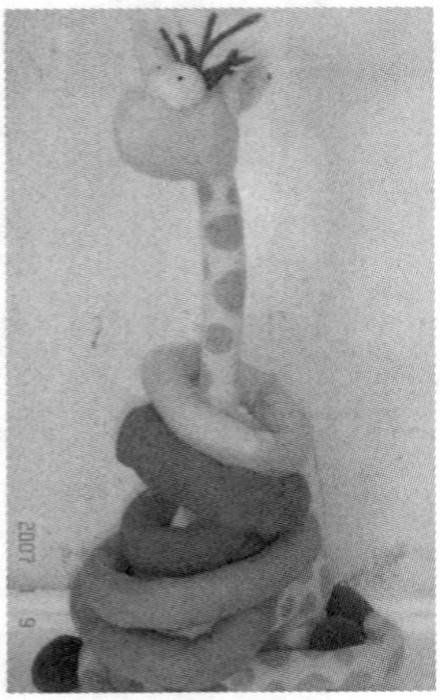

### *51. 镶嵌板*

制作材料：水果镶嵌板，数字镶嵌板，动物镶嵌板，天线宝宝镶嵌板。

目　　标：能仔细观察按物体的轮廓进行镶嵌。

玩　　法：1. 游戏初期，先提供一个镶嵌板，引导幼儿观察大镶嵌板上需要镶嵌的物体，然后找到合适的镶嵌物放入镶嵌板中。

2. 待幼儿熟悉后，可将两块镶嵌板上的东西混合在一起供幼儿选择进行镶嵌。

3. 引导幼儿说说镶嵌板上都有什么。

### 52. 小熊拔牙

制作材料：硬纸，油画棒，纸盒，即时贴，双面胶，糠醛。

制作方法：将糠醛填满纸盒，在纸盒外面用即时贴做上装饰。在纸盒上挖出牙洞，再装上用硬纸做好的牙齿（大小不同，分别为好牙、坏牙）。

目　　标：1. 知道爱护自己的牙齿。

2. 能根据牙齿的大小帮助小熊换牙。

玩　　法：1. 将小熊的坏牙（棕色硬纸）拔出，然后安上好牙（白色硬纸）。

2. 可提供一些会损害牙齿的食物图片（如糖、饮料等）配合游戏。

建　　议：刚入园时，许多两岁左右的幼儿都爱喝饮料、喜欢吃糖。随着幼儿日益适应幼儿园的生活，教师可通过《小熊拔牙》的故事让幼儿知道多喝饮料、多吃糖对牙齿不好。

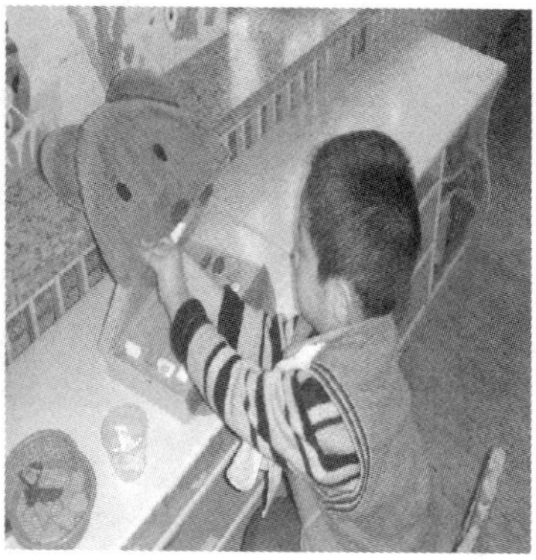

### 53. 找影子

制作材料：各种动物形象，硬纸板，水笔。

制作方法：把动物形象放在硬纸板上，用水笔描出其轮廓并涂上黑色。

目　　标：1. 能按动物的外形轮廓进行配对。

2. 能说出常见动物的名称。

玩　　法：1. 引导幼儿根据影子的轮廓找出相应的小动物进行镶嵌。

2. 引导幼儿说出小动物的名称或模仿小动物的叫声、动作。

*54. 拼拼乐*

制作材料：圆形纸，正方形纸，三角形纸，水彩笔，剪刀。

制作方法：分别在圆形、正方形、三角形纸上画出或粘贴出数量相同的小动物图案。用彩色的不规则分割线将小动物图案划分开，再用剪刀沿分割线剪开后压膜。

目　　标：能够找出相同数量的实物图。

玩　　法：1. 引导幼儿找出数量、形状一致的卡片拼摆在一起，将图形复原。

2. 引导幼儿说说卡片上物体的数量，如有几只小熊等。

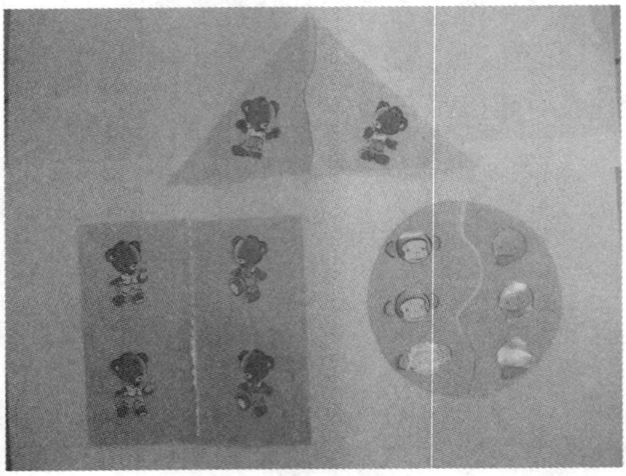

*55. 立体拼图*

制作材料：四个月饼盒。

制作方法：找一张与四个月饼盒一样大小的纸，画上水果或幼儿喜欢的简单图案，将图案剪裁成四块分别粘贴在四个盒子上。背面做法相同。

目　　标：1. 能拼出完整的图案。

2. 能说出图案的名称。

玩　　法：引导幼儿通过观察将图片拼起来，并说出图片上物品的名称。

### 56. 水果接龙

制作材料：各种水果图片。

制作方法：把各种水果图片剪成大小一样的长方形。

目　　标：知道常见水果的名称。能够把相同的水果图片放在一起。

玩　　法：1. 请幼儿将一样的水果依次摆放，看谁连的水果多。

2. 引导幼儿说说吃过哪种水果以及最喜欢吃的水果。

### 57. 找朋友

制作材料：画有图案的方卡片和图案卡片各一套。

制作方法：买两套相同的卡片，然后将其中一套卡片的白色边框剪掉。

目　　标：1. 认识各种常见物品。

2. 找出相同的图片进行配对。

玩　　法：1. 请幼儿把图案一样的图卡摆放在一起做朋友。

2. 可增加难度，将其中有物品轮廓的一套图卡翻过来背面朝上，引导幼儿根据轮廓与图卡进行配对。

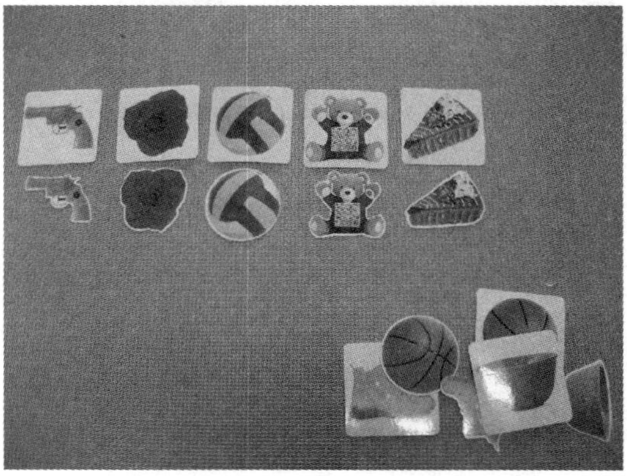

### 58. 连线板

制作材料：彩纸，水彩笔，毛线。

制作方法：用水彩笔在彩纸上画出动物形象并压膜。

目　　标：1. 能够通过观察找相同。
　　　　　2. 能用线穿孔进行连接。
玩　　法：引导幼儿用毛线将一样的动物连在一起。

*59. 送小动物回家*

制作材料：大小不同的动物卡片若干，大小房子各一个。
制作方法：1. 在板子上用不干胶纸贴出两间房子：一间大房子、一间小房子。
　　　　　2. 在彩色纸上画出大小不同的动物，剪下来然后压膜。
目　　标：能够正确分辨大和小。
玩　　法：引导幼儿把大动物送到大房子里，把小动物送到小房子里。

*60. 魔术靴*

制作材料：布，剪刀，绳，扣子，豆子。
制作方法：把布剪成靴子状，在上边钉上扣子，鞋口处用绳穿上，抽紧。用布做一些图形并钉上扣子（有的装豆子，有的装棉花）。
目　　标：1. 感受图形的主要特征。
　　　　　2. 能辨认颜色。
　　　　　3. 能把图形系在扣上。
玩　　法：1. 引导幼儿随意把布制图形系在靴子上。
　　　　　2. 引导幼儿按照相同颜色系扣子。
　　　　　3. 引导幼儿按照相同图形系扣子。

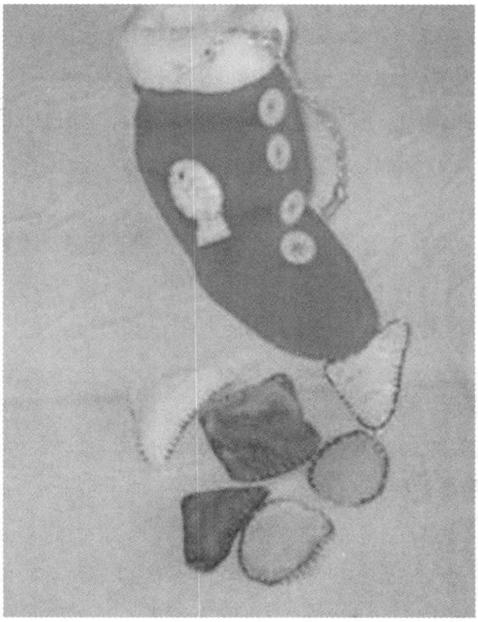

*61. 它爱吃什么*

制作材料：布，蓬松棉，旧塑料油桶，塑料小勺，橡皮泥，皱纹纸，旧酸奶盒，压好膜的猫、狗、兔头饰。

制作方法：将布剪成小鱼、骨头、小萝卜形状并缝制好，填上蓬松棉制作成布制小鱼、骨头、小萝卜。把旧油桶挖一个圆洞作为小动物的嘴，用即时贴镶边，再用皱纹纸做成花。将油桶装饰好后，把塑封后的小动物头饰固定在油桶上。

目　　标：1. 了解动物的食性，知道常见的动物爱吃什么。

2. 尝试使用小镊子夹物体。

玩　　法：1. 引导幼儿使用小镊子喂小动物。

2. 引导幼儿把小萝卜喂给小兔、把骨头喂给小狗、把小鱼喂给小猫。

### 62. 转转盘

制作材料：泡沫板，塑料管，铁丝，各种图片，喜乐瓶。

制作方法：把各种图案装饰在圆形泡沫板上，在圆板的中间固定一个喜乐瓶，在喜乐瓶上固定一根棍子，在棍子的一头坠一个小管或在一头用红纸做上装饰。

目　　标：认识常见动物，能说出常见动物的名称及基本特征。

玩　　法：引导幼儿随意转动喜乐瓶上的棍子，当棍子停下时指向什么，幼儿要说出此处图案中动物的名称，能力强的幼儿可说出知道的相关内容。

### 63. 钓鱼

制作材料：不同大小、形状、颜色的鱼、螃蟹和虾卡片若干，小池塘一个，磁铁钓鱼竿若干根，曲别针，大小盒子各一个。

制作方法：用塑料地板拼块做成池塘，用彩色纸画出鱼和螃蟹等，然后沿轮廓剪下压膜，再在上面别上曲别针。用筷子、绳子和磁铁做成钓鱼竿（也可用鱼竿玩具）。

目　　标：1. 比较物体的大小，能按大小归类。

2. 喜欢玩磁铁游戏。

玩　　法：引导幼儿用磁铁鱼竿对准鱼嘴上的曲别针钓鱼，钓出大鱼、虾、大螃蟹就放在大盒子里，钓出小鱼、小虾、小螃蟹就放在小盒子里。

### *64.* 小动物车

制作材料：塑料桶，彩带，木珠，不干胶纸。

制作方法：将塑料桶两侧固定四个瓶盖作为车轮，在瓶身上部装饰上动物（如狗）的眼睛、耳朵，在瓶嘴处固定一根绳子，绳子的另一端拴一颗木珠。

目　　标：体验拖拉走或跑的乐趣。

玩　　法：1. 引导幼儿拖拉着小车走或跑着玩。
2. 可把小车停在地上当凳子坐下休息。

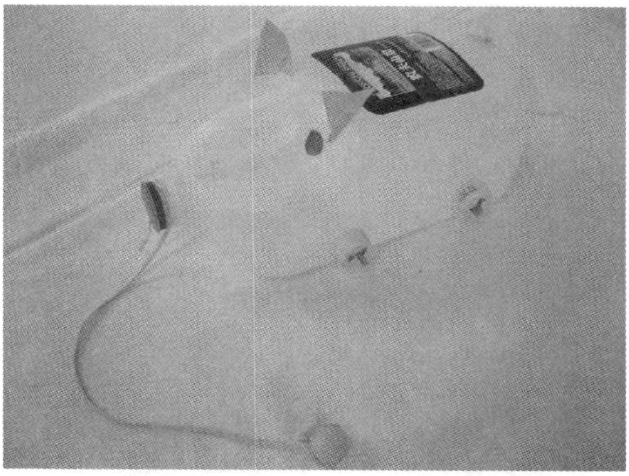

### *65.* 小拉车

制作材料：薯片筒，废旧车轮，布绳。

制作方法：在薯片筒两侧各扎一孔，把轮子安上，在筒前钉上一根布绳。

目　　标：能拉小车玩走、跑游戏。

玩　　法：请幼儿拉着小车走或跑。

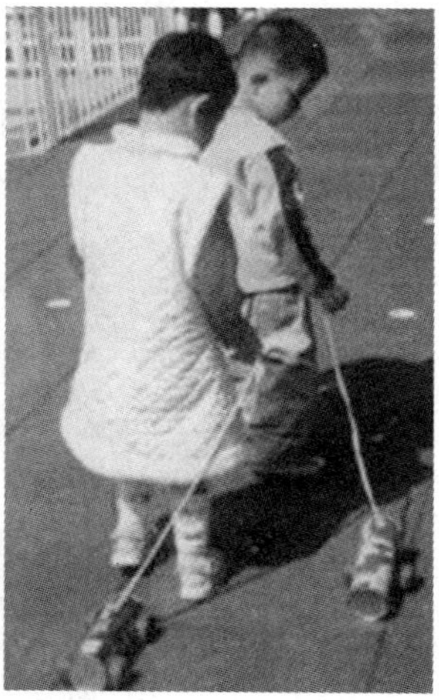

### *66.* 小鱼车

制作材料：一个薯片筒，皱纹纸，彩色纸片，两个透明饮料瓶，八个饮料瓶盖，两根吸管，大头针，剪刀，胶条。

制作方法：1. 包裹鱼车的车身：用黄色皱纹纸包裹整个薯片筒，用彩色纸贴出紫色的花纹、红色的嘴巴，在车身上用刀划出若干长条缝。

2. 制作车轮：在吸管中间插上一个长方形的硬纸块（提前用皱纹纸包好），在瓶盖面上钻一个直径与吸管直径相同的洞，每两个相对粘牢固，做出四组，分别固定在吸管的两端。两组轮子用大头针钉在车身底部。

3. 制作鱼鳞：用饮料瓶的瓶身剪成直径为两厘米的圆片，并留出一点插头，用彩纸包裹一下。

4. 把小车粘上尾巴和拉绳即成。

目　　标：能将插片插入窄缝中，体验拖拉玩具的快乐。

玩　　法：1. 引导幼儿拉着小车走或跑。

2. 引导幼儿把鱼鳞插到车身上，锻炼手眼协调能力。

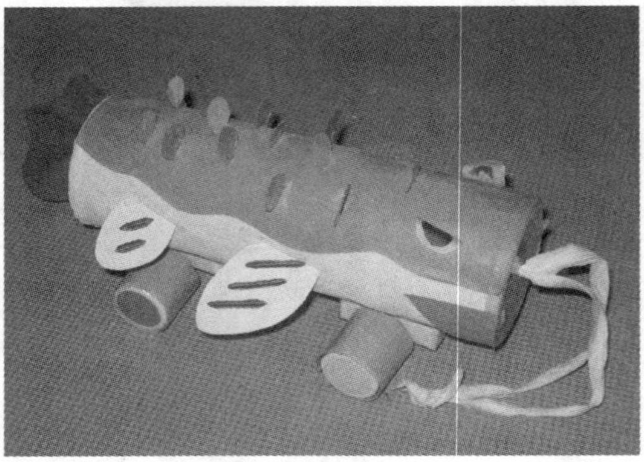

*67.* ***骑小驴***

制作材料：废纸盒，布，松紧带。

制作方法：用废纸盒和布做小驴的身体，将画好的小驴头塑封好，再钉在驴身的前面。

目　　标：能用小驴车进行走、跑、跳游戏。

玩　　法：将做的小驴挂在幼儿身上，引导幼儿模仿小驴走、跑、跳进行游戏。

### 68. 我是一条毛毛虫

制作材料：塑料圈，彩纸，泡沫塑料拼板，乐百氏瓶，绳子。

制作方法：1. 用彩纸将若干塑料圈缠绕起来，用透明胶条连接成毛毛虫的身体。

2. 用泡沫塑料拼板剪出毛毛虫的头和触角，用乐百氏瓶盖做鼻子，用瓶身剪出毛毛虫的眼睛和嘴巴，用即时贴装饰后固定在毛毛虫的头部。

目　　标：按指定的方向，一个跟着一个走。

玩　　法：1. 让幼儿把圈套在身上后，每个人依次拉着前面小朋友的圈，边说儿歌边向前走。

2. 还可变换游戏内容（开火车、坐出租车等），请幼儿自由结伴（两个一组，三人一伙）进行走、跑游戏。

### 69. 嘟嘟车

制作材料：废纸盒，绳，即时贴。

制作方法：把纸盒剪成小汽车的形状，用绳系在纸盒两边并用即时贴装饰。

目　　标：愿意参加户外活动，喜欢跑的游戏。

玩　　法：1. 引导幼儿将车套在身上，手扶两侧，进行与开车有关的游戏。

2. 引导幼儿当小司机根据指令进行游戏。

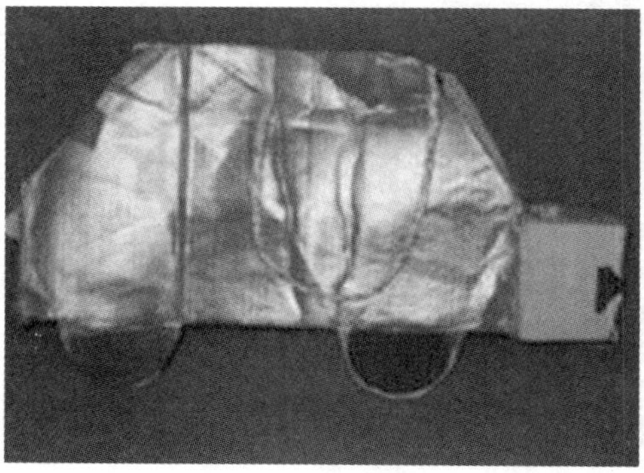

### 70. 筒状鱼风筝

制作材料：长45厘米、宽20厘米的红绸子布两块，30厘米长的硬铁丝。

制作方法：1. 将两块布剪成一样大小的鱼形状，并将两边缝合，在鱼身两面画出鱼的图案。

2. 将硬铁丝穿进鱼嘴，有利于进风，再在鱼嘴的两边系上绳子。

3. 用尼龙粘扣将若干丝带粘贴在鱼尾处。

目　　标：喜欢参加跑的游戏，能追逐目标跑。

玩　　法：1. 可以请幼儿举着小棍在场地上走或跑，让风将鱼身吹鼓。

2. 教师拿着风筝在前面跑，幼儿在后面追，直到将鱼尾上的丝带全部揪下为止。

建　　议：可用塑料袋替代鱼形做风筝，用绳系在塑料袋上，拉着绳向前跑。

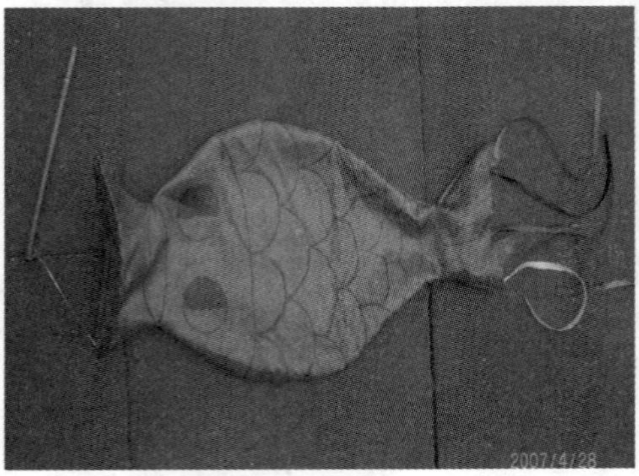

### 71. 各类方向盘

制作材料：泡沫塑料拼板，各种环形玩具。

制作方法：将泡沫塑料拼板剪成方向盘形。

目　　标：喜欢参加跑的游戏，能按指令动作。

玩　　法：1. 引导幼儿跑来跑去开车玩。

2. 教师发出口令“红灯”幼儿停下，发出口令“绿灯”幼儿开车跑动。

### 72. 乒乓球老鼠

制作材料：乒乓球，勾线笔。

制作方法：用勾线笔或彩色即时贴在乒乓球上，并在乒乓球上画出小老鼠的样子，就成了乒乓球老鼠。

目　　标：能追逐目标跑。

玩　　法：将许多乒乓球老鼠放在一个筐内，由教师将筐里的“乒乓球小老鼠”抛撒出去，幼儿扮小花猫四散去追捉。“乒乓球老鼠”四处跳跃、滚动，幼儿需要集中注意，灵活调整步伐和跑的方向才能捉到“老鼠”。游戏结束后，比比谁捉到的老鼠多。

### 73. 老鹰捉蛇

制作材料：布，海绵，尼龙粘扣。

制作方法：蛇身用布和海绵做成五节，用尼龙粘扣相连。蛇身的一端缝制一个松紧带圈，便于游戏时套在腰上或脚踝。

目　　标：向指定方向追逐跑。

玩　　法：幼儿做老鹰，两位教师腰上或脚踝各套一条蛇在身后藏好。“老鹰”在场地上边跑边飞，当教师说“蛇来了”时，在前面变换方向跑动。“老鹰”可选择任何一条蛇追逐去踩。蛇身踩断一节后，继续再踩未断的蛇身。游戏可反复进行。

建　　议：此游戏适合人少时或分组活动时进行。

### 74. 捕蝶网

制作材料：呼啦圈，长棍，白纱罩。

制作方法：分别用即时贴装饰长棍、白纱罩。用针线把纱罩固定在呼啦圈周围，然后将呼拉圈与长棍连接固定。

目　　标：能四散躲闪跑。

玩　　法：幼儿扮作一只只小蝴蝶在花丛中游戏，教师做捕蝶人出现，与幼儿一起念儿歌：小蝴蝶，真美丽，你前我后采蜜去。轻轻落到花丛里，嘘！让我一口喝饱蜜！随后幼儿四散跑，教师用捕蝶网捕捉“小蝴蝶”。游戏可反复进行。

### 75. 舞龙

制作材料：红色纱布，黄色纱布，大油桶，可乐瓶，木棍，粘扣。

制作方法：1. 准备好清洁后的油桶及两个可乐瓶，将油桶截掉上半部分。用工具在油桶和可乐瓶的底部挖洞。用一个油桶作为龙头，用两个可乐瓶作为龙身与龙尾。

2. 将红色纱布分成同样大小的三块，分别固定在龙头、龙身、龙尾上。在黄色纱布上画龙鳞的形状，并剪下固定在龙头、龙身、龙尾上。

3. 制作并固定龙眼睛、龙须及龙角。将木棍分别插在油桶和可乐瓶子上。

目　　标：喜欢四散跑的游戏，初步体验合作的乐趣。

玩　　法：1. 可独自玩。可以让幼儿举着龙的任何一个部分（龙头、龙身、龙尾）进行自由的走、跑游戏。当幼儿来回跑动时，龙身上的鳞片会随风“翩翩起舞”。

2. 可合作玩。将龙头、龙身、龙尾各部分的红纱通过尼龙粘扣进行连接固定。两三个幼儿一起合作进行走或跑的舞龙游戏。

建　　议：在两至三人参加的舞龙游戏中，如果其中一个幼儿跑得快或慢，龙的某一部分就会断开。这样幼儿就会在下次玩的时候注意两三个小朋友一起“配合”，“大龙”才不会断开。（托班幼儿在教师的看护下游戏）

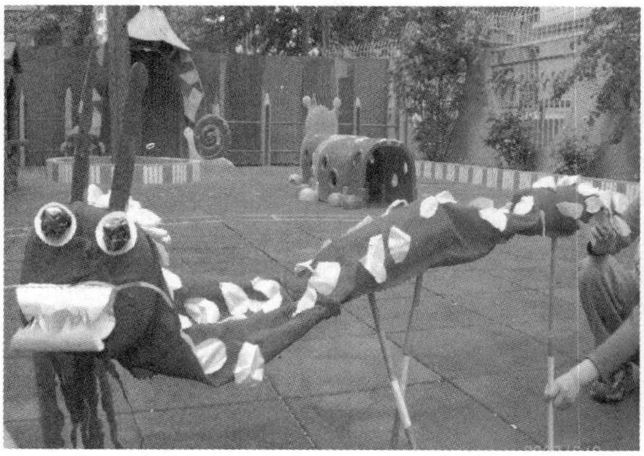

76. *爬垫*

制作材料：泡沫塑料拼板，松紧带。

制作方法：把泡沫塑料拼板剪成小手状，在中间缝上松紧带，还可在爬垫上钉两个响铃。

目　　标：喜欢爬的游戏，会手膝着地比较协调地爬行。

玩　　法：引导幼儿把爬垫套在手上在地上进行爬行游戏。

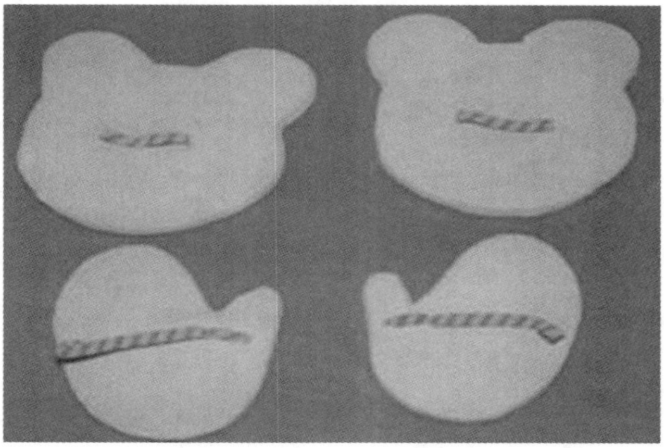

77. *喂小动物*

制作材料：大盒子，筐，硬纸，购置的钻筒，垫子。

制作方法：用大盒子做一栋房子并进行装饰，开一个窗作为动物的嘴，用纸做一些虫子。

目　　标：会手膝着地比较协调地爬行。

玩　　法：请幼儿从钻筒里爬到房子前，把食物放进窗子里（动物嘴里）。

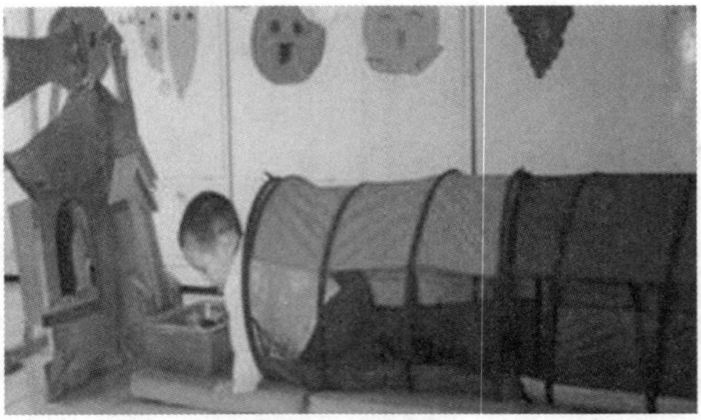

78. **小蜗牛**

制作材料：方便面纸盒，即时贴，松紧带，双面胶。

制作方法：将两个方便面纸盒用双面胶粘合，在盘底装饰上螺旋状花纹，在“蜗牛”底座两边打上两个孔，穿上松紧带。

目　　标：会手膝着地爬，体验游戏的快乐。

玩　　法：1. 请幼儿背上蜗牛壳自由地爬行。

2. 注意引导幼儿双手的手掌和两膝着地，自然协调地爬。

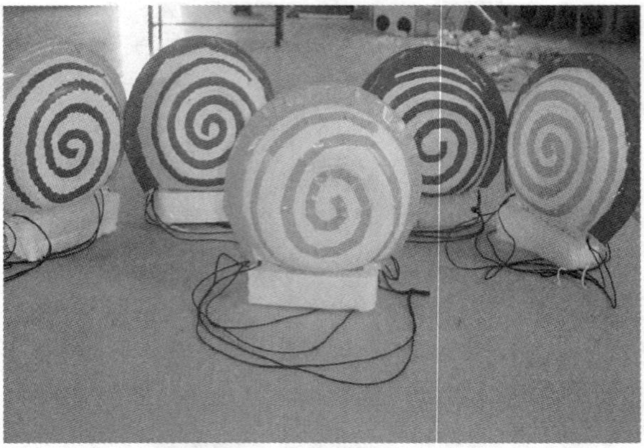

79. **快乐的小动物**

制作材料：塑料圈，泡沫塑料拼板，彩色花，胶带，绳子，即时贴。

制作方法：1. 将五个塑料圈分别用胶带连接固定，在连接处用彩色花装饰好。

2. 用多种颜色的泡沫塑料拼板剪出猫、狗、兔、鸡、猪等头饰，并装饰好五官。

3. 把动物头饰固定在塑料圈上。

目　　标：1. 喜欢钻爬游戏，能从圈中钻过。

2. 能将玩具或沙包从圈中投过。

玩　　法：1. 引导幼儿从圈中钻爬过去。

2. 将圈固定在一定的高度，引导幼儿通过投掷的动作给小动物喂食。

3. 将圈平放在地上进行跳的游戏。

*80.* ***小福娃探险***

制作材料：正方形、长方形纸箱各一个，广告色，福娃图片。

制作方法：1. 用广告色将纸箱里外均匀地涂上颜色。

2. 在正方形箱子的一侧挖一个拱形门，将长方形箱子的两端分别挖个口。

3. 将福娃图片分别固定在箱子上面，并用奥运项目图案装饰箱子。

目　　标：1. 喜欢钻、爬游戏。

2. 能大胆钻过光线较暗的洞。

玩　　法：1. 鼓励幼儿在长纸箱中玩钻、爬游戏。

2. 引导幼儿认识北京奥运会的吉祥物——五个福娃。

*81.* ***背箱***

制作材料：硬纸盒（月饼盒），松紧带。

制作方法：把两根松紧带分别固定在硬纸盒的两边。

目　　标：喜欢运动，愿意尝试玩具跑、跳、爬等各种玩法。

玩　　法：为增加游戏的兴趣，可将在户外捡到的小石子、小树叶装在盒中。

具体玩法如下：

1. 鼓励幼儿把盒夹在两腿中间跳。

2. 引导幼儿把盒作为障碍物可玩跳或迈障碍物的游戏。

3. 引导幼儿把盒背在身上爬着玩。

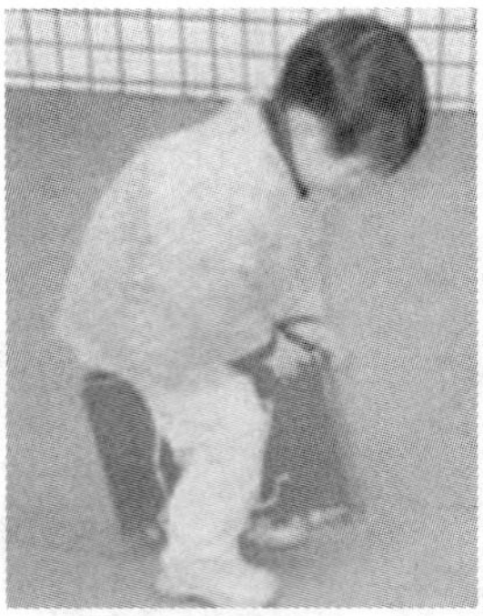
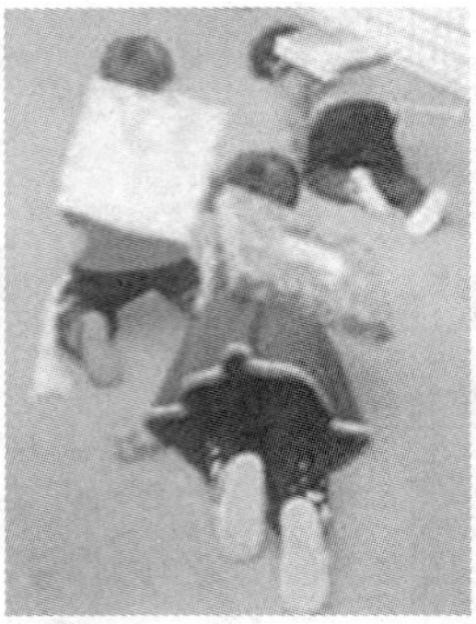

*82. 彩色小路*

制作材料：废纸箱，即时贴。

制作方法：将废纸箱拆开，挖出各种几何图形，用即时贴装饰好。

目　　标：1. 在规定范围内爬行或行走。

2. 了解认识常见的几何图形。

玩　　法：1. 能说出图形的颜色、名称（如方的、圆的、三角的）。

2. 能利用各种图形进行镶嵌拼摆。

3. 引导幼儿爬过“小路”（铺开的纸箱），或踩着“石头”（各种图形）过河。

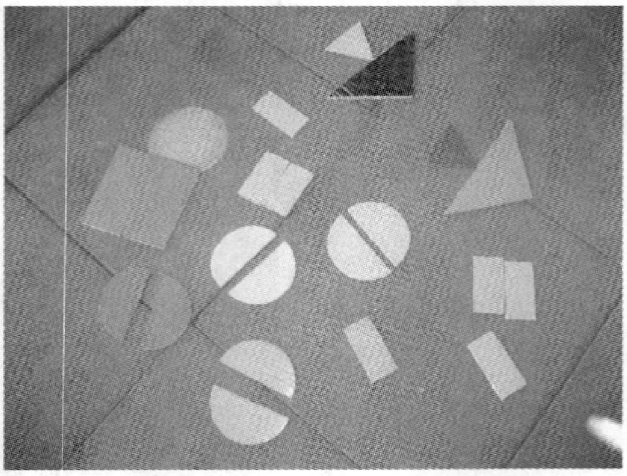

*83. 过小桥*

制作材料：小药瓶（喜乐瓶），木板，白布带子。

制作方法：在木板两边扎孔，用绳子把小药瓶串成排，系在木板两端。

目　　标：能比较平稳地在小桥上走。

玩　　法：1. 把做好设计的木板作为小桥，引导幼儿在上面走来走去。

2. 引导幼儿运东西过“小桥”（手里拿或顶在头上）。

3. 把做好设计的木板作为小河，引导幼儿双脚跳过“小河”。

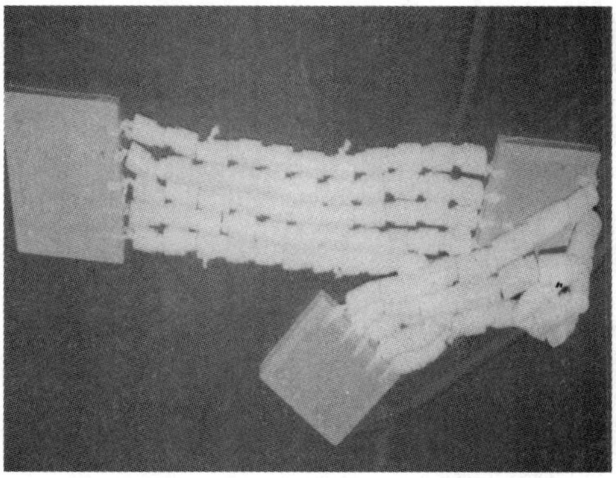

*84.* ***小猫过桥***

制作材料：泡沫塑料拼板，彩色尼龙绳，即时贴。

制作方法：将泡沫塑料拼板剪成小脚印形状，装饰后将一个个的小脚印用彩色尼龙绳穿起来。一组将脚印一个挨一个用绳子连接成直线状，另一组将两个脚印间隔一段距离连接。

目　　标：能双脚在指定的脚印上较为平稳地交替向前走。

玩　　法：1. 教师将小脚印打开间隔摆好，可根据幼儿的水平摆放成弯弯曲曲、不同形状的小路，请幼儿按小脚印向前交替走。

2. 引导幼儿走过呈直线的小桥。

3. 可酌情增加难度，引导幼儿手提、肩背物品走过小桥（小路）。

*85.* ***挑水***

制作材料：饮料瓶，木棍，颜色，水。

制作方法：将饮料瓶灌入彩色水并用即时贴装饰好，瓶口系上绳子，用铁丝弯成钩子系在木棍两侧，再把瓶子挂在钩子上。

目　　标：愿意尝试玩具的各种玩法。

玩　　法：1. 引导幼儿把做好的玩具放在肩上挑水。

2. 引导幼儿手拿木棍向上举，锻炼臂力。

3. 引导幼儿把做好的玩具放在地上进行间隔跳。

4. 引导幼儿挑水走过“小桥”，跨过“小沟”。

### 86. 负重小包

制作材料：较厚的布，小石头，豆子，玉米粒，铃铛等。

制作方法：将布裁成所需要的形状缝合，在包的一侧开口装拉链，包上缀若干铃铛，包内分别填充不同的材料（豆、玉米粒、小石头等）。

目　　标：在游戏中感受不同材质物品的轻重、软硬。

玩　　法：1. 户外活动时，引导幼儿背着各种卡通形象的小包游戏。

2. 把小包的边缘缝上拉锁，可以引导幼儿往里面填装不同材质的填充物，体验物体的轻重、软硬。

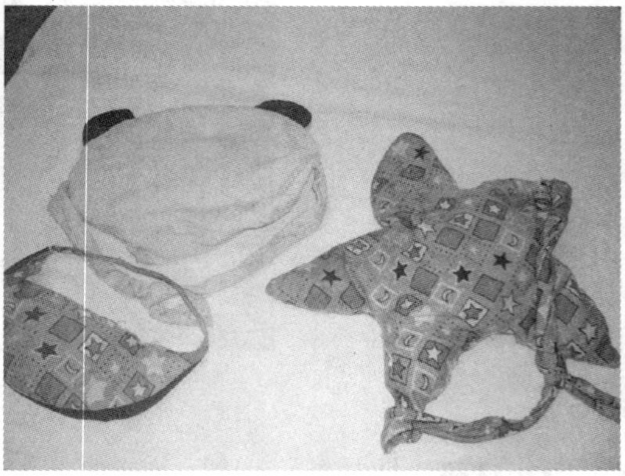

### 87. 小猫吃鱼

制作材料：布，棉花，尼龙粘扣，皮筋。

制作方法：在长布条上钉上尼龙粘扣，在两边钉上皮筋。用布做一些小鱼，在嘴处钉上尼龙粘扣。

目　　标：喜欢参加跳的游戏，能向上跳起触物。

玩　　法：把长条布套在教师身上，请幼儿向上跳起把鱼抓下来。

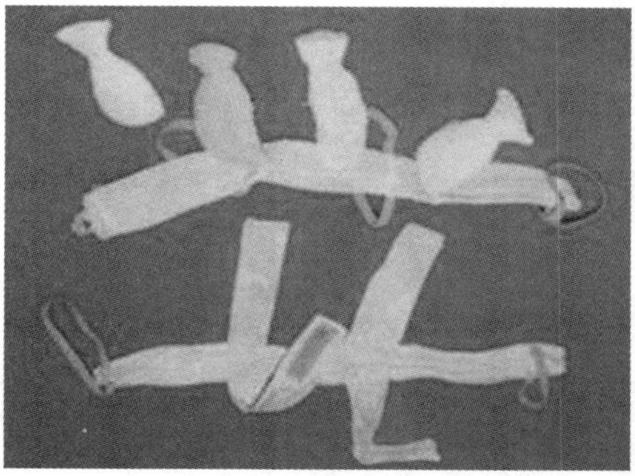

### 88. 小青蛙捉害虫

制作材料：长棍，四个饮料瓶口，皱纹纸，四个旧浴球，绳子，八个瓶盖。

制作方法：1. 把饮料瓶口用皱纹纸包装成花朵的形象，在中间装入浴球作为“害虫”，浴球下方用绳子固定瓶盖，使浴球正好装入花心中而不会掉出。
2. 把做好的装有“害虫”的花朵固定在长棍上。

目　　标：能够跳起拉出花朵中的“害虫”。

玩　　法：1. 教师举起长棍，让幼儿踮起脚拉出“害虫”。
2. 教师举高长棍，让幼儿跳起来拉出花朵中的“害虫”。
3. 让幼儿感知颜色，从不同颜色的花中捉出“害虫”。
4. 引导幼儿在场地内边说儿歌边做小青蛙跳的动作：“小青蛙 ，呱呱呱，跳上跳下把虫抓。抓住害虫本领大，人人都来把我夸。”说完儿歌后，教师摇动长棍引导幼儿向上跳起拉住瓶盖往下拽。

### 89. 投球

制作材料：自制纸盒，核桃，塑料小球，小纸球等。

制作方法：将纸盒用即时贴装饰成动物头形象，在上面开一方形的口作为“嘴”。用纸板做成身体与头固定。

目　　标：喜欢参加投掷游戏，尝试向高处、远处投球。

玩　　法：1. 鼓励幼儿站在距小盒一定距离处向娃娃或小动物嘴里投球。
2. 根据幼儿的不同水平调整投球的高度和距离。

### *90. 趣味投篮*

制作材料：塑料垃圾筐，硬纸板，彩色纸，废旧报纸，彩色皱纹纸，松紧带。

制作方法：1. 用彩色纸在硬纸板上做一个青蛙的头饰（也可以做其他动物的头饰）。

2. 在篮筐上穿一根松紧带，把青蛙头饰固定在投篮筐上，并用彩色皱纹纸装饰投篮筐。

3. 把废旧报纸搓成球状，用彩色皱纹纸、胶条包裹住纸球，做成彩色球。

目　　标：1. 体验投球的乐趣。

2. 尝试向远处、高处投球。

3. 能够追着球筐投球。

玩　　法：1. 可以把球筐放在地上，让幼儿在一定距离内进行投篮。

2. 把球筐固定在一棵树上（高度可随幼儿投篮水平的提高而提高）。

3. 教师把球筐固定在自己的身上，引导幼儿追着球筐投篮。

建　　议：塑料筐可根据需要放在不同的地方。如托班幼儿投掷初期的水平是往下投，因此可将塑料筐放在距离幼儿不远处的地上。随着幼儿投掷动作的发展，可逐渐将塑料筐固定在树上、成人的身上等。或在天气不好时，还可将其放在室内供幼儿游戏。

### *91. 粘柱*

制作材料：花布，海绵，尼龙粘扣。

制作方法：用花布把海绵包上做成大垫子，并包裹在石柱子上，在布上缝好尼龙粘扣，用布做些大小不同的包并缝上尼龙粘扣。

目　　标：能向指定目标投掷，体验游戏的快乐。

玩　　法：1. 引导幼儿把大小不同的包投向柱子。

2. 根据幼儿的不同水平调整投包的距离。

建　　议：可制作不同重量的包供幼儿投掷，引导其感受投不同重量的物体时用力的不同。

### *92. 打门球*

制作材料：铁丝，报纸，彩纸，胶带，拱形门，编织网，自制球。

制作方法：制作球杆，将铁丝弯成 L 形，用报纸或彩色纸缠裹住，再缠上透明胶带。用皱纹纸装饰拱形门做球门，再将编织网固定在球门洞中。

目　　标：尝试用不同的方法使球入门，体验游戏的快乐。

玩　　法：可引导幼儿手握球杆推球走、跑，也可用球杆将球打进球门，从中体验进球的快乐。

建　　议：游戏初期，可让幼儿推、赶大皮球进球门，随着幼儿手眼协调能力的发展，再为幼儿提供小球。

### 93. 叮当包

制作材料：彩色布，海绵，绸带。

制作方法：1. 用彩色布制作成椭圆形或圆形的布包。

2. 在包的里面填充海绵。

3. 把布包的一端缀上彩色的绸带和小铃铛。（也可将小铃铛放入布包中）

目　　标：喜欢尝试一物多玩，游戏中练习跑、跳、接、抛等多种动作。

玩　　法：1. 可以在叮当包上拴一根绳子，供两岁幼儿拖拉练习走路。

2. 教师拉着绳子逗引幼儿追逐叮当包。

3. 教师可以和2～3岁的幼儿一起做抛接游戏，也可引导幼儿用力向上或向前扔包。

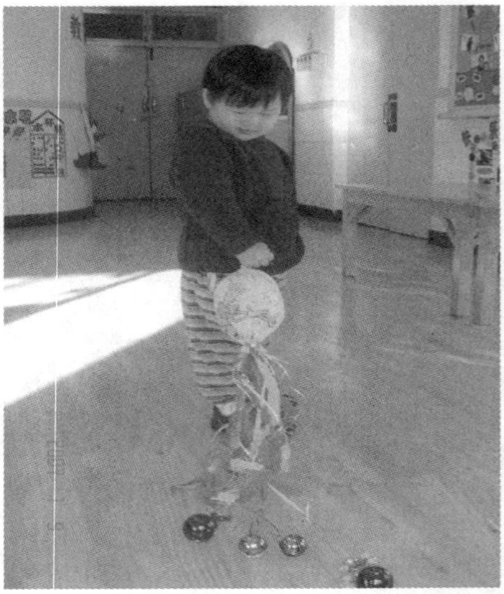

### 94. 小风筝

制作材料：废旧图书，小动物图片，线，彩色皱纹纸。

制作方法：1. 收集一些废旧的、大而鲜艳的小动物图片，按轮廓剪下来压膜。

2. 把每个压好膜的小动物的中间用线穿起来。

3. 将彩色皱纹纸剪成彩条，固定在最后一个小动物的尾部。

目　　标：1. 愿意与教师、伙伴一起游戏，体验游戏的快乐。

2. 喜欢玩追逐跑的游戏。

玩　　法：1. 教师拿着小风筝在前面一边慢慢地跑，一边逗引幼儿追逐。

2. 在室内可与幼儿进行小组（或一对一）的游戏。将风筝上的小动物分别遮挡后，请幼儿说说：谁藏起来了？

3. 可由两位教师拉住风筝的两端，通过调整高度引导幼儿钻、爬、跨、跳过去。

建　　议：可在幼儿入园初期投放此玩具。教师在前面拉着风筝，幼儿在后面追。

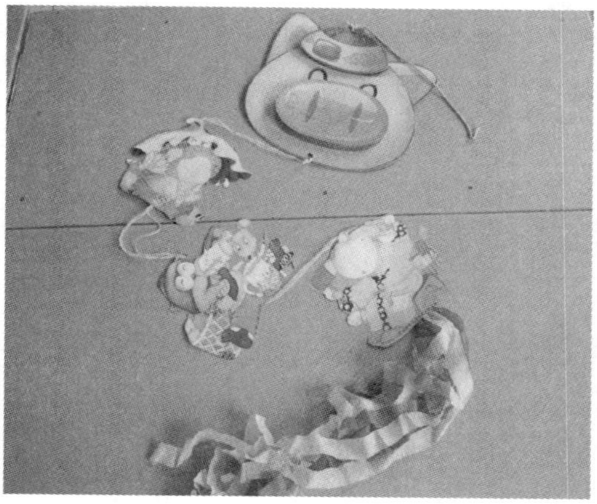

*95.* **会变的彩球**

制作材料：各色彩布，蓬松棉，松紧带，铃铛，拉锁，扣子等。

制作方法：将多种颜色的布裁成片缝制成大小不同的两个球，球上留一开口缝拉链（或扣子），并在球上固定一个铃铛，用松紧带固定两个球。

目　　标：愿意尝试玩具的多种玩法。

玩　　法：1. 可拉拉锁，解、系扣子玩。
2. 可在地上拖着当尾巴玩。
3. 可两人合作拉着玩。

延伸玩法：1. 可在户外踢着玩。
2. 可当吊饰两头拉着玩。
3. 可在地上抡着玩。

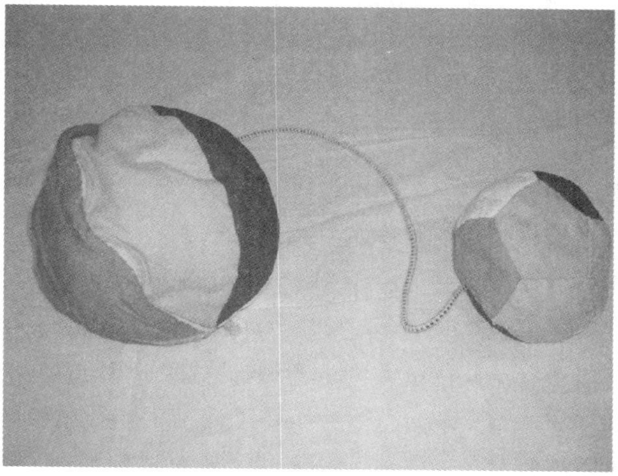

*96.* **宝葫芦**

制作材料：两个饮料瓶前小半部，即时贴，透明胶，小铃铛若干，彩色皱纹纸球，剪刀，彩绳。

制作方法：分别将两个饮料瓶的瓶口处剪下一部分，使其呈漏斗状，两个刚好能对在一起。把即时贴剪成各种图案贴在瓶内，用透明胶把两个瓶子的连接处固定，并用即时贴装饰，用彩绳系住一端。然后把小铃铛或彩纸球装入瓶内。

目　　标：1. 能用脚踢悬挂物。

2. 能跳起来拍打小瓶。

玩　　法：1. 可拧开瓶盖自己往瓶中装豆子、铃铛等。

2. 拖拉着走来走去。

3. 可一手拉绳用脚踢瓶，让瓶子发出声响。

4. 悬挂在高处跳起来拍打着玩。

5. 用它作为乐器给音乐伴奏。

*97. 勤快的小轿子*

制作材料：废旧纸箱子，各种彩纸，剪刀，胶条，两根木棍。

制作方法：1. 将一个正方形或长方形的纸箱子，固定成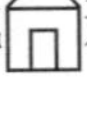形状，然后用彩色卡纸或皱纹纸进行装饰。

2. 在纸箱子两侧挖洞，如图：。

3. 把与洞口同粗的木棒插进纸箱的两侧即可。

目　　标：初步尝试合作游戏，体验共同游戏的快乐。

玩　　法：1. 可以引导幼儿往纸箱中放入想运送的东西。游戏时，两个幼儿可以一前一后或者一左一右抬着小轿子向前走，路途中运送的东西不能掉出来，最后要安全送到目的地。

2. 可为幼儿布置不同的游戏场景进行游戏。如两人抬轿子走过弯弯曲曲的小路、走过小桥等。

*98.* ***藤球***

制作材料：包装带，瓶盖。

制作方法：用包装带交替编织成球状，内放一个小球或铃铛。

目　　标：喜欢玩球，尝试体验球的不同玩法。

玩　　法：1. 可进行踢、抛、投、滚或玩相关球类游戏。

2. 悬挂起来让幼儿做跳起触物游戏。

*99.* ***多变彩绳***

制作材料：布，棉花，扣子。

制作方法：将布剪成一段一段后缝制起来，在绳子上分段缝制扣子，可根据需要用扣子进行分段连接。

目　　标：能在指定的格子里双脚向前跳。

玩　　法：1. 将缝制好的彩绳放在地面上，引导幼儿进行随意的双脚跳跃。还可将彩绳变形成为圆形或正方形、三角形供幼儿跳跃，巩固幼儿对形状的认识。

2. 还可根据游戏的需要将彩绳摆成圆形供幼儿站圈用，或将绳摆成一条线作为起点线。

*100.* **节节虫**

制作材料：饮料瓶，布绳，布，棉花，尼龙粘扣，废旧串珠。

制作方法：把饮料瓶上下打孔并用绳子穿好，中间用串珠作为装饰，把布装入棉花做成虫子头和尾巴，固定在瓶子前面并钉上尼龙粘扣。

目　　标：愿意尝试玩具的多种玩法，体验一物多玩的乐趣。

玩　　法：1. 可放在地上跳着玩。

2. 可两人合作当马骑。

3. 可让幼儿甩着玩。

4. 可粘在腰间当小虫子车开车玩。

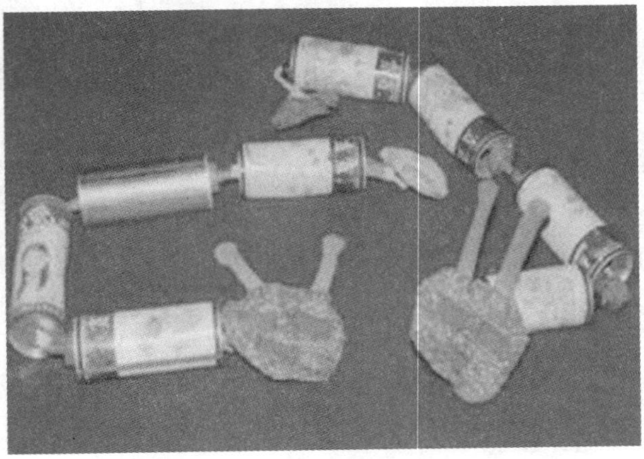

# 附 录 托班教养管理制度

## 一、教养工作管理

教养工作管理是指幼儿园根据托班保教工作的实践与需要，对3岁前幼儿的教育养护工作实施的全程整体干预。其内容主要包括以下5个方面：

1. 根据幼儿的年龄特点，建立健全各项教养工作制度，为其在园正常的生活与活动提供基本保证。

2. 制订日常教养工作常规，促使保教工作的进一步规范，为幼儿身心正常发育、发展，创造良好的环境与条件。

3. 对承担3岁前教养任务的保教人员进行教育实践指导，促进其教育技能与专业素质不断完善与提高。

4. 组织指导教师制订切实可行的托班教养工作计划，通过有目的、有准备的多种活动，贯彻教养大纲，实现教养目标。

5. 定期开展教养工作评价，及时发现问题，不断反馈调整，促进幼儿身心和谐、积极、愉快地发展。

## 二、教养制度与教养常规

教养制度是幼儿园根据托班教养工作的实际需要，制订的带有约束力和规定性的治教之法。这是各岗人员、各项工作必须遵守的行为准则，是维持托班教养工作正常运转的基本保证。

教养制度主要是：安全制度、健康检查制度、五官保健制度、膳食管理制度、生活护理制度、家园联系制度等。

教养常规是幼儿园根据3岁前幼儿的发展需要，为托班幼儿和保教人员制订的一日活动行为养成指导。由于它具有重复性、一致性和相对稳定性的特点，因此成为提高教养质量、实现教养目标的关键因素与外部条件。

教养工作常规一般包含幼儿一日活动常规和保教人员一日工作常规两大部分。

由于3岁前幼儿生理、心理等方面发育及发展上的极不完善，经验、能力上的极不成熟，使其在园的生活质量与生存状态依赖和取决于园内教养工作的综合质量以及班级保教人员的养护引导水平。因此，为托班制订的专项教养制度与常规在表述上应具有细致、具体、全面、周密、可操作的特点；在范围上应包含日常养护、活动作息时间、卫生保健、膳食管理、安全防范等诸方面的工作内容。从而使教养制度的约束力和规定性发挥出最大的效能，促进和保障教养工作质量稳步提高。

这里列举的各项教养制度、常规，是各个幼儿园在长期的托班教养实践中积累而成的宝贵经验，其中许多是在新观念的指导下，依据《幼儿园工作规程》《幼儿园教育指导纲要（试行）》和新时期保教工作需要，创造性地进行教养工作管理的成果。

## 三、安全制度

### （一）预防烫伤

1. 暖水瓶、开水壶、热饭、菜、汤要放在托班幼儿摸不到的地方。
2. 不允许托班幼儿进伙房、锅炉房等危险地区。
3. 给托班幼儿盥洗前，一定要试好水温（用手背试水温）。
4. 托班幼儿进餐、饮水或成人喂药时，温度要适宜，手摸杯子不烫手为宜。
5. 冬季取暖期间，既要保证设备的安全运转，又要避免幼儿接触。

### （二）预防外伤

1. 清除园内房屋、场地、玩教具的不安全因素。拐角、器械边角要圆滑，墙面要软处理。大型玩具的选择要适合托班幼儿，园内每月检查一次，班内教师随时检查，发现隐患立即停止使用，及时修复。

2. 幼儿使用的设备要稳固。桌椅板凳没有毛刺，饮水桶、毛巾架等要固定好。剪子、刀子、针等锐利物品要放在成人专用材料柜内（幼儿摸不到的地方）。

3. 教师组织户外活动要随时观察每名幼儿。活动范围不要太分散，要在教师的视线内，避免过于疲劳或保护不到所造成的意外事故的发生。托班户外活动时间或地点要与幼儿班分开（设专门的托班游戏区）。

4. 教师采取游戏形式，经常对托班幼儿进行安全教育，增强他们的安全意识，逐渐使他们过渡到自我保护阶段，同时做好安全防护工作。

### （三）严防异物入耳、鼻、气管等处

1. 给托班幼儿投放的玩具要较大，防止幼儿误把玩具当食物吃进肚子或含在口中。

2. 户外活动时，注意托班幼儿是否捡了石子、小棍等物品，如发现要及时清除，防止幼儿把异物塞进鼻、耳中。

3. 如发生异物进入耳、鼻、气管事故，教师不要随意采取措施，弄清情况后，再进行排除。如园内解决不了，应及时送往附近医院进行抢救，并立即通知家长。

4. 每天晨、午检时要关注幼儿是否带有异物，必要时应由教师集中保管。

5. 托班幼儿睡眠时，值班教师要随时巡视幼儿的睡眠情况，观察幼儿是否在被子里吃豆、巧克力糖等食品，防止食品进入气管。

6. 托班幼儿要在情绪稳定、愉快的状态下安静进食或吃水果，防止食品误入气管。
7. 建议家长不要给幼儿佩戴各种饰物。

### （四）预防中毒

1. 儿童活动室内不准存放有毒物品，如消毒液、洗涤剂，有毒物品要放在幼儿摸不到的专用物品柜内。
2. 培养幼儿不把物品放在嘴里的良好习惯，以防塑料或其他材料的玩具或物品造成中毒事故。
3. 伙房每日购买的食品，必须按照有关规定严格执行，不购买腐烂、变质食品。
4. 所有药品必须妥善保管。各班设药品袋，教师按幼儿姓名把药放在幼儿自己的药袋里。每个幼儿带的药要由家长写上幼儿姓名和服用剂量并做好登记。服用前，教师要仔细核对，防止误服、错服。
5. 做好喂药交接记录工作。如幼儿有异常情况和服药反应要有明确记录，及时采取措施。

### （五）防止走失

1. 建立接送制度。接送幼儿时家长要与教师见面，把幼儿送到教师手里。固定接送人员，家长如遇特殊情况需委托他人接送幼儿时，应与班上教师提前联系或书面委托。
2. 门卫要坚守岗位，发现没有家长带领的幼儿，不得出幼儿园大门。
3. 户外活动回班及交接班时，教师要及时清点人数。

### （六）防止触电

1. 电视机、录音机、洗衣机等电器用后应及时断电。
2. 将电源插座放在幼儿摸不到的地方。
3. 经常检查电器是否符合安全要求。

## 四、健康检查制度

### （一）入园检查

1. 3 岁前幼儿入园必须经过面试，观察是否具备集体活动的条件，无异常方可入园。
2. 幼儿入园前必须进行全身体格检查，查血红蛋白、肝功能。
3. 向家长询问幼儿的疾病史、传染病史、过敏史、家族史和生活习惯等。
4. 如从外所转入本园必须带转园证明。
5. 入园时必须带预防接种证和体检证明。

### （二）定期体检

1. 2 ~ 3 岁幼儿每半年体检一次，测身长使用卧式身长计，测体重应为落地式杠杆秤，测量要准确并做好记录，进行健康分析、评价、疾病统计，发现问题及时矫治。

2. 坚持晨、午检及全日健康观察制度。

晨检：做好一摸；看是否发烧；二看：咽部、皮肤和精神状态；三问：饮食、睡眠、大小便情况；四查：有无携带不安全物品。发现问题及时处理，并做好记录。

午检：入睡前摸每个幼儿的头，手摸是否发烧，如手感热，用体温计测量体温。在确保幼儿不携带异物、口中无食物后，方可让其上床。

## 五、五官保健制度

### （一）视力保健

1. 建立定期视力检查制度，每年一次。
2. 室内自然光线充足，照明设备齐全。
3. 托班幼儿每天在园看电视时间不超过半小时，电视机摆放的位置与幼儿视力平行，距离不少于 3 米（对角线的 5 倍）。
4. 注意托班幼儿的用眼卫生，纠正不正确的用眼习惯，如阅读、绘画的姿势。
5. 桌椅高矮适当。椅子高 26 厘米，桌子高 65 厘米。

### （二）口腔保健

1. 建立定期的口腔检查制度，一年两次。
2. 要求幼儿餐后喝水漱口，保持口腔清洁。
3. 向家长宣传幼儿口腔卫生常识，采取游戏形式对幼儿进行口腔卫生教育，如睡前不吃甜食等。

### （三）听力保健

1. 建立定期听力检查制度，每年一次。
2. 教师带班应低声教学，创造较安静的教养环境。
3. 教育幼儿不大声喧哗。
4. 播放音乐的声音应适度。
5. 提醒家长注意在幼儿患病时要合理用药。

## 六、膳食管理制度

在遵守食品卫生、安全健康、伙食管理等园所基本制度的情况下，要特别注意食谱的制订要适合托班幼儿的年龄特点，做到营养丰富、品种多样，达到幼儿一日需求营养量。午餐应略多于早晚餐。蔬菜种类要多，其中橙、绿色蔬菜必须占一半以上，菜肴每天三餐应有所不同。食物可采用多样化的烹调方法。

食品制作上讲究色、香、味、形，以调动幼儿的食欲，食品加工把握烂、碎、小，适应幼儿的消化能力。

### （一）蔬菜

应先洗后切，现切现炒。丝：长3厘米、宽0.3厘米。丁：长、宽均在1厘米以内。

### （二）谷类

面食可加豆腐粉、鸡蛋、牛奶，可经常变换外形。制作包子和饺子时注意皮薄、个小、软硬适度，包子一两三个，水饺一两八个。

### （三）粥类

种类丰富，如豆粥、菜粥、肉粥，并要煮烂。

### （四）肉类

肉最好切成碎末、细丝或小薄片，急火快炒。大块肉、鱼应先放入冷水内用文火煮和炖，烧熟煮透（骨头、鱼刺去掉后剁碎再蒸）。托班第二学期可加入带骨头食品（排骨、鸡腿等）。

## 七、生活护理制度

### （一）睡眠

1. 幼儿午睡时间每天不少于2.5小时。必要时，可在每天上午安排一次短时间的睡眠。

2. 教师在幼儿入睡前半小时做好准备工作，调节室内温度（冬天要提前关好门窗），并为幼儿打开被褥，同时要观察幼儿的精神状态及体温，发现问题及时采取措施。

3. 根据每名幼儿的具体情况适当提醒排尿。随时观察幼儿的睡眠情况，如注意身体不适、尿床等情况的发生。根据季节的变化，随时给幼儿盖被子、擦汗。必要时，整理幼儿的衣物（缝扣子及开线的衣服）等。

4. 幼儿起床时，教师要采取分组起床的方式，协助幼儿穿好衣服，避免幼儿因等待而着凉，也便于教师更细致地护理幼儿。

### （二）进餐

1. 两餐间隔时间为3.5小时，每顿进餐时间不少于30分钟。

2. 两餐之间有加餐，如水果、奶制品、小点心。

3. 应掌握每名幼儿的进餐情况，先照顾进餐慢的幼儿进行盥洗。对能力弱的幼儿适当时喂饭，防止饭菜凉了影响幼儿消化吸收。教师喂饭时每勺饭不要过满，不要过快。

4. 培养幼儿的主动进餐能力。教师要掌握每名幼儿的进食量，每次加饭量要少，增加添饭次数。

5. 营造愉快的进餐环境，进餐时播放适宜幼儿的轻音乐，餐前不做剧烈活动，不处理问题以保持幼儿进餐的愉快情绪。

6. 要适当帮助幼儿做好饭后放餐具、擦嘴、漱口（第一学期饭后喝水 2～3 口）等事情。

7. 要根据天气情况安排适宜的饭后散步活动，如刮风、下雨天不要外出散步，可以安排室内安静游戏。

## （三）饮水

1. 幼儿每天不少于四次固定饮水时间，上、下午各两次，保证幼儿随渴随喝。

2. 每次饮水时要特别关注幼儿的饮水量，每次的饮水量不少于 150 毫升。

3. 培养幼儿主动喝水的习惯，初期由教师倒，一次量要少，喝完再续。根据天气情况随时增加饮水次数和饮水量。入园初期可以提供有味道的水，如菊花水、梨水、菜水等。

4. 要提前打水，保持幼儿的正常饮水温度。冬季要用保温桶放水，以保持水温。水的温度以教师的手背适应的温度为宜。

## （四）游戏活动

1. 游戏活动时间要动静交替安排，一般 20～30 分钟更换一次。每天户外活动时间不少于两小时，自选活动时间不少于 2/3。

2. 室内室外活动也要 20～30 分钟更换一次，冬季更要更换频繁，一定要使幼儿微微出汗后再结束活动。夏季适当减少活动量，活动过后适当给幼儿补充水分。

3. 幼儿的衣服应合体、整齐，不露肚皮；随时给幼儿提裤子、系鞋带；根据气候、季节随时增减衣服。

4. 活动时要提醒幼儿大小便，随时帮助和提醒幼儿擦鼻涕。

5. 要根据季节、天气情况，掌握幼儿的活动量和动静交替的频率，以保证幼儿精力充沛。活动中注意对体弱儿进行特殊照顾，使其身体状况逐渐达到正常儿童的体格标准。

6. 为托班设立专门的户外活动时间段和场地，安排适合幼儿游戏的大型器械及玩具材料；安排托班户外固定大小便场所。

7. 托班户外锻炼以走、跑、跳、钻、爬等动作练习为主，重点通过游戏增加幼儿的身体运动能力、活动适应能力和自我保护能力。

## （五）如厕

1. 要提醒幼儿如厕，帮助幼儿擦屁股，逐渐培养幼儿主动如厕的习惯。

2. 幼儿大小便后要帮助整理衣裤。

3. 要做好幼儿排便记录，在交接班时交代清楚幼儿的大小便情况，发现异常及时与保健医生联系。

## （六）盥洗

1. 饭前便后用肥皂及流动水洗手，引导幼儿逐渐学会自己洗手。

2. 引导幼儿知道手脏时洗手，使用专人毛巾擦手。

## 八、家园联系制度

1. 定期召开家长会，向家长宣讲本班的工作计划和要求，并向家长提出必要的要求，倾听家长的意见和建议。

2. 请家长给幼儿准备好必备的衣服、物品。告诉家长凡是带到幼儿园的物品都要绣上或写上幼儿的姓名，被子要便于拆洗。尿床的幼儿要准备尿垫（有外套，以便于清洗），并多准备 1～2 条裤子以便换洗。

3. 每天针对幼儿的问题，有重点地向家长沟通情况。如有身体不适、情绪不好、衣物不适等情况，及时了解，加强护理。

4. 定期向家长宣传保健知识，提高家长科学养护的知识水平，更好地与园所配合。

5. 要及时与缺勤的幼儿家长取得联系，关心幼儿的身体状况，了解缺席原因。如患有传染病，要在班上及时采取预防措施。

6. 入园前对新入园幼儿进行必要的家访。

7. 成立家长委员会，定期召开家长会，征求家长对幼儿园的意见。

8. 定期举办托班亲子活动，发挥家长教育子女的优势，交流教子经验。

9. 以平等的态度对待家长，尊重每一位家长。

## 九、一日作息时间

| 时间 | 安排 |
|---|---|
| 7：30～7：50 | 接待来园、自选活动 |
| 7：50～8：00 | 餐前准备、洗手 |
| 8：00～8：30 | 早餐 |
| 8：30～9：00 | 休闲活动（区域） |
| 9：00～9：20 | 户外游戏 |
| 9：20～9：30 | 洗手、喝水、加餐水果 |
| 9：30～9：50 | 室内活动 |
| 9：50～10：15 | 如厕、早操 |
| 10：15～10：35 | 洗手、喝奶 |
| 10：35～10：55 | 休闲游戏 |
| 10：55～11：05 | 户外分散游戏 |
| 11：05～11：15 | 餐前准备 |
| 11：15～11：45 | 进餐、散步、小便 |
| 11：45～11：50 | 睡前准备 |
| 11：50～14：20 | 上床午睡 |

| 时间 | 安排 |
|---|---|
| 14：20～14：50 | 起床、盥洗、午点 |
| 14：50～15：00 | 休闲活动 |
| 15：00～15：20 | 户外游戏锻炼 |
| 15：20～15：40 | 室内游戏活动 |
| 15：40～16：10 | 户外游戏 |
| 16：10～16：20 | 餐前准备安静活动、洗手 |
| 16：20～16：50 | 晚餐 |
| 16：50～17：10 | 整理活动 |
| 17：10～17：30 | 幼儿离园 |

**提示**

托班幼儿作息时间确定的原则如下：

1. 根据每天气温的变化，调整室内外活动的时间。
2. 活动时间不宜过长，环节转换相对频繁。
3. 室内外活动应动静交替。
4. 不同季节作息时间可进行调整。
5. 入园初期可在上午安排短时间的休息。
6. 表中作息时间仅作参考。实践中，托班有托小班（年龄更小的托班幼儿）和托大班之分，作息时间会稍有出入。

## 十、教养工作计划的制订

制订托班教养工作计划是教养工作过程的重要环节，它是教师依据教养大纲，结合本班儿童的发展实际，合理安排近期工作，为达到一定目标而进行的整体思考，具有很强的指导性和操作性。为了进一步增强教养工作的实效性，在制订计划过程中应注意以下几点：

1. 观察了解儿童发展现状，是制订计划的前提和基础。
2. 应结合儿童的发展实际，提出明确的近期目标。既要考虑本班儿童发展水平，又应依据教育的需要。
3. 应选择适宜的内容和方法，通过生活、游戏、锻炼以及家园合作、环境创设等途径实现预定目标。
4. 计划要明确、简洁。计划内容应包括儿童的现状分析、主要目标、教养内容、途径和方法。落实计划时要根据儿童的实际需要适时调整，防止盲目照搬、机械执行。
5. 执行计划之后，应对教育过程有完整的反思，以便有针对性地制订下一阶段的计划，有效地指导工作。

# 参考文献


1. 虞永平．幼儿园整合课程．2～3 岁托班—多元智能全面发展．南京：南京师范大学出版社，2007.

2. 陈玲，徐令令．家庭教室·2～3 岁．长沙：湖南少年儿童出版社，2007.

3. 杨焕才．儿歌 100 首．沈阳：辽宁少年儿童出版社，2007.

4. 李俐．零点起步亲子园活动方案·跳跳班．南京：南京师范大学出版社，2006.

5. 邱琼燕，吴绍萍．凤凰小康轩·托班课程①～⑥．南京：凤凰出版传媒集团，江苏教育出版社，2006.

6. 朱庆坪等编文，金诚等绘．大苹果婴儿成长童话．杭州：浙江少年儿童出版社，2006.

7. 韩巍．新儿歌 108．长春：吉林美术出版社，2006.

8. 齐敏．亲子共读系列儿歌——爸爸卷．太原：希望出版社，2006.

9. 孙桂英．幼儿潜能开发趣味乐园·手指谣．北京：金盾出版社，2006.

10. 曹慧芳，刘艺青．生活启蒙圆圆书（4 册）．天津：新蕾出版社，2006.

11. 许卓娅，卢美贵．凤凰小康轩·就是我啦．南京：凤凰出版传媒集团，江苏教育出版社，2006.

12. 许卓娅，卢美贵．凤凰小康轩·来跟我玩．南京：凤凰出版传媒集团，江苏教育出版社，2006.

13. 金英淑著．陪宝宝玩出智慧．田耐青译．天津：天津教育出版社，2005.

14. 宋宁，潘月俊．亲子游戏 10 分钟．南京：江苏教育出版社，2005.

15. 崔勇谋，许科甲．儿歌 100 首．沈阳：辽宁少年出版社，2005.

16. 赵寄石，任捷．托儿综合教育课程．南京：南京师范大学出版社，2005.

17. 陈帼眉，梁雅珠．快乐亲子园实用教材（0～3 岁）．北京：农村读物出版社，2004.

18. 新童谣编辑部．新童谣·幼儿版．北京：北京少年儿童出版社，2004.

19. 申桂红．幼儿自我保护新童谣．北京：中国连环画出版社，2004.

20. 互动力工作室．0～3 岁婴儿学语用三字儿歌．昆明：晨光出版社，2004.

21. 王正可．多元整合幼儿园活动课程·托班．上海：少年儿童出版社，2004.

22. 郭君．小圈圈丛书．天津：新蕾出版社 ，2003.

23. 荆在京. 0～4岁早期教育小童话（全十册）. 太原：希望出版社，2003.
24. 托班教养工作指导手册.《学前教育》增刊，2002.
25. 方志. 幼儿教育用书·小班语言. 广州：广东人民出版社，2001.
26. 高蕾. 毛毛熊讲故事. 杭州：浙江少年儿童出版社，2001.
27. 王月媛. 二至三岁教育活动. 北京：北京师范大学出版社，2001.
28. 陆丽萍等编著，王萍等绘画. 宝宝素质训练家庭课堂（3岁）. 郑州：海燕出版社，2000.
29. 程淮. 三字儿歌（撕不烂翻翻书＋CD）. 北京：中国人口音像出版社，1999.
30. 叶维修. 托儿所教养教材试用本（一岁半至三岁半）. 上海：上海音乐出版社，1987.
31. 巧虎《乐智小天地》CD. 倍乐生商贸（中国）有限公司.

# 说　明

在编写过程中，本册教师教学用书参考了一些出版机构及作者的作品，而且收录的儿歌和歌曲或由于原书及磁带中没有明确标出，或由于编写者在筛选材料中疏忽，未能一一列出作者，特此表示诚挚感谢并致歉意。如有问题，可与出版社及编者联系。

幼儿园快乐与发展课程编写组

2008 年 6 月